· 大 家 雅 事 ·

编委会

方　军　杨　群
张海鹏　梁艳玲　刘玉杰

主　编
方　军

执行主编
刘玉杰

·大家雅事·

刘树成

—— 中国经济周期波动的瞭望者 ——

刘树成 ◎自述

刘玉杰　马也原 ◎整理

社会科学文献出版社
SOCIAL SCIENCES ACADEMIC PRESS (CHINA)

刘树成

　　1962年毕业于天津南开中学，1967年毕业于中国人民大学。曾任中国社会科学院经济研究所所长、《经济研究》主编。多次参加中央经济工作会议和《政府工作报告》起草组工作。国家"十一五"规划专家委员会委员。长期从事宏观经济学、数量经济学研究，特别是中国经济周期波动问题研究。

编前语

2017 年，借庆祝中国社会科学院建院 40 周年之际，中国社会科学院办公厅策划组织编辑并联合社会科学文献出版社推出"学术名家自述"丛书。该丛书主要是邀请中国社会科学院的学部委员、荣誉学部委员讲述自己的学术人生。由于是先期尝试，我们本着实事求是的原则，只求真实记录，不追求风格上的统一。内容上，或有他们成长历程的回忆；或有他们对学科发展的回忆；或有他们治学特色的讲述；或有他们自己的学术思考；或有学人轶事和人文掌故；或有他们的人生感悟。形式上，以第一人称呈现，尊重专家学者的个人喜好，不追求语体风格的一致。

丛书出版后，学术界、读者界反应良好，普遍希望丛书能持续出版下去，并在传主、体裁和文风上有所改进。

为了进一步展现中国社会科学院及院外著名学术大家的风采，更加生动地记录他们"为天地立心，为生民立命，为往圣继绝学，为万世开太平"的崇高理想和人生境界，聚焦他们为构建中国特色哲学社会科学学科体系、学术体系和话语体系生发的动人故事，从而进一步增强本丛书的影响力、可读性，我们将本丛书改为"大家雅事"继续出版。丛书围绕"大家""雅事"两个关键词着意遴选采写（组稿）对象、调整内容结构。

1. 丛书遴选的对象——"大家"范围进一步扩大。本丛书遴选的对象由原定的健在的中国社会科学院荣誉学部委员、学部委员，扩大延伸到中国社会科学院已故的学术大师、荣誉学部委员、学部委员及院外著名学者。

2. 丛书的内容——"雅事"得以进一步聚焦。"雅事"语出《随园诗话》，为风雅之事。狭义上指有关琴棋书画等活动。本丛书指发生在学术大家身上的趣闻、轶事，包括已故大家的人文掌故。本丛书的内容不再全方位讲述学术名家的人生故事，而是进一步聚焦学术大家的"雅事"，透过这些雅事映射那些学识渊博、德高望重的学术大家精彩的学术人生。

3. 丛书的框架——一根红线穿珠玉。一件件雅事有如一颗颗珍珠，我们用一根红线，即按照一定的主题，把这些散落的珍珠穿起来。

4. 丛书的写作——不拘一格谱新篇。新版丛书的内容随传主的不同特点做相应的调整，既讲述传主本人的故事，也讲述他者眼中的传主，是传主与他者之间发生的各种有趣有益的雅事，这些雅事或给人启迪或耐人寻味或引人入胜。丛书在写作方式上也根据传主的实际情况，采取相应的写作角度，不限于自述（口述或笔述），也随传主的不同情况而扩展为他述。

本丛书得到了中国社会科学院各位学部委员、荣誉学部委员及院外著名学者及其亲属、学生等的大力支持和帮助，得到了广大撰稿人的热烈响应，得到了中国社会科学院财计局的鼎力支持，在此我们表示衷心感谢。

囿于时间、人力、物力，错讹之处在所难免，敬请读者批评指正。

丛书编辑部

2020 年 3 月 26 日

目 录

// 从繁华都市到黄土高坡 //

悠悠岁月，光阴荏苒。每个人在回首自己成长历程的时候，总不禁会有万千的感慨。我非常喜欢《三国演义》卷首的那阕《临江仙》，特别是其中那既有气魄又富感慨的名句"青山依旧在，几度夕阳红"，道尽人生心中的澎湃。一个人在其一生的长河中，都会历尽一番番春秋冬夏、尝尽一场场酸甜苦辣。如今顶着满头的白发，我仍旧喜欢在品赏夕阳的美景中，回放自己此生如电影般的一幕幕。

小学时代：束发读诗书 历史是吾爱

京、津、沪三大城市是早年中国最繁华的都市。那时，人们很难有机会全部领略它们的风韵。而我的童年和青年时期，可以说是令人羡慕的：我生于上海（1945 年），在天津长大（1950~1962 年），又在北京接受了高等教育（1962~1967 年）。

1945 年 9 月 3 日是中国人民抗日战争胜利纪念日。就在抗日战争胜利后的第 48 天——10 月 20 日，我在上海一个普通家庭出生了。对于孩童时候的上海生活，我几乎没有什么记忆。父亲应该算作闯关东的人吧！祖辈定居在河北省的武强县，是有名的年画之乡。父亲年轻时就离开家乡，到东北山城子投奔一个同乡，在同乡开的一家日用品杂货铺当学徒和店员。1941 年，父亲的才能得到另一位同乡的青睐，请他到上海，任一家小钱庄的经理。后来，这个钱庄因规模太小而被关闭。之后，父亲从事个体商贩职业，买卖一些日用品。

中国人自古至今都有难舍的乡土情结。他们除了恋乡恋土，还恋老乡。1949 年 1 月天津解放后，父母举家迁移到天津，这里同乡多。这样，我也随父母到了天津。父亲仍做个体商贩，并取得了营业执照。

那时候，社会上人们之间的书信交往，主要用的是毛笔。特别是做买卖记账时，均用毛笔。由此，父亲特别重视写好毛笔字。在父亲的指导下，我练就了一手好字。小学时有"大字"课，就是练写毛笔字。我们临摹的是唐代著名书法家柳公权的楷书字帖。柳公权的楷书被称为"柳体"，独树一帜，其特色是秀丽工整、骨力劲健。老师在给我们批改"大字"作业时，对每个字的一点一横、一撇一捺、一钩一拐等，都十分重视。凡是写得好的笔画，老师都要用红笔画个圈，以示表扬和鼓励。我的"大字"作业，每次都会得到好几个红圈。

母亲是普通的家庭妇女，她一生吃苦耐劳、勤俭持家。她很尊重知识，重视孩子的学习。我上小学比较早，1950 年夏天，我还不满 5 岁，母亲就给我做了一身新衣裳，在一个阳光明媚、蝉鸣声声的日子里，把我送进了天津和平区的包头道小学。

上学时，母亲每天给我一分钱，作为零花钱。当时，这一分钱可以买一块水果糖，或者几个炒蚕豆，或者一小块烤红薯。一天，母亲破天荒地给了我一角钱，让我去买一副小象棋。这一角钱，相当于我平常一日零花钱的 10 倍，我万分惊喜！那时，周边的男孩子们在课余时间都喜欢下象棋，我也爱下象棋，而且下得还不错，经常能赢一些小朋友。但以前都是用别的小朋友的象棋。而现在，我有了自己的象棋，真是太高兴了。象棋买回来后，母亲说要跟我下一盘。我真没想到，母亲也会下象棋。结果，我赢了，这使我对象棋更有兴趣了。

一角钱买了一副小象棋，用现在的话说，这是母亲为我的智力开发而做的小小投资。一角钱，蕴含着母亲对我的关爱和期待！

在小学，我最喜欢上的课就是历史课。这主要是因为历史老师把课讲得十分精彩、十分生动感人。记得有一次讲宋朝岳飞抗金兵，老师在黑板上挂了一张大地图。老师边讲，边在地图上插满岳飞北上进军、收复失地、节节胜利的小红旗。同学们听得都入了神。结果，没想到，皇帝连下 12 道金牌，把岳飞召回朝廷，并杀害了他。而地图上那一串节节胜利的小红旗，又一个个损落了。这一段历史，讲得全班同学既激愤又伤感。

秦朝的统一，唐朝的强盛，清朝的先兴后衰，跌宕起伏的中国历史都深深地印在我童年的记忆里。从那时起，我便对中国历史产生了浓厚的兴趣。直到现在，在紧张的工作之余，只要电视台播放新的历史电视剧，我总要先查阅一下电视报上的剧集介绍，再决定是否要跟踪收看。我看过很多部历史剧，比如《三国演义》《大秦帝国》《雍正王朝》《孝庄秘史》《武则天》《琅琊榜》《芈月传》等。

上小学时，功课并不紧，下午做完作业就是玩的时间了，晚上睡得也很早，第二天早上起来又高高兴兴地上学去了。当时觉得，算术课最好学，因为期末考试之前，不需要把算术书从头到尾背一遍，而语文课则觉得比较难，主要是因为在期末复习时，要从头到尾把语文书看一遍，特别是在小学五、六年级时，还要把每一篇课文的主题背下来，考试时要考某某课文的主题是什么。为了记住各篇课文的主题，平时上课时，我就把老师讲的主题用铅笔记在课文的页眉或页脚的空白处。这样的眉批和脚注很醒目，期末复习时便可按图索骥。这样，语文考试成绩也就上去了。这是我最初学会的做课堂笔记的窍门儿，十分受用。

小学时，我记得我们最喜爱的一项传统活动是，每年元旦前夕各班都要举行的联欢晚会。有"文艺细胞"的同学，会演出自己编排的节目。最吸引人的是，每位同学都要事先在家里用报纸糊好一个大纸包，里面装上各种小吃，诸如花生、核桃、榛子、枣儿、葵花子、水果糖、小橘子、小苹果等，然后封好，带到学校，交到班上。老师并不明示或暗示我们要包多少、包什么，大家尽心就好。各人有各人的包法，五花八门。晚会开始时，每个人领一个大纸包。无论别人包的小吃会不会比自己的强，大家打开来吃的时候，都会开心地笑起来。大家一边吃一边看演出，那种天真的、发自心底的快乐，至今记忆犹新。

北京：切近而又似遥远

我的小学对面有一家文具店。记得那是 1956 年，文具店门口挂出了刚刚发行的颐和园纪念邮票，粉红色的，面值 4 分。宽阔的昆明湖，高耸的佛香阁，美丽壮观。我总是在上学的时候有意从那儿经过，就为多瞄它几眼。我的几个要好的同学好像也有这样的爱好，我们凑在一起的时候，都会聊起这个，赞叹和羡慕自不必说了。在大家说话的余音和渴慕的眼神里，都能读出来一种向往：如果我们能有机会去北京玩儿，特别是去颐和园看一眼昆明湖和万寿山，那该多好啊！虽然天津距离北京并不远，但是限于当时的环境和家庭经济条件，去北京玩一玩，也只能是孩子们的梦想而已。

除了颐和园，对于首都的美景，我很向往的还有北海公园，那是当时放映的儿童电影《祖国的花朵》及其主题曲《让我们荡起双桨》带给我的美好向往。歌词唱道：

让我们荡起双桨

小船儿推开波浪

海面倒映着美丽的白塔

四周环绕着绿树红墙

小船儿轻轻

飘荡在水中

迎面吹来了凉爽的风

至今，60 多年过去了，可我还会时不时或有意无意地哼起这首歌。每当哼起这首歌，就仿佛自己又回到了童年。

当然，对于首都的美景，在我们的童年时代，最向往的当属天安门，因为那是毛主席庄严宣告中华人民共和国成立的地方。

我记得很清楚的是，1962年夏天，我考上了中国人民大学。那年的8月31日星期五，是开学上课的第一天，次日星期六，那时，星期六还是正常的工作日。在我国，星期六和星期日改为周末双休日则是1995年5月1日之后的事。星期日这天，我和同宿舍的同学相约一起去了颐和园。颐和园离中国人民大学不太远，当时坐32路公共汽车，车票仅1角钱。当我亲眼看到邮票上的景致，把手伸进昆明湖的清水时，那份欣喜和满足真是无与伦比。进大学后的一个月，正好是10月1日国庆节，我第一次参加了盛大的国庆游行。当我正步走过天安门金水桥，更是感到心潮澎湃、激情满怀！

回想当年因一张有锯齿的小纸片而产生的梦想，现在居然变成了现实。

小学五年级时，我加入了少年先锋队。这使我感到很高兴、很自豪，但无形中也有了一种压力，警醒自己今后不能再贪玩了，一定要把学习搞上去。

小学的最后一年，我的小学生活里两位重要的老师出现了：他们是算术课的赵老师和语文课的魏老师。赵老师是我们一班的班主任，她庄重、大方，很有权威；魏老师是二班的班主任，她细致、耐心，很有亲和力。这两位老师的课，我们都爱听。

　　一次，语文课阶段性考试，魏老师出的题很多、量很大，要求同学们快答，若答得慢，就会答不完。其中，答到造句时，试卷上给出 10 个词，要求造出 10 个句子。我急中生智，完成了 9 个句子，但有一个句子包括了其中的两个词。魏老师判分时，算我两个词都答对了。这次考试，我只扣了 0.5 分，得了99.5 分。要知道，算术课考试得 100 分比较容易，而语文课考试得满分是很难的。我这次得了 99.5 分，是全班最高分。这并没有让我沾沾自喜，因为我知道，日后的学习和考试中还会有很多很多的难题，需要付出坚持不懈的努力。

　　1956 年 7 月的一天上午，课间时，学校召集六年级两个班的全体同学在二层大厅集合。这往往意味着学校有重要的事情要宣布。果然，学校宣布了保送上中学的学生名单。令我没想到的是，名单里竟然有我，我高兴万分。我们一班有 11 名同学被保送，二班也有十余名同学被保送，两个班的班主任老师都露出了欣喜的笑容。保送生可以自己选择上哪所中学。由于自幼喜爱历史，我选择了在天津具有悠久历史，并具有光荣革命传统的中学——南开中学。

天津南开中学：允公允能 日新月异

　　天津南开中学创办于 1904 年 10 月，至今已有 118 年历史。这是周恩来总理的母校，他于 1913~1917 年在这里学习。

南开中学的创始人是我国两位著名的爱国教育家严范孙（校董）和张伯苓（校长）。随后，他们相继创立了南开大学、南开女中、南开小学。抗战时期，又创办了重庆南开中学，接办四川自贡蜀光中学。由此，形成了南开系列学校。

他们制定的南开系列学校的校训是：允公允能，日新月异。允，即承诺、要求之意。公，即爱国敬业、无私奉献之意。能，即知识、技能、本领之意。日新月异，即打破保守、与时俱进之意。总的来说，是力求培育学生有爱国敬业之公德，服务社会之能力；要有自强不息的创新进取精神。

1929年3月14日，"校父"严范孙（名修，字范孙）在天津病逝，享年69岁。1951年2月23日，校长张伯苓在天津病逝，享年75岁。当时，周恩来总理亲赴天津张宅吊唁。

1956年9月，当我进入南开中学时，首先感到这里的建筑物——教学楼、图书馆、大礼堂等都蕴涵着古朴、庄重的历史气息，特别是还有周恩来总理当年住过的学生二排宿舍。这时，校长是杨志行。他是南开中学第三任校长，个子不高，朴素端庄，和蔼可亲。南开中学第二任校长是杨坚白，后来任天津市人大常委会副主任。初中一、二年级时，我们的教室在北楼；初三时，转到中楼一层；高一时，又回到北楼；高二时，移至中楼二层；高三时，到了最庄重的南楼。

南开中学的校训精神体现在许多方面，其中一个重要方面就是严谨、认真的良好校风。这也与南开中学有着一支高水平、高素质、精心、敬业的教师队伍直接相关。这里除了有丰富经验的老教师之外，每年还要调入一些新教师。这些新教师大多是刚从北京师范大学或天津师范大学毕业的高才生。

回想上高中一年级时的下午自习课，同学们都要做作业，一些老师要到班上来辅导，回答学生的疑难问题。一天下午，同学们正在做代数作业，代数老师因有事而没有来辅导，来辅导的是上午刚刚给我们讲过课的生物课老师。她是刚从北京师范大学生物系毕业分配来的年轻老师。她发现我们在做一道代数题时遇到了困难，就主动给我们辅导，帮我们解题，很快就解出来了。同学们都很惊讶，觉得这个年轻的生物老师的水平真高。当时，我们还没有遇到过能跨学科进行辅导的老师。生物老师看出我们的惊讶神情，解释说：她刚大学毕业，很多数理化方面的知识还都记得，今后相关问题也可以问她，她很愿意帮助大家解答。由此，同学们不仅对有着丰富经验的老教师十分尊敬，而且对新分配来的年轻老师也都有了一种爱戴。

高三时，从天津师范大学历史系分配来一位年轻的老师。他在讲到欧洲资本主义萌芽时，离开书本，引用了马克思的一段话。他说："马克思在《资本论》中曾经写道：在十四和十五世纪，在地中海沿岸的某些城市已经稀疏地出现了资本主义生产的最初萌芽，但是资本主义时代是从十六世纪才开始的。"他的这一段引经据典，犹如画龙点睛，鲜明好记，使我们很惊讶。因为在当时，对于中学历史课本，一般老师还不会引用马克思经典著作中的论述。我那时觉得这位年轻历史老师的水平很高。

对于一些老教师的精心、敬业，我们更深有体会。记得高二时上三角课，同学们做作业不是做在一个本上，而是做在16开的单页纸上。这样，老师就不用费力地搬成摞的作业本，只是一小沓。每堂课一开始，学生们把新的"纸"交上去，老师把上次批改完的"纸"发回来，这很方便。不然，每个人岂不是要有需要轮换的一号本、二号本？但是，这也带来一个麻烦，就是作业都要单篇儿，很难保存，到期末复习时，就可能找不到以前老师批改过的作业了，这会大大影响复习的效率。为了方便保存，我把每张作业纸都按顺序在右上角编上序号。这样到期末就是一套完整的、有统一页码的作业了，复习起来非常方便。特别是自己曾经做错了而老师用红笔给改正过来的题，复习中就会记得很清楚，万一考试时遇上这样的题，就不会再答错了。我的这一点微不足道的编号习惯，竟被三角课的老教师发现了。没想到，到期末复习时，她让我把全部作业按序号挂到教室的墙上，以便大家参考。三角课老教师的这种细心体察、精心安排，使我深受触动。无疑，这是老师在鼓励和传承严谨、认真的校风。

在南开中学，当时受到大家普遍尊敬的有两位老教师——王荫槐和孙养林。王荫槐老师教物理课，兼任学校的副校长。孙养林老师教生物课，也兼任学校的副校长。当时，实行资深的、教学经验丰富的且德高望重的老教师出任学校的兼职副校长，以利于提高教学质量。这两位老教师的共同特点是：兢兢业业，精通本门学科，并善于用清晰的语言、用同学们易于理解的方式讲解出来，使大家能很快地弄懂和掌握。

高三时，王荫槐老师给我们讲物理课，特别是电学。他把复杂的电能和动能的相互转换讲得很清楚，同学们做实验时，都做得很快、很正确。

孙养林老师给我们讲人体生理课。记得有一次讲人的睡眠机理与大脑控制功能，以及睡眠的重要作用。举例时，讲到护士这一特殊职业。他说："护士要经常执夜班，夜间经常只能有睡 10 分钟、20 分钟的机会。但护士通过大脑控制的锻炼和习惯，可以做到随时睡、随时醒，仍然保持良好的精神状态。"同学们在不知不觉中都听得入了神，因为对于高三的学生来说，睡眠已经成为一个需要普遍重视的问题了。功课重，大家经常"开夜车"，严重影响了睡眠。没想到的是，第二天，同学们聊起头一天孙老师讲的睡眠机理，大家都可以从头至尾地复述出来。可见孙老师讲的课能给同学们留下深刻的记忆，而且，大家都开始讲究科学睡眠，这也使我们一生受益。

校园文化：人才成长的沃土

南开中学有着丰富的校园文化，特别是既注重课堂教学和智力教育，也注重学生的德育教育，注重课余的文化生活。

就德育教育来说，学校鼓励学生关心时事政治，关心国内外大事，高瞻远瞩，心怀祖国，放眼世界。

　　记得 1958 年 5 月中共八大二次会议提出"鼓足干劲、力争上游、多快好省地建设社会主义"的总路线时，学校利用课余时间，组织同学们，两三个人一组，到公共电汽车上去作宣传。大家的积极性很高，都踊跃参加，并在公共电汽车上一丝不苟地宣读有关总路线的材料。

　　1960 年 4 月，《红旗》杂志发表了重要文章《列宁主义万岁》，学校组织我们学习和讨论。大家争先发言，交流自己的看法，讨论得很热烈。

　　1960 年冬，党的农村政策调整，实行"三级所有、队为基础"。学校组织大家学习和讨论。班上的同学都是在城市长大的，不熟悉农村情况，但大家主要从生产关系要适应生产力发展的角度来理解党的这一政策。

　　1961 年春，毛主席提倡学《不怕鬼的故事》，同学们都很有兴趣地学习和讨论。

　　1961 年 6 月后，同学们更是热烈地学习和讨论陈毅同志当时在人民大会堂作的关于又红又专的著名讲话。

　　在南开中学，校学生会还时常组织全校的时事测验。校学生会提前把十几道时事题出好，并附上正确答案，在中午时发到各班班长手里，要求绝对保密。下午 4 点一放学，各班就组织同学们各自答题。各班班长负责判分，但不进行分数攀比，只是培养大家对国内外时事的关心。我参加过答题，也曾受校学生会的委托，出过题，组织全校的时事测验。

　　南开中学的话剧社是很有传统的学生社团。当时，他们为配合学习《不怕鬼的故事》排演的话剧《陈鹏年吹气退缢鬼》，很受同学们欢迎。朝华社、舞蹈队、波波夫电讯社等学生社团都活跃于校园，使学校的文化生活丰富多彩，有利于学生才能的发挥和素质的全面提高。

说起南开中学的校园文化，还应该提到"南中周报"。这是展示在学校门口内、教学楼南楼墙上的一大排醒目的黑板报，每周更新一次。进出校门时，都能看到它。它主要刊登学校的各种活动报道、表扬好人好事、发表一些评论等，生动活泼，短小精干，深受大家欢迎。各班有通讯员，负责供稿。我曾经做过"南中周报"的通讯员，也完成过在其黑板上抄写的任务。

当时，各个班也都有自己的壁报，有的还专门设立了时事板报。高一时，我曾经负责班上的壁报工作，主要是组稿和抄稿，另有一位同学刘希力负责壁报的插画。一次，他画了一条东方巨龙，作为壁报的底衬。他画得非常好，很形象，很有气魄，而且他画起来不费劲，得心应手。因为我从小不擅长画画，所以对他画得这么好，深感敬佩，觉得他将来很有可能成为一个出色的大画家。果真，几十年后，当我收到《南开中学风云人物》一书时，打开一看，目录上一个熟悉的名字跃入我的眼帘："彩墨画家刘希力"。他于 1962 年从南开中学毕业后，因当年全国所有的艺术院校都一刀切地停止招生，无奈之下报考了中央财政金融学院。毕业后，他终于走上了出版社美术编辑和编审的专业岗位，并成为中国美术家协会会员。他擅长彩墨人物画和连环画。他的作品被选入《中国美术书法界名人名作博览》。他成为业界精英，不能不说，这与其就读南开中学不无关系。

《南开中学风云人物》是我的南开中学同届校友（1962届）贾培起编撰的。《南开中学风云人物》及其续本都是大开本，厚达857页，共230万字，收录了南开中学建校百多年来536位校友的信息。这是一项浩大的、繁难的工程。所采集的每位校友的资料，或是媒体上公开发表的，或是从资料中寻找、收集到的。从审阅、选择、摘录、编写到定稿，付出了极大的努力。

编撰者贾培起，1956年小学毕业后被保送到南开中学，1961年9月被选送到中国人民解放军北京部队。后来，在工厂当过技术员、车间主任、研究所室主任等。2003年后，任天津华泰森淼生物工程技术股份有限公司董事长兼总经理。他是超高压生物技术及装备的开拓创新者，获得30多项国家专利。

前两年，贾培起给我寄来《南开中学风云人物》及其续本，我首先被这位老校友为此所付出的巨大、艰辛的努力所震撼。我快速浏览了一遍之后，目光聚焦在我们1962届老校友，特别是我的同班同学的名字上。已经五六十年没见面了，那青少年时代一张张熟悉的面容、当年的校园生活又浮现在我的眼前。但也有很多面孔和记忆经岁月的磨蚀，已经模糊了。收录在《南开中学风云人物》及其续本中的我的同班同学还有：全军肿瘤专业委员会副主任刘端琪，黑龙江省人大常委会副主任董灏，历史学者和古籍数字化的探路人刘俊文（北京大学历史系教授），解放军总装部一级导演骆嘉玺，著名摄影家李瑞雨

（中国摄影家协会理事），散文家、文学评论家张宝树（中国作家协会会员），中国光学学会全息与光信息处理专业委员会副主任翟宏琛（南开大学光学研究所教授），SD 型强力灭火液发明人叶宏烈（中国消防协会专家委员会专家）等。

真是各路人才都有，八仙过海各显神通。这充分体现了南开中学"允公允能，日新月异"的校训精神，这是南开中学良好的德育、智育教育和丰富多彩的校园文化结出的硕果。

在《南开中学风云人物》中，给我列出的名录是："中国社会科学院经济研究所所长、宏观与数量经济学家刘树成"。其内容是从《中国经济时报》记者对我的一篇采访录中摘取的几个片段。我想：借此，我可与南开中学的校友们交流了；借此，可表达我对南开中学的怀念与感恩之情了。

自学哲学：我最浓厚的兴趣

1960 年，我上高二时，加入了中国共产主义青年团。在南开中学，最难忘的还是高二、高三的时光。这期间，培养起我对哲学的浓厚兴趣。

高二的一天下午，我在图书馆目录柜中查到苏联科学院哲学研究所编的《马克思主义哲学原理》（上、下两卷）中译本。当时，我国还没有自己编写的大部头的马克思主义哲学教科书。我想先借来看看，不知能不能读下来。以前，从图书馆借书，一直都是借小说的，而这是第一次借理论书籍。结果，我很快就被书里清晰、严密的逻辑分析吸引住了。越读越有兴趣，似乎找到一种逻辑旋律，就像倾听优美的音乐和欣赏优雅的舞蹈一样，内含一种旋律。于是，我利用高二的寒暑假，高兴地读完了厚厚的《马克思主义哲学原理》。读完后，我的哲学理论知识一下子丰富起来，觉得自己分析问题的辩证思维能力也一下子提高了，由此，对哲学产生了浓厚的兴趣。

看完《马克思主义哲学原理》之后，高三上半学期的寒假，我又去新华书店，买了艾思奇的《辩证唯物主义纲要》。看《马克思主义哲学原理》时，因为是从图书馆借的，不能在书上做眉批和脚注。这一回就可以放开手了。我可以用红色的、蓝色的、黑色的笔，标注自定义的不同重点、层次。这些眉批、脚注就是我的收获。经过这样一番操作，读后的印象就特别深。加之此书是我国著名哲学家所著，读起来就更感到亲切。

无巧不成书，正好，高三下半学期的政治课讲哲学，教材是一本比较薄的小册子。我读过《马克思主义哲学原理》和艾思奇的《辩证唯物主义纲要》，因此学起这本哲学小册子来，十分得心应手。

教哲学的郑杰老师，是1959年从北京师范大学哲学系毕业分配来的高才生。我对郑老师讲的课非常感兴趣。期末复习时，郑老师给大家出了十几道复习题。因为我十分感兴趣，就把这十几道复习题都做出来了，抄在十多页的16开纸上，交给郑老师，请他指正。郑老师非常高兴，认真地看完了我答的复习题，用红笔略做了一些修改，返还给我，让我把它挂在教室的墙上，以便同学们复习参考。这情景就像高二时老师让我把三角课作业挂在教室的墙上一样。

高三时，全校的政治教导处主任是朱达老师。他是一位老教师，严肃中透着和蔼。他曾在中国人民大学进修过，理论知识水平很高。高三上半学期，他曾教我们班的政治课，主要讲政治常识和党的一些重要政策。高三下半学期快结束时，我约他谈谈自己未来的学习方向，请他给予指导。那天下午，我们正在教室做作业，朱老师进来，叫上我，到他的办公室去。我告诉他，我特别喜爱学哲学，他给予我极大的肯定和鼓励。

后来，我考上中国人民大学，大学第一学期结束放寒假时，我回到天津，去拜访朱老师。我向他汇报了我在中国人民大学的学习情况，顺便聊起我学习《资本论》时，因买不到书，只能在图书馆借，学习起来很不方便。朱老师立即把他的一套三卷本的《资本论》送给我，让我学习用。这是朱老师1953年11月在中国人民大学进修时买的由郭大力和王亚南译的1953年版《资本论》。我真是喜出望外，这也给了我极大的学习动力。至今，这套1953年版的厚重的三卷《资本论》仍摆放在我的书架上，成为我的"镇架之宝"。

1962年夏，我从南开中学毕业，出于对哲学的喜爱，第一志愿报考的是中国人民大学哲学系。当时，每个人可以填报10个系。就中国人民大学来说，我就填报了4个系，除哲学系外，还填报了马克思主义基本理论系、中共党史系、政治经济学系。

1962 年天津南开中学毕业时照片

另外，还填报了北京大学的哲学系等 3 个系和南开大学的哲学系等 3 个系。

1962 年的高考如期而至。7 月初，为了我的哲学理想，我迈进了文科考场。其实在高二时，南开中学就已经实行文理科分班上课了。由于我"数、理、化"成绩都很好，我一直留在理科班学习。高三授课结束，进入总复习后，我临时去了文科班听课。高考时，我参加的是文科考试。

那一年，高考的作文题目有"雨后"和"说不怕鬼"，任选一个。《雨后》是记叙文，我不擅长。《说不怕鬼》为论说文，和我的兴趣正合拍。于是，我选择了后者。因为不久前正好看过一本《不怕鬼的故事》，还看了话剧《陈鹏年吹气退缢鬼》。坐在考场里，故事书和话剧里的情景、情节立即浮现在我的脑海里。我首先写了一段"陈鹏年吹气退缢鬼"的故事，缢鬼有三技，陈鹏年鼓足勇气，一一破之。然后，把"鬼"引申为我们生活中的各种困难，战略上藐视它，战术上重视它，用自己的本领去战胜它，等等。走出考场，大家围住语文课老师，问怎样写《说不怕鬼》。老师说，先讲一个不怕鬼的故事，然后再展开说怎样与"鬼"作斗争。有的同学说，没想到需要具体写一个不怕鬼的故事，直接就写与困难作斗争了。我庆幸自己写了一个"陈鹏年吹气退缢鬼"的故事，这真要感谢一年前我们学习过《不怕鬼的故事》，特别是感谢学校话剧社给我们演出的《陈鹏年吹气退缢鬼》这个话剧。

当年，高考历史题出得有水平！有一道题几乎难倒了考生们，即"第二次世界大战中西班牙的反法西斯战斗"，虽然从内行人看，不能算什么难题，但从我们这些考生的角度，算是有点儿偏难。要说苏联的反法西斯战斗、同盟国的反法西斯战斗或者中国的反法西斯战斗，大家是非常熟悉的，怎么都好说，而要说西班牙的反法西斯战斗则大都是头脑空空。

忽然，我想起了毛主席的《纪念白求恩》一文，其中关于白求恩有一个注释，说白求恩是加拿大共产党党员，著名医生，1936年德意法西斯侵犯西班牙时，他曾经亲赴前线为反法西斯的西班牙人民服务。1937年中国的抗日战争爆发，他率领加拿大美国医疗队于1938年初来到中国，3月底到达延安……想到此，忽然我眼前一亮，这道题有了线索。不然，这道题真的要得零分了。

1962 年 8 月的一天早上，同学们事先接到口信，到学校领取第一批大学录取通知书。大家准时来到学校。我们班的教室正在进行暑期粉刷，进不去，同学们就坐到图书馆后门外面的台阶上，这里背阴，凉快一点。一会儿，老师拿着一沓子信封来了，里面装着录取通知书。同学们安静地坐下来，紧张地等待老师念名字。

老师一个个打开信封，先念名字，再念录取的大学。北京理工学院、北京邮电学院、北京铁道学院、中央财政金融学院、天津大学……念到我，是中国人民大学。我喜出望外，高兴极了。接到通知书再仔细一看，是"政治经济学系政治经济学专业"。一份通知书，圆了我的两个梦——进京梦和大学梦。

中国人民大学：开启成才之路

中国人民大学的前身是 1937 年在延安成立的陕北公学，以及后来的华北联合大学（1939 年）和华北大学（1948 年）。1937 年 11 月 1 日，毛泽东在陕北公学开学典礼上作了题为"目前的时局和方针"的讲话。新中国成立后，1949 年 12 月 16 日，中央人民政府政务院通过了《关于成立中国人民大学的决定》。1950 年 10 月 3 日，中国人民大学正式开学，成为新中国创办的第一所新型正规大学。中国人民大学以具有光荣的革命传统而著称。第一任校长是我国著名的无产阶级革命家吴玉章。

1962 年 8 月，我迈进了中国人民大学的大门。

这可是个"国"字号的学府啊！可是从气势上看，连天津南开中学的校舍都赶不上。没有经典的历史建筑，没有红墙碧瓦的京师派头，甚至连个大礼堂都没有。开学典礼那么庄重的时刻，同学们每人拿个小马扎，坐到大操场上，面向一个简易的舞台。最主要的建筑物就是一座三层的灰色教学楼了。别看这座不起眼的三层教学楼，据说，新中国成立后，在抗美援朝的大背景下，国家财力、物力都很紧张，能在北京西郊广阔的田野上盖起一座三层的教学大高楼，已经是很不容易的事情了。当时，在北京西郊，这座三层的教学楼是一道显赫的风景线。

别看硬件"不太硬"，可是中国人民大学却是名师荟萃的高等学府。在这里，我亲耳聆听了宋涛、吴树青、卫兴华、李光宇、余学本、吴易风、胡钧、林森木、林兆木等许多颇具声望的老师的讲课。跟我中学时自学哲学的情形相比，这里的学习是系统性的，其深度和广度都是中学时所不能比拟的。

马克思的《资本论》是我们专业最重要、最基本的课程。学习《资本论》，首先要学习马克思主义的立场、观点和方法。对于政治经济学专业的学生来说，还要学习《资本论》中深刻的政治经济学基本原理和严密的逻辑思维方法。当时，我们学习《资本论》都很认真，重点章节反复精读，并且还写了大量的读书笔记。

说起《资本论》课程，必然会想到卫兴华老师。1964 年，我们在学习二年级下学期的专业课程时，卫老师给我们讲《资本论》第三卷。他给我们留下了深刻的印象：他对《资本论》有非常严谨、深入、细致的研究，特别是对《资本论》第一、二、三卷之间的内在关联问题，有整体的、深度的把握。他给我们讲清了《资本论》第一卷中的社会必要劳动时间与第三卷中的第二种社会必要劳动时间的含义，以及它们之间的关系，这有助于我们全面理解和掌握马克思的劳动价值论。

令人惊喜的是，55年后，在庆祝中华人民共和国成立70周年之际，2019年9月17日，国家主席习近平签署主席令，卫兴华老师被授予"人民教育家"国家荣誉称号。这是我国首次授予为新中国建设和发展作出杰出贡献的功勋模范人物国家荣誉称号。在《人民日报》公布的"国家荣誉称号获得者名单"中这样写道：卫兴华"是我国著名经济学家和经济学教育家，长期从事《资本论》研究，为马克思主义政治经济学中国化作出重要贡献"。

看到这一消息，卫老师当年在课堂上为我们讲授《资本论》时的音容笑貌又不禁浮现在我的眼前，特别是他那铿锵有力、充满自信的大嗓门，仍萦绕在我的耳边。

卫老师极其勤奋，著述极丰。2014年，他曾把自己发表的有关坚持与发展马克思主义经济学的60多篇有代表性的文章，汇集成厚厚的一本书，共72万字，取名为《走进马克思经济学殿堂》，由中国财政经济出版社出版。这本书刚出版，卫老师就送给我一本。我马上写了一篇书评，《人民日报》于2014年7月29日在理论版上刊登，题为《研究、阐述和发展马克思经济学——〈走进马克思经济学殿堂〉简评》。我在简评中写道："该书的突出特点是，紧密联系中国特色社会主义建设事业，研究、阐述和发展马克思经济学要义，为创建和繁荣中国特色、中国风格的社会主义经济理论体系做贡献。该书汇集了作者长期辛勤探索、刻苦治学的丰厚研究成果。"

万万没有想到的是，2019 年 12 月 6 日，突然传来噩耗，卫老师因病医治无效而与世长辞，享年 94 岁。卫老师的去世，是我国马克思主义经济学界的重大损失！我们要继承和发扬卫老师兢兢业业、一生为马克思主义经济学中国化而作贡献的宝贵精神和崇高品德。

在中国人民大学学习期间，政治经济学资本主义部分、社会主义政治经济学专题讲座、经济学说史、当代资产阶级经济学说批判……这些专业课有的是同时推进的，有的是前承后继的，它们让我的经济学理论知识一天比一天丰富起来。

对于政治经济学社会主义部分来说，当时我国还没有一本正式的教材，因此学校开设的课程叫社会主义政治经济学专题讲座，由不同的老师，按他们的研究专长，分专题讲授。

令我永远难忘的一堂课，是吴树青老师讲解"以农业为基础"。我记得很清楚，当时，一上课，吴老师就先提出一个问题：哪位同学知道，"以农业为基础"和"农业是基础"这两个概念有什么区别？同学们互相看看，瞪着眼，没人能回答这个问题。吴老师解释说："农业是基础"，即农业是国民经济的基础，这是一个客观经济规律。马克思曾指出，"超过劳动者个人需要的农业劳动生产率，是一切社会的基础"。而"以农业为基础"，则是我们制定的经济政策。这个经济政策遵循了"农业是基础"这一客观经济规律，所以它是正确的。如果一个经济政策违背了客观经济规律，它就是错误的，就要受到客观规律的惩罚。吴老师把经济政策与经济规律的关系极其清晰地讲解出来。他的这一思路，成了我日后经济理论和经济政策研究的航标，它对我的启蒙作用一直延续到相当久远。

还有一门课不能不专门拿出来说一说，那就是高等数学。那时，之所以开设高等数学课程，是因为开设了当代资产阶级经济学说批判。在当代西方经济学中，特别是其中的经济计量学，含有大量的现代数学方法。为了弄懂当代西方经济学，就要学会一定的数学方法、数学思维和数学语言。由于我在南开中学时一直在理科班学习，有一定的数学基础，学起高等数学来，并不觉得困难，还有些兴趣。

那时，在校大学生也是要参加社会政治活动的。1963年冬，我参加了为期一个多月的在北京顺义县农村开展的社会主义教育运动，当时称为"四清"运动。"四清"即"清思想、清政治、清组织、清经济"。顺义县龙湾屯人民公社焦庄户村是抗日战争和解放战争时期打地道战的典型村庄，我就是在这个村子参加"四清"运动的。我和同学一起为这个英雄村落写了村史，记述了当年地道的形成过程。

这里的地道是在平原地区人民同日本侵略军作战中逐渐形成的。刚开始只是修建了一些单个的、独立的隐蔽洞，每个洞里只能隐藏两三个人。后来，随着斗争的开展，将洞与洞之间挖通，便形成了地道。之后，又和邻近的几个村庄挖通，形成了地道网。地道内纵横交错、户户相通。里面还安装了可供防水、防毒气用的翻板。在抗日战争和解放战争时期，焦庄户的群众和民兵在共产党的领导下，利用地道多次打败日军和蒋军的进攻。现在，这里已修建了"北京焦庄户地道战遗址纪念馆"。

1964 年下半年至 1965 年上半年，我上大学三年级时，又到山西省定襄县参加了近一年的农村社会主义教育运动。当时，与农民同吃、同住、同劳动，对农村有了更多的了解。

1966 年 5 月，"文化大革命"爆发。1967 年夏，我们这届大学生该毕业了，但还处于"文革"期间，无法分配。后来，1968 年 8 月，我被分配到中国人民解放军 4595 部队石家庄农场锻炼。1970 年 1 月，又被分配到山西省偏关县大石窑人民公社作农村基层干部。

黄土高坡：苦亦快乐着

1970 年冬天，朔风凛冽。我乘火车，由石家庄经太原往北，到达山西省忻州地区宁武县的阳方口，然后再乘敞篷大卡车，朝西北方向，翻山越岭，来到偏关县。当时，这里还没有长途大客车。寒冬腊月里，坐在敞篷卡车上，大半天的路程，脑袋都冻硬了，脚也冻僵了。偏关县，古时名叫"偏头关"，这是历史上宋朝著名的杨家将镇守三关中最西边的一关。它地处山西省、陕西省和内蒙古自治区三省区交界之处，西临黄河。

我冒着呼啸的西北风，凌晨出发，时至下午1点，平生第一次来到黄土高原这个古老而贫瘠的县城。真没想到，给我的第一个"下马威"就是：从县城到我工作的大石窑公社完全没有公路可走，要徒步翻越蜿蜒崎岖的30里山间小路，才能到达我的目的地。而我极其简单的行李——一只装着衣服和书的箱子，只能搭在一条瘦毛驴的背上驮运过去。

在那七沟八梁的黄土高坡上，我每天日出而作、日落难息。与当地的老乡们同吃、同劳动。这里是典型的黄土高原，沟壑纵横，土地贫瘠，十年九旱，广种薄收。每年春夏之交，正是庄稼需要雨水的时候，但一到傍晚，经常是眼看着一片片乌云由西边天空飘来，不一会儿，又眼看着这些乌云一片片飘走，很难下雨。在当地，为了开辟出一些能抗旱的土地，一种方法是修梯田，另一种方法是在山沟里打坝、截流、淤地。

当时，我和村干部曾带领老乡们在山沟里打坝，从山顶上往下劈石、劈土，以筑坝基。干活的时候一个不小心，就会震掉上方大块的土石，轻者砸出血，重者可能会丧命。16年后的1986年，我看了反映黄土高原上老井村祖祖辈辈艰难打井的故事的电影《老井》，备受震动。这部电影由著名演员张艺谋、吕丽萍、梁玉瑾主演。电影中男主人公的父亲，曾因打井，不幸被炸死在井下；男主人公的弟弟，也不幸在打井时突发塌方事故而丢了性命。黄土高原上的人们祖祖辈辈与干旱做斗争。我真庆幸当年我们在山里打坝时没有发生任何事故。

在 20 世纪 80 年代风靡一时的西北风歌曲，唱出了黄土高原人民吃苦耐劳的坚毅精神。至今听来，虽略显悲凉，但仍感亲切。歌中唱道：

> 我家住在黄土高坡
> 大风从坡上刮过
> 不管是西北风还是东南风
> 都是我的歌　我的歌
>
> 我家住在黄土高坡
> 日头从坡上走过
> 照着我窑洞
> 晒着我的胳膊
> 还有我的牛跟着我
>
> 不管过去了多少岁月
> 祖祖辈辈留下我
> 留下我一望无际唱着歌
> 还有身边这条黄河
>
> 我家住在黄土高坡
> 四季风从坡上刮过

不管是八百年还是一万年

都是我的歌　我的歌

　　古老的黄河由北向南，从偏关县西侧流过。沿岸的悬崖峭壁上，留下极其狭窄、极为难行的纤夫古道，一般人们是不敢轻易去走的，很危险。一年夏天，县里开工作会，要求各公社干部和县委有关部门干部参加，组织到各公社现场考察和交流。这支干部队伍要从北边的万家寨公社到南边的天峰坪公社，由于没有公路，只能步行。有两条路可走：一条路是走黄河岸边，要走一段悬崖峭壁上的纤夫古道，有危险，但省时间，只需一个多小时；另一条路是绕走山梁，绝对没有任何危险，但费时间，需走三四个小时。当时，不少人选择走黄河岸边，但也有一些人不敢走纤夫古道，只好选择绕走山梁。我选择了走黄河岸边。当时我还年轻，站在那里跺跺脚，壮壮胆，决定走一趟让人胆战心惊的老纤道。从纤道上看黄河，一定是别有一番"美景"吧！

　　走在悬崖峭壁的纤夫古道上，不敢往下看，真是浑身发紧。县领导专门派了两个人保护我，一个在前，一个在后，如果遇到腿打哆嗦或者什么险情，他们可迅速帮助我。我鼓起勇气，屏住呼吸，脑子里什么都不想，只管小心踩实脚下的步子。没想到我一点没出意外，大步小步，细心腾挪，终于闯过来了。这下，我可是"一鸣惊人""名声大振"了。大家都说我这北京来的大学生"不简单"。到了天峰坪公社，那里已经准备好了几筐大西瓜。刚刚走过山崖，大家很兴奋、很轻松，大口大口吃起瓜来。我觉得从来没有吃过这么甜的西瓜。快到傍晚时，绕走山梁的几位同志才赶到天峰坪公社。他们看到我，连连说："你真行！"我笑着说："你们快去吃西瓜吧。"

一天，我在大石窨公社的窑洞里写材料。写好后，往稿纸上抄，抄了快一页纸了，正好进来一位到公社办事的老乡。他看见我抄好的稿纸，非常惊讶地说："你真有水平！"我说："我在抄材料，有什么水平？"他说："你一个格子里写一个字，真了不起！"我奇怪了，在稿纸上，就是一个格子里写一个字啊。我问老乡："为什么了不起？"老乡回答说："我们种庄稼的，从小拿锄头，写起字来，有的大，有的小，大的要占几个格子，上下左右也对不齐，不可能一个格子里写一个字呀。"我听了之后，呆住了，半天说不出话来。此事虽小，却令我极为震撼。看着纯朴勤劳的祖祖辈辈种地的老乡，我忽然感到，我们有幸从小学习、读书的人，学会了写字，学会了许多知识，我们应该把这些知识奉献给养育我们的人民。这给了我终生难忘的启迪。

生活在黄土高坡，一到夜间，我总是在土窑洞里点上一盏小煤油灯，津津有味、细水长流地读着书。当时，我们知识分子特别是大学生，被称为"臭老九"。但我一直相信，我在大学里所学的经济学理论知识总有一天还会派上用场。后来，我被调到县委通讯组工作，写了一些反映当地人民与天斗、与地斗的通讯稿，被刊登在《山西日报》上。

在黄土高原农村基层工作的五年里，我"喝"了不少"西北风"，也在窑洞的煤油灯下读了许多书。这五年，实际上又上了一所大学——实践大学。在这所实践的大学里，我不仅亲身体会到了耕种的艰辛，也品尝到了丰收的喜悦，更感悟到了知识的重要。

1975年，我被选调到中共山西省委政策研究室工作。这个省委机关的名称和我的专业很吻合。所谓"政策研究"，顾名思义就是把我以前在大学里学的社会科学知识，尤其是经济学知识运用到社会发展的实践中去。当时主要有两大项调研任务：一个是农业学大寨，另一个是工业学大庆。大寨在山西省昔阳县内。我多次去大寨调研。省委政策研究室也派我去大庆作过调研。

1976年1月15日，是我人生中的大喜日子，我和孙笑纳结婚了。她是个稳重大气、聪颖好学的北京姑娘。1968年12月，她由北京到山西省偏关县插队。我们在这里相遇、相识、相知。她在这片黄土地上摸爬滚打了八年，比我的资格还老。她先后任共青团偏关县委干部、共青团山西省委组织部干部。1983年至1985年，在中央团校（中国青年政治学院）政教专业学习，毕业后留校工作，历任青少年工作系、法律系党总支副书记，公共管理系党总支书记。同时，承担"行政法学"教学工作。1993年至1996年，在北京大学法律系硕士学位研修班学习，获法学硕士学位。1990年被评为讲师，1998年被评为副研究员。她不只是我的人生伴侣，更是我工作与生活中的坚强后盾，支撑着我奋力前行。

// 踏进经济学殿堂 //

考研究生：重燃学习愿望

1976 年 10 月，粉碎"四人帮"，结束了十年"文革"。转年 5 月，经中共中央批准，在中国科学院哲学社会科学部基础上组建了中国社会科学院。

时光指向 1978 年 2 月，《人民日报》《光明日报》等刊发了中国社会科学院招收研究生的消息。这是粉碎"四人帮"之后的又一个重要喜讯。我看到后，十分高兴，立即燃起了我重新学习、深造的愿望。

当时，我已在省委政策研究室工作。这里的工作很忙，经常要下农村、下基层去搞调查研究。我不知道研究室的领导是否同意我报考研究生。我怀着忐忑不安的心情向研究室领导提出，我想报考中国社会科学院经济研究所政治经济学专业的研究生。没想到，研究室领导非常支持我，并尽可能地给予我复习的时间。我极其珍视这段时间，抓紧复习。

从 1967 年中国人民大学毕业，经 4595 部队农场锻炼，又翻山越岭辗转至黄土高原的偏关县，我陆陆续续地扔掉了在大学时的许多书籍，预计将来可能有用而没舍得扔掉的书籍，除了《资本论》之外，还剩 5 本。

第一本是中国人民大学徐禾等编的 1963 年版的《政治经济学概论》，这是当时学习政治经济学资本主义部分所用的教材。

　　第二本是中国人民大学鲁友章和李宗正主编的 1965 年版的《经济学说史》，这是当时学习经济学说史课程所用的教材。

　　第三本是艾思奇主编的 1962 年版的《辩证唯物主义　历史唯物主义》，这是当时学习哲学课程所用的教材。

　　第四本是巫宝三、孙世铮、胡代光编著的 1964 年版的《当代资产阶级经济学说》（第四册·经济计量学），这是当时学习当代资产阶级经济学说批判课程所用的教材。

　　第五本是中国人民大学数学教研室编的 1963 年版的《高等数学》，这是当时学习数学课程所用的教材。

　　前 3 本书，加上《资本论》，成为我报考研究生复习时的重要资料；后两本书，成为我考上研究生后的重要学习资料。我当时留下这几本书，冥冥中总觉得将来可能会有用。至于将来会在什么地方用、怎么用，也没有去多想。现在看来，这几本书是留对了，派上了大用场！

　　报考研究生，除了准备政治考试、政治经济学专业考试之外，还要准备外语考试。我从高中到大学一直学的是俄语，十年没接触俄语了，重新捡起它，几乎调动了我大脑里所有的细胞。没有了过目成诵的少年时代的敏捷思维，没有了一目十行的超强记忆流量，更没有了环顾皆书生的学习环境。

　　在太原参加了紧张的考试之后，我等到了去北京参加复试的通知。复试分笔试和面试。笔试是当场写一篇论文，大概记得题目是：价值规律是个大学校。面试是由经济研究所吴敬琏

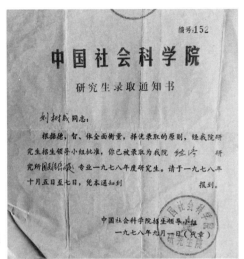

1978 年刘树成研究生录取
通知书

老师、胡瑞梁老师主持。

　　全部考完之后，我一边工作，一边焦急地等待着结果。
1978 年 9 月上旬，我接到中国社会科学院招生领导小组的"研
究生录取通知书"，我被经济研究所"国民经济问题"专业录
取。"国民经济问题"专业即后来的"宏观经济学"。在当时，
我国还没有"宏观经济学"这一概念。我真是喜出望外！省委
政策研究室的领导和同事们也都为我高兴。由此，我作为我
国"文化大革命"结束后考取的第一批研究生，带着大学期间
的知识积淀，带着农村基层工作的社会实践经验，带着对党
的政策研究的工作基础，进入中国社会科学院研究生院经济
系学习，重回经济学殿堂，开始了新的人生征程，迎接新的
挑战。

科学的春天：一门新学科的兴起

1978 年，金秋十月的北京，天高气爽，阳光灿烂。国庆节刚过，10 月 5 日上午，我们第一届 400 多名研究生开始入学报到。

这时，研究生院没有自己独立的校园，而是借住在北京师范大学的校园内。粉碎"四人帮"之后，百废待兴。研究生院成立伊始，走的是一条"先招生再建校园"的办学之路。10 月 11 日，中国社会科学院研究生院成立大会暨首届研究生开学典礼举行。开学典礼是借用离北京师范大学不远的北京电影制片厂演员剧团剧场举行的。研究生院在北京师范大学校园内自建起几个简易的木板房，作为教室和自习室。条件虽然简陋，但同学们刚刚经过"文化大革命"的洗礼，都非常珍惜这极其难得的学习机会，毫无怨言，如饥似渴、满怀希望地投入学习中。

研究生院开学后不久，1978 年 12 月，具有伟大历史意义的党的十一届三中全会召开，我国开启了改革开放的新征程。1979 年 10 月，我加入中国共产党。

改革开放的春风，带来了科学的春天，各门学科如雨后春笋般地蓬勃兴起。我国在"国民经济问题"这个领域，围绕经济体制改革和宏观经济运行等热点问题，研究异常活跃。与此同时，一门新的经济学分支学科——数量经济学，开始在我国兴起和发展起来。

　　数量经济学是一门高难度的新兴交叉学科。它需要经济理论的定性分析与数学模型方法的定量分析相结合，研究经济运行和经济发展中各种变量之间的相互关系及其变化的规律性。任何经济现象和经济过程都是质和量的统一。然而，过去在我国，传统经济学偏重于定性分析，忽视了定量分析。数量经济学吸收和借鉴了西方经济学中的经济计量学、数理经济学、投入产出分析，以及经济系统论、经济控制论、经济信息论、决策分析、博弈论等。

　　我的研究生专业方向是"国民经济问题"专业下的"数量经济学"。得益于大学期间的政治经济学基本知识储备、在实践工作中对国民经济运行的体验，加之在中学和大学打下的数学基础，我比较顺利地开启了对数量经济学的学习和研究历程。

喜从名师　受益匪浅

　　在研究生学习期间，我有三位导师，开始是刘国光，后来是乌家培、张守一。

　　刘国光老师是我国著名的经济学家。当时，他任中国社会科学院经济研究所国民经济问题研究室主任。他是新中国选派的第一批留苏学生，1951 年 10 月至 1955 年 6 月在苏联莫斯科国立经济学院国民经济计划教研室做研究生，被授予副博士学位。回国后，在中国科学院经济研究所任所学术秘书。1957 年，

孙冶方到经济研究所任所长之后，1958 年在所里成立了"国民
经济综合平衡研究组"（后来称"国民经济问题研究室"，再后
来称"宏观经济研究室"），杨坚白任组长，刘国光和董辅礽任
副组长。1959 年 1 月至 2 月，刘国光陪同孙冶方访问苏联，他
们对苏联那时刚刚兴起的"经济数学方法"研究十分重视。孙
冶方回来之后，在经济研究所国民经济综合平衡研究组内设立
了"经济数学方法"小组，进行经济数学方法的学习、宣传、
研究工作。从 1964 年经济研究所开始"四清"运动到"文化大
革命"，经济研究所受到严重冲击。粉碎"四人帮"之后，特
别是改革开放的春风吹来，经济研究所的研究工作全面恢复。

当我作为研究生进入经济研究所学习之后不久，1979 年 4
月，刘国光升任经济研究所副所长，后又升任中国社会科学院
副院长，一度兼任经济研究所所长和《经济研究》杂志主编，
1993 年 11 月起任中国社会科学院特邀顾问，2005 年 3 月获首
届中国经济学杰出贡献奖，2006 年 7 月被选为中国社会科学院
学部委员。

回想起来，我与刘国光老师第一次结缘是在 1978 年初。在
刚刚复刊的《经济研究》杂志上，我看到他的大作——《略论
持续的高速度》，这还是在我考上研究生之前。《经济研究》是
我国重要的、极具权威性的经济理论研究刊物，1955 年创刊，
"文化大革命"期间停刊，1978 年 1 月复刊。当时，我在山西
省委政策研究室工作。听说《经济研究》复刊了，我作为政治
经济学本科毕业的大学生，十分高兴，加之我正要报考研究生，

就更急切地想看到它。那时，报刊售卖网点非常少，要购买一本专业性杂志是很困难的。我跑到太原市中心邮局，好不容易买到了刚刚复刊的《经济研究》1978年第1、2期。第1期主要是揭批"四人帮"的文章。翻开第2期目录，除前面一篇本刊评论员的文章外，第一篇理论文章就是刘国光的《略论持续的高速度》。当时，我还不知道刘国光是谁，单是从这篇文章排在目录的第一位，以及从这篇文章的标题及其"洋洋万言"的气势来看，我判定刘国光是一位重量级经济学家。

1978年初，我在报考中国社会科学院经济研究所研究生时，是该所的政治经济学专业在招生。我按政治经济学专业进行了报名和考试。后来，随着形势的发展，扩大了招生的专业范围。我被该所的"国民经济问题"专业录取。收到录取通知书的时候，我还不知道谁是我的导师。1978年10月初，我到中国社会科学院研究生院报到时，才知道我的导师正是我敬仰已久的刘国光。当时，他是中国社会科学院经济研究所国民经济问题研究室主任。

1978年10月的一天，经济研究所的办公楼突然热闹了起来，来了一群年轻人。这是经济所在召开研究生迎新会。改革开放之后的首届研究生，经济研究所各专业共22人全部到来。时任中国社会科学院副院长兼经济研究所所长许涤新接见了大家。同时，各专业的导师也参加了迎新会。这时，我第一次见到了导师刘国光。当时，"国民经济问题"专业共录取了3名研究生，除我之外，还有杨忠伟和何晓明。刘老师向我们表示欢迎，鼓励我们努力学习，并带领我们参观了图书馆等。刘老师给我们的第一印象是，非常平易、和蔼，很有学者风度，人如其文，思维深刻、开阔。后来，在我们的学习和工作中，他经常强调，学术研究一定要有问题意识，时刻关注当前亟须解决的重大现实问题和理论问题。刘老师的这一思想，成为我们日后进行学术研究的重要指导。在我们眼中，刘老师勇于和善于抓大事、抓重大问题，敢于创新和突破，逻辑清晰，文笔流畅。

1979 年刘国光老师担任经济研究所和中国社会科学院的领导之后，乌家培接替他成为我的导师。乌老师是我国数量经济学的创始人。1979 年，他担任我的导师时，为经济研究所国民经济问题研究室主任。他于 1955 年 3 月东北财经学院（后改为东北财经大学）统计系毕业后被分配到中国社会科学院经济研究所工作。1959 年，他参加了孙冶方倡导设立的"经济数学方法"研究小组，并担任组长。不久，"文化大革命"使我国刚刚起步的经济数学方法研究成为"资产阶级""修正主义"的东西而横遭批判。1978 年冬，在改革开放推动下，乌家培主持创建了"中国经济数学方法研究会"，任理事长。1979 年 3 月，该研究会改名为"中国数量经济研究会"，1984 年 10 月又改名为"中国数量经济学会"。他连任该会第一届、第二届理事长。1982 年中国社会科学院组建了数量经济与技术经济研究所，我国第一个数量经济学研究机构诞生了，乌家培任数量经济与技术经济研究所所长。1987 年他调至国家信息中心，任总经济师、副主任、专家委员会主任。该年，任中国数量经济学会名誉理事长。1989 年他又创立了中国信息经济学会，任理事长。

在乌家培老师接替刘国光老师作为我的导师的日子里，他十分认真、负责地指导我们的学习。一次，为了学习乌老师已发表过的数量经济学方面的重要文章，以便掌握乌老师的学术思想，我很不好意思地向乌老师提出，请他将已发表的主要文章写一个目录给我，我好去查找。这件事，若在现在，有了计算机检索，要想查找这些文章是很容易的事情。然而，在当时，只好麻烦乌老师动笔给我写个目录。没想到，几天后，乌老师来到我们在北京师范大学的学生宿舍。在学生宿舍，由于没有接待乌老师的房间，我和"国民经济问题"专业的另外两名研究生杨忠伟、何晓明一起，拿着小马扎，找到一块小草坪，与乌老师围坐成一圈，聊了起来。这时，乌老师先拿出一份他亲自手写的文章目录，交给我。我拿在手上，十分感动，向乌老师表示深深的感谢。在谈话中，乌老师跟我们说道，他在数量经济学领域仅仅是个先行者，他愿做一块"垫脚石"，为后人的成长铺路。他告诫我们，在经济数量关系研究中不应忘记一个重要原则，那就是要正确运用经济数量分析方法，避免和克服"数学形式主义"。任何一种数学方法都是经济研究和计划工作的辅助工具，不能因为强调它的重要作用而否定它的从属的、服务的性质。定量分析一定要与定性分析有机结合。这成为我们后来学术研究中一直遵循的重要原则。在我们眼中，乌老师为人诚恳、思维缜密、认真治学、刻苦敬业。

时光飞逝。2010 年，乌老师与其夫人傅德惠迎来了五十年金婚大喜。这时，乌老师已年近八旬，他的左右双眼已先后失去了看书的能力，在他夫人傅德惠的精心帮助下，完成了长达 10 册、共计 324 万字的《乌家培文库》的编纂工作，由中国计划出版社出版。为了庆贺乌老师的五十年金婚大喜及其文库的出版，我专门撰文向乌老师表达情意，题为《生命不息 学习不停 探索不止——读〈乌家培文库〉》，刊载于《经济研究》2010 年第 12 期。在文中我写道，从 1959 年起，在长达半个世纪的时间里，乌老师以刻苦钻研、勇于开拓、严谨治学、辛勤耕耘的精神，在经济学领域，特别是在经济数量关系研究领域做出了许多开创性贡献，并亲手创立了中国数量经济学会和中国信息经济学会。乌老师的成就之高、著述之丰，实在令人钦佩。《乌家培文库》正体现了乌老师的"生命不息，学习不停，探索不止"的崇高境界和治学理念。

在乌老师作为访问学者赴美国进修后，即从 1980 年 2 月起，张守一接替他成为我的导师。张老师也是我国数量经济学的创始人之一。1980 年他担任我的导师时，为经济研究所国民经济问题研究室助理研究员。他于 1955 年被选派到苏联莫斯科国立经济学院学习计划经济。当时，苏联刚刚兴起"经济数学方法"研究。他积极参加"经济数学方法"的学习和研究，同时还参加了苏联第一张地区"投入产出表"的编制，即莫尔多瓦自治共和国（相当于一个州）部门联系平衡表的编制。1960 年 7 月毕业回国，被孙冶方所长招到经济研究所工作，加入"经济数学方法"小组的工作，专门进行"经济数学方法"研究。"文化大革命"后，1978年冬"中国经济数学方法研究会"成立时，张守一任研究会学术秘书。1982年中国社会科学院数量经济与技术经济研究所成立，他先后任经济模型研究室副主任、主任，1984~1987年任中国数量经济学会常务副理事长，1987~2000年连任该学会第三、第四、第五、第六届理事长，2001年任该学会名誉理事长，2006年被选为中国社会科学院荣誉学部委员。

张老师待人热情、诲人不倦、思想敏锐、潜心治学。他把自己的治学体会概括为"三勤"：勤学、勤思、勤写。他常说：勤学是学术研究的投入，勤思是学术研究的灵魂，勤写是学术研究的产出。在张老师担任我的导师的时候，正值我的研究生学习进入毕业论文的筹备、设计、选题和撰写阶段。在此过程中，从论文题目的选定到寻找国外的参考资料，从论文的提纲框架到基本构思和创新点，从数学模型的编制到电子计算机的运算，从初稿的逐章审阅和修改到最后全文定稿，张老师都倾注了大量的心血。

1980年冬，我骑着自行车，迎着寒风，奔波于北京西边的北京师范大学宿舍和东边的北京经济学院计算机房之间。这是在忙于我的毕业论文的计算工作。因为我的现任导师张守一有一个突出的特点：由于他参加过苏联第一张地区"投入产出表"的编制工作，他十分重视国民经济运行的统计数据分析。因此，他要求我的论文要在经济理论分析和经济数学模型建立的基础上，一定要有数据的定量分析。鉴于实际的国民经济统计资料并不健全，张老师要求我在论文中设计出一套可进行国民经济综合平衡分析的数据，以便进行模拟的数据计算和相关的数量分析。这样一来，论文的复杂程度和工作量就很大了。我觉得，张老师的这个要求非常有实用性，非常重要，一定要努力做到。这就要做好以下两件事。

一件事是仔细研究现有的、真实的国民经济统计资料，把握好其中的各种经济指标之间的数量比例关系，以使我在论文中设计出的一套数据能尽量接近实际。我设计了一套包括农业、轻工业、重工业、建筑业、运输和邮电业、商业、生活服务业、科研文教卫生、行政管理等共 9 个部门的国民经济运行数据，并细分为生产、投资、消费、工资、税收、信贷等项目。

另一件事就是运用这些数据在计算机上进行模拟计算，以体现我的论文中数学模型的功能。可是在当时，计算机刚刚兴起，其操作与计算的便捷度远远不如现在，特别是计算程序的编制和修改只能靠手工在磁带上打眼。这是一件很不容易的工作。那时，经济研究所还没有计算机，张老师亲自联系了北京经济学院经济数学系，由他们的一位资深老师刘希滢帮我打眼制作计算程序，并进行数据运算。如果上午在计算机上运算后，我发现问题，需要修改程序，那么，刘希滢老师就要辛苦一下午和一晚上的时间重新在磁带上打眼，以便第二天继续运算。为了这一番艰难的运算，我和刘希滢老师费了不少的工夫，但却令我获益匪浅，我对国民经济运行中各种重要的比例关系有了一个清晰的把握，这为我日后进行宏观经济研究打下了良好的基础。

刘国光、乌家培、张守一这三位导师在我研究生学习期间和随后的工作岁月里，都给了我巨大的、无私的和难以忘怀的帮助。

经济研究所也是名师荟萃之地。在这里，我还亲历了董辅礽、杨坚白、吴敬琏、张卓元、赵人伟、梁文森、田江海、沙吉才等多位颇具建树的老师登坛讲授。

吴敬琏老师时任经济研究所政治经济学研究室主任。那时，他家住在北京师范大学教师宿舍，因为他爱人在北京师范大学工作。而我们读研究生时正好住在北京师范大学学生宿舍。晚上，吴老师经常到我们研究生宿舍来聊天，我们主要是听吴老师讲改革开放问题。当时，改革开放刚刚开始，大家都极为关注。吴老师思路开阔、见解独到，讲起来滔滔不绝。我们都听得入了神，不由自主地被他的宏论所牵引，经常不知不觉就聊到了深夜。好几次都是吴老师的爱人来到我们研究生宿舍，把吴老师叫回家才算告一段落。吴老师这种勇于探索、勤于交流的精神很令人钦佩。

张卓元老师时任《经济研究》编辑部主任。他也曾给我们这些研究生讲过不少课。记得有一堂课是讲价值规律。当时，理论界对于什么是商品的价值，什么是价值规律，特别是为什么社会主义经济仍然是商品经济、为什么要充分发挥价值规律的作用等问题，有着争论。张老师把各种不同的观点一一梳理出来，泾渭分明，条理清晰，并谈了他自己的认识。别的老师讲课，一般都是拿着厚厚的讲稿，而张老师讲课时，手里拿的却是一张张卡片。如此清晰的讲课，给我们留下了极其深刻的印象，也教会了我们如何梳理和把握理论界的不同观点和争论。

光阴似箭，2003 年时，张卓元老师、赵人伟老师都已 70 岁。我向经济研究所党委书记吴太昌提议，是否应该给这两位老师开个祝寿会。吴太昌回答说："不需要。"我问："为什么？"他说："经济所的人都很长寿，80 岁、90 岁以上的老前辈还有一大组人，70 岁还不能算老，不需开祝寿会。"我一想，也是！的确，经济所人都很长寿。经济所的老前辈们，他们都具有专心致志、潜心治学的崇高精神，值得后辈们学习。

颐和园：经济计量学讲习班

1980 年，盛夏的颐和园，烈日照耀。蓝天之下，佛香阁巍巍耸立，昆明湖碧波荡漾，十七孔桥横跨水上。到了夜晚，喧嚷的游人离去，燥热的空气渐散，整个园林沉浸在宁静之中，花香草香沁人心脾。一轮明月当空时，映入宽阔的湖中，更有十七孔桥伴影，真是诗情画意、美不胜收。这次，我们不是来颐和园游玩，而是来参加讲习班。

这个讲习班很有来历。

在我国改革开放之初的 1979 年 10 月，美国著名经济计量学家克莱因教授就率代表团来华访问。克莱因是美国宾夕法尼亚大学经济系教授，此后不久（1980 年 10 月）即荣获诺贝尔经济学奖。访华时，他与中国社会科学院副院长兼经济研究所所长许涤新达成协议，决定来年夏天在北京举办经济计量学讲习班，由他带领几位美国经济计量学教授来华讲学。那时正值我国开始改革开放、数量经济学刚刚兴起，由世界上如此著名的"大牌"经济计量学家来华系统地讲授经济计量学，真是极其难得的、宝贵的机遇。无疑，这个讲习班注定会在我国数量经济学发展史上具有开拓性和里程碑的意义。这件大事由经济研究所与中国数量经济研究会承办，指定由我的导师张守一为讲习班办公室主任，具体负责讲习班的工作。

张守一老师对这件大事十分认真，一丝不苟地把自己的热情和精力投入其中。首先第一件事就是选址，即在哪里办这个讲习班？讲习班要举办近两个月，近百人参加，自然环境要优雅一些，一方面要有利于美国教授讲课，另一方面要有利于中国学员安心听课和学习，去外地也不方便。为此，他的目光逐渐聚焦到北京颐和园。但颐和园是否可以、是否愿意接待这个国际性的讲习班呢？张守一老师亲自去颐和园接洽，他向颐和园负责人讲明来意，解释清楚这个讲习班的重大意义。没想到，园方很配合。园方表示，虽然以前没有做过这类事情，但现在都改革开放了，你们来办讲习班，我们很欢迎。园方说，昆明湖南边有个蓬莱岛，岛上有座龙王庙，有几栋房子，我们正想开辟成宾馆试试。一锤定音，讲习班就这样定在了美丽的颐和园。

1980年夏，在克莱因带领下，美国有7位教授如期地陆续来华讲课。他们一人讲一周，共7周。在这7周内，除星期天外，每天上下午都各有一位美国教授讲课。克莱因教授主讲经济计量学导论，包括美国经济模型；斯坦福大学安德森教授主讲概率论和数理统计分析；斯坦福大学刘遵义教授主讲需求分析、生产理论和中国经济计量模型研究；普林斯顿大学邹志庄教授主讲经济计量学、控制理论、汽车需求函数；南加州大学萧政教授主讲经济计量方法；宾夕法尼亚大学安藤教授主讲应用经济计量学；纽约市立大学栗庆雄教授主讲宏观经济计量模型。

来自北京和其他各省区市高等院校与研究机构的专家学者、政府有关部门的专业人员等一百余人踊跃参加。1980年6月24日上午，讲习班在全国政协礼堂开学。许涤新和克莱因讲话。然后，大家乘车到颐和园龙王庙，正式开课。

讲习班的趣事真不少。美国教授讲课非常认真，中国学员听课非常用心，但时值炎炎夏日，在当时的条件下，教室里没有空调，只好临时去买了几个电扇，架在教室里吹。

讲经济计量学的课，要在黑板上写很多数学公式，弄得美国教授满手的粉笔末，一擦脸上的汗，便抹成了白脸。当时没有计算机、投影仪这些先进的教学设备，只好在黑板旁边，架上两盆水，可方便教授洗手。

美国教授讲课时，口渴了想喝冰镇饮料。但当时外事方面有严格的规定，即接待外宾，只能喝茶，不能喝饮料。张守一老师与经济研究所领导商量后，向颐和园方以便宜价格每天买一箱冰镇汽水。美国教授表示非常感谢。可是，就是这么一个小动作，社会科学院的外事局却让张守一写了检讨："自作主张，给外宾安排饮料"。张守一老师一笑置之："写就写，反正我这是从实际出发，尽我中国主办方之责。"

每天傍晚，晚饭过后，是学员们最为轻松的时刻。大家可以坐在岛边聊天，也可以下湖游泳。有的学员水性好，三五人结群，可以游到龙王庙对面的西堤。夜幕降临之后，学员们则又开始忙碌起来。有的学员作为讲习班资料组成员，每天晚上都要整理白天讲课的内容，根据录音，翻译成中文，以备第二天打印成册，发给大家。美国教授讲课一般用英语，课堂上虽有翻译，但翻译得不全、不准。也有的学员参加讲习班组织的辅导讲座，专门请中国教授讲经济学和数学。也有的学员查看自己白天的笔记，进行自习。

那时，我正处于研究生学习的第二学期末，我作为张守一老师的学生，一方面要参加听课，另一方面要为讲习班做些服务工作。张守一老师给了我一项"十分重要"的工作，那就是每天上午八点半、下午两点半，带上钥匙，准时到颐和园南门去开门，把要讲课的美国教授接进来。那时，颐和园南门是两扇大铁门，不对外开放。美国教授住在友谊宾馆，离颐和园不算远。小轿车把讲课教授送到颐和园南门后，我就把门打开。

进园后，因十七孔桥略有陡峭，小轿车开不上去，只好下车步行过桥，才能到达龙王庙讲习班的教室。我的这项工作之所以"十分重要"，就是因为我必须准时到达南门，绝不能迟到。如果我迟到了，南门没开，讲课教授就进不来，整个讲习班的上课时间就要延迟。我每天上午八点半到南门，没有困难，但每天下午两点半准时到南门，则困难不小。因为炎热的夏天，大家听了一上午课，有些累了，中午饭后，都要睡午觉。我也要睡午觉。掌握时间，确保两点准时起来，去南门开门就是我头脑中那根紧绷着不能松的弦。当时几个人住在一个大房间里，大家都在睡午觉，我也不能用闹铃吵大家，只好提高警觉，别睡过头，准时起床。七周内，每周一至周六，我都这样坚持着，准时"上岗"，没有误过一次事。

这次讲习班，对我国数量经济学的发展影响很大。许多参加讲习班的同志，无论老、中、青，此后都在自己的工作岗位上成为我国数量经济学界的骨干和顶梁柱。在1990年和2000年，"颐和园经济计量学讲习班"举办10周年、20周年之际，"中国数量经济学会"两次与"中国社会科学院数量经济与技术经济研究所"联合，举行了隆重的国际研讨会暨纪念会。

我的研究生论文

转眼间到了1981年夏，在张守一老师的指导下，我的毕业论文完成了。具体的题目是《"商品—货币"平衡原理及其应用——对投入产出分析的改造和扩展》。这在当时国内来说，还是一个全新的前沿性课题。

该论文主要解决的经济问题是，在国民经济综合平衡中，商品可供量与货币购买力的平衡问题，简称"商品—货币"平衡。这个问题一直是我国现实经济生活中一个难以解决的重大问题。这一问题涉及面广，要追溯到生产过程和产业结构，追溯到国民收入分配过程和分配结构，也就是说，要按照马克思主义再生产原理，将社会再生产的各个环节——生产、分配、交换、消费有机地连接起来，进行综合的、动态的考察。

从方法上说，这一研究要对美国著名经济学家、诺贝尔经济学奖获得者列昂惕夫所创立的投入产出分析法（包括投入产出原理、投入产出表、投入产出数学模型）进行改造，并加以扩展利用。运用我新编制的投入产出扩展模型，从一定的社会购买力出发，如居民消费购买力、固定资产投资购买力等，通过具有内在连接关系的数学模型计算确定国民经济各个部门所应达到的产量和所应保持的产业结构，确定国民收入所应有的分配结构，以分析商品可供量与货币购买力的平衡。

该论文顺利通过答辩，还作为研究生优秀论文被选入第一届《中国社会科学院研究生院硕士论文选》（中国社会科学出版社，1985）。

1982 年中国社会科学院研究生院经济系（经济研究所）部分师生合影
前排从左到右：吴敬琏、刘国光、何建章、汪敬虞、吴承明、胡瑞梁、徐绳武、孙尚清、李文治、赵效民、张纯音；二排左一：刘树成，左七：张守一。

　　1981 年夏，我研究生毕业，获得了经济学硕士学位。当时我国还没有设立数量经济学博士学位，我被分配到"中国社会科学院经济研究所数量经济研究室"工作。所里派我去外贸部在北京西郊南辛庄举办的英语培训班参加培训，以便有机会时再出国读博士。是年，新的"数量经济与技术经济研究所"的筹建工作也在紧锣密鼓地进行着。1982 年 5 月，该所宣布正式建成，我即转入这个新所工作。这个新所是在"中国社会科学院经济研究所数量经济研究室""工业经济研究所管理现代化研究室""技术经济所"三个单位的基础上组成的。

　　这时，我继续进行"商品—货币"平衡模型或称投入产出扩展模型的研究。在研究生毕业论文的基础上，我发表了 3 篇学术论文。

第一篇《"商品—货币"平衡表及其数学模型》，载《晋阳学刊》1981 年第 6 期。

第二篇《投入产出扩展模型在社会再生产中的应用》，载经济研究丛刊《社会主义再生产、所有制、商品价值问题》，山东人民出版社，1982 年。

第三篇《投入产出模型及其意义》，载《经济研究参考资料》1983 年第 185 期。

这里，之所以要列出这三篇论文的发表刊物，是要表达一种谢意。因为在当时，我的这些学术论文有很多的数学公式，并且有较大的平衡表表格，这给排印带来了很大的困难，一般学术刊物都不愿刊登。而上述三个刊物能给我发表这些论文，实属不易。那时，多么期盼数量经济学领域能有自己的学术园地——一份专业期刊。

我在《经济研究》发表的第一篇文章

在我研究生毕业、刚刚参加工作的这段时间里，有一项研究工作是值得提及的，那就是对资源最优利用和相应的影子价格问题的研究。这个问题，在当时也是前沿性研究课题。这项研究是我与张守一老师合作，并在他的指导下进行的。研究成果是张守一与我合写的论文《影子价格的实质》，刊载于《经济研究》1982 年第 9 期。这是我在《经济研究》上发表的第一篇文章。

资源最优利用问题既是经济学问题，又是数学问题。说它是经济学问题，因为它涉及资源在企业范围内和国民经济范围内怎样通过定价机制进行最优配置和利用问题；之所以又说它是数学问题，因为它涉及数学上复杂的求解线性规划问题。苏联著名数学家和经济学家康托洛维奇曾对资源最优利用问题进行了开创性和独创性研究，并因此在 1975 年与美籍荷兰经济学家库普曼同获诺贝尔经济学奖。诺贝尔经济学奖从 1968 年设立时起，获奖者几乎都是欧美的经济学家，而唯一获此殊荣的苏联学者就是康托洛维奇。

他通过建立资源最优利用的线性规划数学模型，应用了他所发明的"解乘数法"，求解出各种乘数。这些乘数就是资源在最优利用时相对应的应有价格。他把这些乘数称作"客观制约估价"。而在西方经济学同类研究中，一般称为"影子价格"。只要按照这种方法求解出的资源价格定价，就能实现资源的最优配置和利用。

我以前学的俄语终于第一次在实际研究工作中派上了用场。康托洛维奇的原著是俄文版。因此，要弄清和研究这个问题，必须先看懂他的俄文代表作。此前，我在撰写研究生毕业论文《"商品—货币"平衡原理及其应用——对投入产出分析的改造和扩展》时，主要参考的也是俄文资料。那时，我凭借一本俄汉辞典，阅读和翻译这类俄文资料已不成问题。资源最优利用和"客观制约估价"或"影子价格"问题被引入我国时，引起了学术界的关注和兴趣，但对"客观制约估价"或"影子价格"的经济含义还不甚清楚，特别是它是否符合马克思的劳动价值论，尚存在争议。

我们通过研究，在弄清其数学求解和在资源利用中的作用之后，在《影子价格的实质》一文中阐释道，影子价格的实质是，高效能的稀缺资源在最优利用的条件下，其每单位所能获得的超额剩余价值。使用这种高效能稀缺资源的部门或企业，具有较高的劳动生产率，因而能够获得一种级差的超额剩余价值。这部分超额剩余价值就是资源的影子价格，或资源的级差收益。这是符合马克思的劳动价值论的。高效能的稀缺资源是较高劳动生产率的物质基础、物质条件，但资源的影子价格或级差收益的创造源泉仍然是劳动，是使用高效能稀缺资源的劳动。正如马克思所说，这种生产率特别高的劳动起了自乘的作用，在同样的时间内，它所创造的价值比同种社会平均劳动要大。

当时，在我国，还很难直接找到详细介绍康托洛维奇的资料。后来，1984年中国社会科学出版社出版的《当代外国著名经济学家》、1987年湖南科学技术出版社出版的《诺贝尔奖金获得者传（第4卷）》、1993年江西人民出版社出版的《苏联东欧经济学名著提要》，其中的康托洛维奇介绍，都是由我撰写的。

《数量经济技术经济研究》创刊

　　1982年2月，乌家培老师从美国进修期满回国，担任新组建的"数量经济与技术经济研究所"的主要负责人、分党组书记。乌老师归国的喜悦尚未淡去，所里就开始筹办国内外公开发行的一级学术月刊《数量经济技术经济研究》。这正是我们多年的期盼——一个属于我们自己的新学科的专业刊物。正可谓"好雨知时节，当春乃发生"。

　　令我没有想到的是，编辑部主任一职落在了我的头上，那是1983年5月，在中国社会科学院，各研究所大都有一个以自己研究所的学科命名的国内外公开发行的一级学术月刊，如《经济研究》《哲学研究》《法学研究》等。编辑部主任一职很重要，我深感自己的责任重大，于是集中全力投入了这项新工作。

　　从办理国内外公开发行手续到联系排版和印制质量较高的印刷厂，从请人书写刊名到杂志的封面设计，从确立编排风格到前四期主体稿件的选定……我与编辑部的全体人员一起辛勤工作，大家团结一致，满腔热情地为正式发刊而努力。经过紧张的筹备，1984年1月《数量经济技术经济研究》正式创刊。我起草了发刊词，经过乌家培主编的审阅，登在创刊号上。

　　我在发刊词中写道："1984年，是中华人民共和国成立三十五周年。值此喜庆之年，《数量经济技术经济研究》杂志与国内外读者见面了。这标志着我国数量经济与技术经济研究工作正在蓬勃开展，数量经济学与技术经济学这两门新兴学科正在迅速成长。"

在发刊词的最后，我写道："中国古代有两句诗：'停车坐爱枫林晚，霜叶红于二月花。'（杜牧：《山行》）与国外同类学科和国内其他较成熟学科相比，数量经济学与技术经济学在我国的发展较晚。但是，它们必将像两棵根深叶茂、艳红夺目的枫树，生机勃勃地成长于科学之林、学术之苑。"

以往，中国社会科学院的许多学术刊物都是由郭沫若同志生前题写的刊名，其特点是苍劲有力。我们托人请有相同风格的著名书法家、中国人民革命军事博物馆研究馆员李铎同志为我们题写了刊名。那时，《光明日报》有专门的版面刊登各种学术刊物的目录广告，收费也并不高。我们的《数量经济技术经济研究》有李铎同志题写的苍劲有力的刊名，其目录登在《光明日报》上，还挺显著的，有利于提高刊物的知名度。

《数量经济技术经济研究》杂志与当时我国一般的社会科学杂志相比，有一个突出的特点，就是它所刊登的文章有很多的数学公式和变量，有些数学公式很复杂，有些数学变量还带有上下角标，排版印刷时很容易出错。如果数学公式和变量有错，这篇文章就很难读通了，而当时还是铅字排版。为了确保印制质量，我们还专门调来有经验的校对人员。同时，在校对环节增设了一道程序——将排印出的一校稿迅速寄交给原作者，请原作者认真校对一遍，因为原作者是最熟悉稿件的。等原作者的校稿寄回来，正好赶上编辑部进行第三校，这样就大大提高了印制质量。

为了提高编辑部的学术水平和掌握数量经济学与技术经济学的发展动态，我和编辑部副主任沈利生、李长明，编辑周德英等，搜集和整理了《建国以来数量经济学与技术经济学报刊文章索引》，并在这个索引资料的基础上，精选出具有代表性的学术文章58篇，进行摘录，汇编成《经济计划·管理·预测·决策的现代化》一书。当时，我们找到董辅礽老师，任经济研究所副所长的他，还负责经济科学出版社的工作。我们请他和经济科学出版社帮忙出版这本书。董辅礽老师给予了大力支持。1984年6月该书编成，1985年8月出版，受到数量经济学界和技术经济学界的欢迎。

为了提高编辑部的学术水平和普及经济预测、现代化管理等基础知识，由李长明主笔，我和沈利生参与编写的《经济预测100例》一书，由辽宁人民出版社1986年2月出版；由沈利生主笔，我和李长明参与编写的《管理与数学》一书，由辽宁人民出版社1986年6月出版；我和李长明、沈利生合作，从当时来稿量很大的经济预测类文章中精选出23篇，汇编成《经济预测论丛》一书，由辽宁人民出版社1986年7月出版。当时，辽宁人民出版社非常活跃，经常来北京组稿，我们相互支持，合作得很好。

在《数量经济技术经济研究》编辑部工作的日子里，为了确保杂志的编校和印制质量，维护杂志的声誉，最重要的一项工作就是要认真审阅稿件清样，别出错。这就要求编辑部人员一定要做到心细。有一次，我不慎感冒了，编辑部副主任沈利生主持工作。一天，他正在认真地审阅稿件清样，别人劝他休息一下，别累着。他回答说："刘树成病了，我更要认真负责，我要和他比一比，看谁更细心。"事后，我知道了这件事，深为感动。有这样好的同事，有这样好的工作氛围，我感到很高兴。

// 开辟一个崭新研究领域 //

首倡"中国经济周期波动论"

从 1984 年下半年起，我开始研究中国经济周期波动问题。最初是在怎样的背景下提出这一新课题的呢？

这首先要从 1982~1983 年我参加"山西综合经济模型"的研制工作说起。

该项模型研制工作由张守一负责主持。他当时任中国社会科学院数量经济与技术经济研究所数量经济研究室主任。山西省曾是我国第一个编制地区投入产出表的省份。张守一曾参加和指导了山西省投入产出表的编制工作。具体编表工作是由山西省统计局负责的。这项研究在山西省乃至全国都是开创性的。1979~1982 年，山西省完成了投入产出表的编制。在此基础上，按照国务院领导批示，要编制"山西能源重化工基地规划"。时任中国社会科学院院长马洪，指定张守一为这个规划编制工作中的经济模型组组长。

张守一亲自设计了采用经济计量与投入产出技术相结合的"山西综合经济模型"，包括 351 个方程，是当时我国最大的地区"经济数学模型"。在规划编制过程中，我们在使用"经济数学模型"对山西省经济发展的历史和未来进行逐年模拟与预测计算时，一开始是把"固定资产投资"作为外生变量，每年按一个固定的百分比，线性增长。在模型计算中，这样处理带来了一些与实际经济运行不相符的问题，因为现实的经济运行是波动的。于是，我们把固定资产投资作为一个波动的外生变量来处理。这样，整个模型的计算效果就比较贴近实际了。当时，对于固定资产投资为什么会波动，其中的机制和原理是什么，都还没有来得及去细想。这是首次在实际经济数学模型的研究与应用工作中产生了"波动"的概念。

1984 年下半年，为纪念《经济研究》杂志创刊 30 周年，乌家培和我合写了一篇文章，题为《经济数量关系研究三十年》（载《经济研究》1985 年第 6 期）。文章阐述了 3 个问题：一是我国经济数量关系研究的历史回顾，二是我国经济数量关系研究的若干重要问题，三是我国经济数量关系研究的新课题。在新课题中，我们首次提出了中国经济周期波动这个命题。

该文写道："社会主义经济增长有没有周期波动，影响经济发展速度加快、减缓以至下降的诸种因素之间此长彼消的具体数量制约关系怎样，新中国成立 35 年来我国经济发展的起落在多大程度上受到决策正确或失误的影响，这种起落除决策是否正确的影响外，还有哪些客观因素在起作用，其数量关系如何，在我们向 2000 年宏伟目标进军中怎样自觉地把握和利用社会主义经济增长规律，等等，这些对于我们来说，很多还都属于尚未问津的新问题。"

接着，1985 年下半年，针对我国 30 多年来经济发展的起伏波动，特别是针对当时我国固定资产投资已连续几年膨胀，并显露出下降趋势这一现象，我撰写了第一篇具体探讨我国经济周期波动问题的论文，题为《我国固定资产投资周期性初探》。该文呈请刘国光副院长审阅指导，得到他的褒奖和支持，刊登于《经济研究》1986年第2期。

关于研究这个问题的意义，文章指出，30多年来，我国固定资产投资规模一再出现失控局面。尽管每次失控的程度和具体背景有所不同，但都对国民经济稳定、协调发展带来了危害。特别是当前，我国正在深入开展以城市为重点的整个经济体制改革，认识和掌握我国固定资产投资的规律性，有效地控制固定资产投资规模，对于保持国民经济的健康发展，保证改革的顺利进行，使改革与建设互相适应、互相促进，具有十分重要的意义。

文章提出，我国固定资产投资有没有周期性？如果有，它又具有什么特点？形成这种周期性的原因何在？怎样把握这种周期性，以取得控制投资规模和驾驭整个国民经济发展的主动权？这些问题，目前在我国经济学界尚未展开深入的研究。

文章的主要创新之处是：其一，将1953~1984年我国固定资产投资增长速度的变动情况在坐标图上画出一条曲线，显示出7个周期波动，据此提出我国固定资产投资存在一定的周期性，每个周期的持续时间一般为4~5年；其二，从大规模投资本身与国民经济重大比例关系失调二者之间的矛盾运动出发，探讨了形成投资周期性的内在机理，同时分析了我国宏观经济管理中存在的盲目冒进问题，这是形成投资大起大落的指导思想根源；其三，提出推进经济体制改革，实施有效的宏观调节和控制，主动驾驭和利用投资的周期性波动。

随后，我又陆续发表了几篇文章：《对我国固定资产投资周

期性的再探讨——周期内各阶段的分析》(载《经济研究》1986
年第 6 期);《对我国固定资产投资周期性的探讨之三——各周期
的历史分析》(载《数量经济技术经济研究》1986 年第 9 期);《投
资周期波动对经济周期波动的影响——对我国固定资产投资周期
性的探讨之四》(载《数量经济技术经济研究》1987 年第 10 期)。
这些文章对我国经济周期波动问题进行了深入的探索和研究。

这期间,学术界也有一些学者相继发表了许多这方面的研
讨文章。于是,中国经济周期波动问题作为一个崭新的研究领
域被开拓出来。

中国经济周期波动研究的国内外影响

我国经济学界曾在 20 世纪 50 年代末 60 年代初,探讨过社
会主义经济的波浪式发展、螺旋式上升问题。

当时,有的文章具体分析了形成我国经济波浪式发展的各
种客观经济因素,但不少文章是从哲学角度来说明事物发展的
一般的波浪式运动规律,而没有进一步探讨经济的周期波动及
其内在机制问题。

同时,在过去,我国经济学界的传统认知是:周期波动是资
本主义社会所特有的经济现象。只有在资本主义制度下,经济的发
展才有"春、夏、秋、冬"般的周期波动,而社会主义经济是建立
在生产资料公有制基础上的计划经济,不存在周期波动,社会主义

经济应该永远像"春天"一样恒温发展。如果提出在社会主义条件下也有经济的周期波动问题，则有混淆社会主义与资本主义之嫌。于是，这一问题无形中成了一个无人敢于问津的学术禁区。

在改革开放的推动下，随着学术界的思想解放，20 世纪 80 年代中期，中国经济周期波动这一崭新研究领域的提出和开拓，在国内外学术界产生了较大的反响。

在国内，1987 年 10 月在《经济学动态》刊发了一篇评论，题为《近年来中国经济周期问题研究述评》(载《经济学动态》1987 年第 10 期)。这篇长文不啻一篇史论。

其中写道："长期以来，人们对社会主义经济周期问题一直讳莫如深。近年来，不少中青年学者大胆闯入这一禁区，尤其是继 1984 年、1985 年超高速增长后的生产滑坡，有关中国经济周期波动的讨论骤然热了起来。从已发表的文献来看，最早提出周期问题的是乌家培和刘树成等人，1985 年他们把'社会主义经济增长有没有周期波动'作为一个重要课题提了出来。紧接着，刘树成首先论证了中国的投资周期。与此同时，苏联经济增长的长波运动和短波运动也被提出。"

该评论指出，"短短的几年，我国理论界在这样一个社会主义经济发展的重大理论课题上取得突破性进展，是令人鼓舞的；我国不少中青年学者的敏锐洞察力和创见能力也是令人欣慰的"。

该评论的作者是杜辉，当时他是北京大学经济学博士，也是在我国最早一批探讨和研究经济周期问题的学者。他现为海军大连舰艇学院教授。

从全球学术界看，对此的反响也很好。在日本，一桥大学木幡仲二教授发表了一篇评论，题为《社会主义经济中的投资周期与中国的经济改革》，载《一桥研究》1990年4月第15卷第1号。文中详细评介了我关于中国投资周期研究的最早的4篇论文。木幡仲二教授评论道："在中国投资周期问题上，刘树成作了最有主导性的探讨。这里之所以必须介绍刘树成的见解，是因为他的见解代表了对这一问题的规范性认识。"

鉴于我在经济周期波动问题上的研究成就，2007年获俄罗斯第五届康德拉季耶夫金奖。康德拉季耶夫奖是由俄罗斯"国际康德拉季耶夫基金会"和"俄罗斯自然科学院"联合组织评选的社会科学奖，每三年评选一次。每次从国际学者中评选出金、银、铜奖，同时也从俄罗斯本国学者中评选出金、银、铜奖。国际康德拉季耶夫基金会成立于1992年，是为了纪念俄罗斯著名经济学家和经济周期专家康德拉季耶夫100周年诞辰而成立的。1995年开始第一届评奖。该基金会指出，康德拉季耶夫奖颁发给那些对社会科学发展做出杰出贡献的学者，是公认的社会科学界的最高奖项之一。在前四届评选中，获得国际学者金奖的分别是德国、荷兰、乌克兰和美国的学者。

第一次出国考察：澳大利亚

在没有互联网的八十年代，我们国内学者对国外经济学的研究，基本上靠看一些国外的杂志和报纸，或者听一些到中国来的外国专家的几场学术报告，很少有机会与他们直接沟通和交流。

机会终于来了！1985 年 11~12 月，我走在了"中国数量经济学赴澳大利亚学术考察团"的队伍里。这正好是在我担任数量经济与技术经济研究所副所长三个月后成行的。代表团一行 9 人，由乌家培老师任团长，张守一老师为秘书长。

这是我第一次出国，十分兴奋。此时，北京已是严冬，而澳大利亚开始步入初夏。

澳大利亚的春末夏初，鲜花艳丽，绿树成荫，海风拂面，气候宜人。澳大利亚的标志性建筑——悉尼歌剧院，远看像白色的风帆，近看像奶油色的贝壳。这一独特风格的建筑，在阳光的照耀下和碧海的映衬下，格外壮观美丽，给我留下难忘的印象。

访澳期间，我们参加了为期 5 天的中澳双边学术讨论会，主题是"经济模型在国民经济管理中的作用"。中澳双方各提交了 9 篇论文。我提交的论文为《中国工、农业生产函数应用研究》。通过讨论会，我们感受到了国际学术交流的友好而又认真的氛围，这有利于促进我们研究水平的提高。回国后，我们整理和修改了自己的论文，翻译了澳方学者的论文，由乌家培、张守一主编，编辑了文集《经济模型在国民经济管理中的作用》，由经济科学出版社 1987 年 8 月出版。出国几天的成果，竟有如此大的收获，正如古人所说："读万卷书，行万里路。"

匈牙利之行

有了首次出国，便有了跟进。半年后，1986 年 6 月，我再次出访。这次是和龚飞鸿（时任数量经济与技术经济研究所技术经济理论与方法研究室副主任）一起，赴匈牙利进行学术考察。这是根据 1984 年签订的中国社会科学院与匈牙利科学院学术交流协议，由我院派出的第一个访匈代表团。我院没有匈牙利文翻译人员，我们还专门请来北京外国语学院教匈牙利文的罗素冬老师作随团翻译。

匈牙利首都布达佩斯，坐落在多瑙河中游两岸，有着"多瑙河明珠"之美誉。抬眼望去，9 座壮观的、风格各异的大桥横跨在多瑙河上，连接两岸的布达与佩斯，构成沿河的一道道美丽的风景线。

匈方主持接待的是"匈牙利科学院经济研究所"。在匈牙利考察期间，我们与这个所的研究人员进行了学术座谈和交流，其中有所长奥罗达院士、世界著名的经济学家科尔内院士。科尔内院士没有架子，很有亲和力，他对我们非常热情。而后访问了匈牙利国家计划局、中央统计局、物资价格局价格研究所、外贸部经济与市场研究所、马克思经济大学……几天的访问，紧锣密鼓，马不停蹄，虽然辛苦，但收获很大。

通过考察，我们了解到，从 20 世纪 60 年代下半期起，匈牙利经济学界已开始对社会主义社会的投资周期波动问题进行了研究。在科尔内院士的领导下，匈牙利科学院经济研究所成立了一个专门的课题组，对匈牙利的投资周期性问题进行研究。他们的研究表明，匈牙利的投资周期大体每隔 4 年一次。该课题组成员玛丽娅·莱克，将她的一篇英文论文介绍给我们。这篇论文是专门研究匈牙利投资周期波动数学模型的。回国后，我和林颖（时任数量经济与技术经济研究所助理研究员）合作，将这篇论文的主要内容译成中文，题为《匈牙利对投资周期波动模型的研究》，刊载于《数量经济技术经济研究》1988 年第 2 期。

在访问中，科尔内院士送给我们两份英文文献：《计划经济中的投资周期》和《矛盾与困境——关于社会主义经济和社会的研究》。

《计划经济中的投资周期》是匈牙利著名经济学家巴乌尔的一篇代表作。回国后我和林颖合作，也将这篇论文的主要内容译成中文，题为《东欧国家的金字塔式投资体制与民主德国的投资周期模型》，载于《数量经济技术经济研究》1988 年第 8 期。

《矛盾与困境——关于社会主义经济和社会的研究》是科尔内院士自己的著作。我和龚飞鸿、沈利生、钟学义合作，将这本书译成中文，由中国经济出版社于 1987 年 7 月出版。

涓涓之流汇于春深：我的第一本专著

改革开放以来，春意盎然，万物复苏，科学的春天在学术界催生出累累硕果。转眼，我研究生毕业已经六个年头了。我心心念念要成就一件事，在春深之际出成果。那就是：在几年来我所发表的探讨我国经济周期波动问题的论文的基础上，系统地撰写出一本专著，以便更好地立说、立身，以期不负韶光。

1987年10月，风光旖旎的武汉三镇迎来了一群学者。这些人都是到这个内陆都市参加中国数量经济学会第三届年会的。在这次会议上，乌家培被选为名誉理事长，张守一被选为理事长，我被选为常务副理事长。

会后，我抓紧时间写作，到1988年4月，我的第一本专著《中国经济的周期波动》撰写完成。这本专著由中国经济出版社于1989年11月出版，获中国社会科学院第一届优秀科研成果奖（1993年）。本书分为六章。

在第一章导论里，我从我国社会主义经济建设的实践出发，提出关于经济周期的问题，阐述研究经济周期波动问题的重要意义。书中一开头就指出：1949年10月1日新中国成立后，经过3年的国民经济恢复，从1953年起，开始了有计划的、大规模的社会主义建设。回顾30多年来我国经济建设的历史，人们会鲜明地看到，我国的经济建设取得了举世瞩目的巨大成就。与此同时，人们也会强烈地意识到，这30多年的经济建设是在不断地上下颠簸起伏中前进的。直至今日，如何克服经济的剧烈震荡，保持国民经济长期稳定的发展，既是宏观层面上党和国家最高决策者经常考虑的重大问题之一，也是微观层面上广大企业的经营决策者以及广大人民群众所关注的一个重大问题。这篇导论让大家把目光聚焦在尖锐矛盾上。

其后的五章是它的"胆"。我按照逻辑思维方法，沿着我国经济周期波动"是什么、为什么、怎么办"的思路展开。在回答"是什么"的问题时，我从实证的角度说明新中国成立以来国民经济在实际运行中所呈现出的周期波动及其一般特点。

接着，"核心"来了！"为什么"呢？我以马克思再生产理论为指导，分三个层次剖析了我国经济周期波动的成因：第一个层次，大规模投资和大工业生产的内在作用机制；第二个层次，计划决策和政治形势等人为因素的影响；第三个层次，社会主义初级阶段主要矛盾和原有经济体制因素。

1989 年《中国经济的周期波动》封面

　　在归纳这些议题的时候，我做出了"诊断"，提出针对经济周期波动问题的三种对策：治本对策、治标对策、利用对策。所谓治本对策，是指努力推动社会生产力的发展和搞好经济体制改革，使经济周期波动从总体上趋于收敛。所谓治标对策，是指采取控制投资规模等措施，防止各周期的大起大落。所谓利用对策，是指利用经济波动在上升与回落的各个不同阶段具有不同的经济特征和经济环境条件，推动经济体制改革不同措施的出台，推动科技创新与产业结构的调整。

　　把一种设计放到一个参照系里观察，无疑是让人看清楚它的本质。我在该书的后部加了一个"附录章"，分别对匈牙利、苏联、民主德国等的经济周期波动及其研究情况作了介绍。这是我根据本人在 1986 年访问匈牙利和 1987 年访问荷兰时所了解到的情况和所收集到的资料整理的。

　　为了便于读者研究，我在书的末尾处列出了两种文献题录：文献一，我国 50 年代末 60 年代初关于国民经济波浪式发展问题的报刊文章索引；文献二，我国近年来关于社会主义经济周期波动问题的报刊文章索引。

　　2007 年 4 月，我的这本专著由社会科学文献出版社重印出版。这是为迎接中国社会科学院建院 30 周年，院科研局将历届院优秀科研成果奖中的部分获奖著作重印出版，并作为"中国社会科学院文库"的首批图书。

三次全国性的"中国经济周期波动研讨会"

为了推动中国经济周期波动这一崭新研究领域的开拓和扩展,1988 年,我组织了两次全国性的"中国经济周期波动研讨会"。

第一次研讨会是在 1988 年 4 月。我代表中国社会科学院"数量经济与技术经济研究所"和"中国数量经济学会",与国家科委"中国科学技术促进发展研究中心"、"北京社会经济科学研究所"等单位合作,在北京组织和召开了第一次全国性的"中国经济周期波动研讨会"。

同年 8 月,我们又邀请上述单位及新加入的"吉林大学系统工程与管理科学研究所"、国家信息中心"经济信息部"和"经济预测部"等合作,在长春召开了第二次全国性的"中国经济周期波动研讨会"。

这两次全国性的研讨会云集了这项研究中很多的"骨干""大腕儿",把"中国经济周期波动问题"的研究向前推进了一大步。1990 年 6 月,汇集这两次全国研讨会主要成果的文集性专著《经济周期与预警系统》出炉——由毕大川和我担任主编,科学出版社出版,且于 1991 年 12 月第 2 次印刷。

在编纂中,我将各论文按其内容逻辑,编章修目,系统地汇编成 4 篇 25 章。这 4 篇是"第一篇 我国经济周期波动的理论分析""第二篇 我国经济周期波动的数量分析与模型""第三

篇 我国宏观经济监测预警系统""第四篇 对国外经济周期波动的研究与评价"。该书如同一曲完整的交响乐，浑然一体，集中地反映了我国学者在中国经济周期波动研究上的广度与深度。

时隔 19 年，这两次全国性的研讨会仍不失当年的光彩。2007 年 1 月，海军大连舰艇学院教授杜辉出版了专著《中国经济周期探索 50 年》（大连理工大学出版社出版）。该书全景化地介绍和评述了我国经济理论界关于中国经济周期这一重大历史性课题的研究成果和研究历程。该书应被视为目前国内学术界第一部全面评价中国经济周期理论研究历程的专著。在书中，他写道："两次全国性经济周期研讨会，对于推动经济周期研究和整合全国的经济周期研究力量，起到了重要作用。"

东北财经大学教授高铁梅、陈磊等的专著《经济周期波动分析与预测方法》（第 2 版），由清华大学出版社 2015 年 4 月出版。他们是我国最早一批研究经济循环的测定与预测、开发宏观经济监测预警系统的学者。书中对于 1988 年那两次全国性的"中国经济周期波动研讨会"也做出评价。他们说："这两次全国性的关于中国经济周期波动的会议将中国经济增长周期波动问题的研究推向了高潮。"

在这个研究领域开始"破土垦荒"将近 20 年后的 2005 年，第三次全国性的经济周期波动研讨会召开。正如八十年代流行的一首歌里唱的那样"再过二十年，我们再相会……"我觉得把第三次研讨会也放在这里说，比较集中和方便。2005 年 5 月，春意正浓，在北京香山饭店宽敞的会议厅里，正举行着第三次全国性的经济周期波动研讨会。他们当中的一些人参加过前两次研讨会，是老朋友了，多年后再次相聚，抚今追昔，格外高兴。当然，这次研讨会也有一些新生力量参加。

之所以召开这次研讨会，背景是：2003 年 11 月，中央经济工作会议首次使用"经济周期"概念对我国经济走势进行了分析和判断。在此之后的 2004 年，国家社会科学基金大力支持我们的研究向纵深开展。我承担和主持了该基金的重大项目——"社会主义市场经济中经济周期基本理论和实践研究"（项目批准号：04&ZD009）。这是国家社会科学基金首次出资设立的重大研究项目。为完成这一重大项目，2005 年我便在北京再次组织和召开了全国性的经济周期研讨会。

参加这次研讨会的，有来自国务院发展研究中心、中国人民银行、国家行政学院、北京市商务局的业界同仁，有来自中国人民大学、北京大学、首都经济贸易大学、中国矿业大学、吉林大学、东北财经大学、南开大学、天津师范大学、厦门大学、浙江大学、四川大学、山东大学、华南师范大学、浙江工商大学、海军大连舰艇学院的知名教授，更有来自中国社会科学院、安徽省社会科学院、社会科学文献出版社等有关政府部门、高等院校下设的科研机构共 22 个单位约 50 名专家、学者。

与会专家、学者撰写和提交了高水平、高质量、有创见的研究成果。我将研讨会上的主要论文汇编成文集性专著《中国经济周期研究报告》，继续沿袭上一次的成功模式，把它们分布在 5 篇 25 章里，2006 年由社会科学文献出版社出版，作为国家社会科学基金该重大项目的最终研究成果之一。这 5 篇是"第一篇 中国经济周期一般理论研究""第二篇 中国经济周期模型与计量研究""第三篇 经济周期与财政政策、货币政策、房地产研究""第四篇 经济周期理论评介与研究""第五篇 国际与世界经济周期研究"。

该专著的最大特点是，着力探讨国内外经济周期与宏观调控中的前沿理论和实际问题，特别突出了对中国社会主义市场经济体制条件下经济周期与宏观调控问题的最新研究与探索。

对于第三次全国性的经济周期波动研讨会，杜辉教授在其《中国经济周期探索 50 年》一书中写道："第三次全国性经济周期研讨会，可以看成是 20 年来中国经济周期研究成果和研究力量的一个大检阅。"高铁梅、陈磊教授等在其《经济周期波动分析与预测方法》（第 2 版）一书中写道："2005 年 5 月，继第一、二次中国经济周期波动研讨会后，又一次召开全国经济周期研讨会，会议论文收入《中国经济周期研究报告》一书，书中的成果代表了中国经济周期波动研究的最新前沿与方向。"

《经济研究》：经济理论研究的重要园地

"在中国经济周期研究的历史上，有一个刊物不能不提，这就是第一个刊登中国经济周期研究文章的《经济研究》。"杜辉教授在其《中国经济周期探索 50 年》一书中给予这样的评论。

他写道："自《经济研究》1985年第6期刊发乌家培和刘树成的文章以后，在经济学术界引起了连锁反应，全国各类经济类报刊先后刊发了数以千计的有关经济周期波动的文章，公开出版的论著不下百部，大大丰富了学术界的有关研究，壮大了经济周期理论研究队伍。纵观20年来各种出版物的相关研究，可以看出，《经济研究》所刊发的相关论文，始终引导着经济周期波动研究的方向，堪称各种论著的精品，集中体现了我们这支经济周期研究队伍的思想精髓。"

杜辉教授把《经济研究》在推动我国经济周期波动研究中的作用概括为三个方面，即"作为旗帜""作为精品""作为思想库"。

作为旗帜，是说《经济研究》所刊发的论文在我国经济周期研究的各个阶段引导着国内学术界相关研究方向，对不同时期所研究的内容、重点、方法也起着导向作用。《经济研究》本着推动马克思主义理论创新与批判地借鉴西方经济周期学说的精神，引导着中国经济周期理论的创新和发展。

作为精品，是说许多作者以自己在《经济研究》上发表论文的观点为基础，形成了专著。同时，《经济研究》还旨在通过引进数量经济学方法，推动经济周期研究的精密化和科学化。综观20多年来《经济研究》倡导的这种数量分析与实证分析相结合的研究风格，不仅有助于经济周期研究的深化，也使得周期研究显得更具美感。

作为思想库，是说《经济研究》所刊发的有关论述有一个特点，其中不少都是集体智慧的结晶。同时，《经济研究》还积极贯彻百家争鸣的方针，刊发了一些不同观点的争鸣，也有力地推动了周期研究的深入。

在纪念《经济研究》创刊50周年时，杜辉教授还发表过一篇文章，题为《见证中国经济周期波动研究历程》（载《经济研究》2005年第7期）。他写道："《经济研究》1978年复刊以来，作为国内外知名的经济学理论园地，成为研究中国经济体制改革和社会主义现代化建设问题的一个重要的思想库，其中，也成为中国经济周期波动问题研究的旗帜和重要园地。"

他以"周期""波动"为关键词，对1978年复刊以来至2005年4月《经济研究》所刊载的有关中国经济周期波动研究文章的标题进行了检索，查询到41篇文章，比预想的多。其中，从1986年到1991年这6年就有16篇。这还没有算上那些标题上没有出现"周期""波动"，但内容涉及中国经济周期波动问题的文章。他在文中写道："从这41篇文章中，我们可以清楚地看到我国学者研究中国经济周期波动问题的基本脉络。这些文章从一个重要方面对推动中国特色经济学的建设和繁荣起到了不可磨灭的作用。"

赴美国进修

在中国经济周期波动这一崭新的研究领域被开拓出来之后，

我想应该努力推动这一理论研究走向实用化，走向宏观经济决策的主战场，使这一理论的开拓更有价值。这种理论实用化最主要的工作就是开展经济形势分析与预测工作。

1989 年春，我找刘国光副院长、李京文（时任中国社会科学院数量经济与技术经济研究所所长）、张守一（时任中国数量经济学会理事长）一起商议，准备以数量经济与技术经济研究所 20 世纪 80 年代初到 1989 年历时几年研制成功的中国宏观经济模型为基础，结合 20 世纪 80 年代中期开始的对中国经济周期波动问题的研究，开展我国的经济形势分析与预测工作。这一设想，后因遇到 1989 年春夏之交的政治风波而被暂时搁置。

1989 年 5 月至 1990 年 3 月，中国社会科学院安排我去美国进修。我先后在科罗拉多州博德尔经济学院和加利福尼亚州斯坦福大学进修。

博德尔经济学院（The Ecomomics Institute, Boulder, Colorado）位于科罗拉多大学旁边，有两座楼，由美国经济协会赞助，是一所规模不太大的英语培训机构，主要为来美国的外国学者及留学生进行英语培训和讲授经济学基础课程。这些学者或学生大多来自中国、日本、韩国、印度尼西亚等亚洲国家，还有非洲一些国家，也有少数来自欧洲国家。学院主要开设的课程是英语的听、说、读、写，以及当代美国经济、微观经济学、经济计量学等专业性基础课程。

在这里的学习和进修，对我日后影响最大的是"当代美国经济"课程。该课程的参阅教材是 1989 年美国《总统经济报告》。该报告是美国联邦政府关于经济形势和宏观经济目标的分析与展望，是阐述其国内外经济政策的权威性报告。它是在总统直接负责下，由总统经济顾问委员会撰写的长篇经济报告。这是我第一次接触美国《总统经济报告》。

　　该课程的主讲教师是位可爱的女士——费斯通（Feinstone, L. J.）。她本人就是《总统经济报告》的起草人之一。在 1989 年美国《总统经济报告》的附录中，作为"高级经济学家"，她的名字赫然在列。她负责起草该报告的国际宏观经济部分。她讲课有个特点，就是手里端着一杯水，边讲课，边在讲台前来回踱步，时不时喝口水，睿智和潇洒在她的一颦一笑间展露无遗。

　　最难的一门课程当属经济计量学。班上有一位非洲同学，英语很好，但数学不行，一考试就不及格，他很着急。而数学正是我的当家专业，可谓驾轻就熟。所以，我学起来还比较顺手。我主动去帮助那位非洲同学，把求解经济计量学题目的步骤一步步都清晰地写出来，讲给他听。我告诉他，只要一步步地按步骤解题，就会正确地做出来。又一次考试来了，他一路绿灯，竟然考了 100 分。一天下午，我正在宿舍看书，突然听到敲门声。我打开门一看，正是那位非洲同学，他手里提着一只大冻鸡，微笑地对我说，他是特意买这只鸡送给我的，以表示对我的感谢。非洲同学的真挚、友好、热诚，深深地感动了我。

　　1989 年夏，博德尔经济学院放暑假。正好有了假期给我，我准备去美国东部拜访两位美国友人——一位是纽约市立大学栗庆雄教授，另一位是宾夕法尼亚大学克莱因教授。他们俩都是我在1980年颐和园经济计量学讲习班上认识的。栗庆雄教授是主讲教授之一，而克莱因教授则是那个讲习班的总领队。

从美国中西部风景优美而又祥和宁静的科罗拉多州博德尔市乘飞机来到东部的纽约市之后，这个美国第一大城市给我的第一印象就是繁华、壮美、喧闹。纽约的曼哈顿地区，像北京王府井大街一样，热闹的商业大街纵横交错几十条，每条大街均商店林立、熙熙攘攘，形成一大片繁华的商业区。雄伟的世贸大厦和帝国大厦、壮观的自由女神像和布鲁克林大桥，我一一在这些纽约的地标性景观中游览。

在唐人街的一家大饭店，栗庆雄教授夫妇非常热情地接待了我。对于他们的热情邀请，我欣然接受，却之不恭，于是又到他们的郊外别墅住了一夜。

栗庆雄教授具有很深的中文功底，曾对我们的《数量经济技术经济研究》杂志给予极大的帮助。那是1984~1985年，《数量经济技术经济研究》杂志创刊之初，我任编辑部主任。我们把每期杂志都寄给他，请他提出宝贵意见。他非常认真地阅读了我们的杂志，并于1984年8月3日和1985年3月21日，两次写给我们亲笔信，鼓励我们不断前进。

他在第一封来信中说："这是一份很有意义有价值之杂志，理论与应用之间也能平衡。目前所载各文之研究深度虽不够，想来因素很多，但是所指方向是正确的，也有相当的广度。假以时日，随着国内研究工作质量之提升，文章之深度也会自然增加，一般读者水平也可跟进。"他还对1984年第1期中宋敏、刘安平有关消费品收入弹性分析一文和第6期中许成钢有关生产函数与技术进步度量评介一文，给予称赞。

在第二封来信中，他说："贵所杂志在内容上已有显著进步，虽未能篇篇阅读，但一般言之，学术性已见提高，所内之稿比例减少，都是好现象。但百尺竿头，当更进一步。"

在我们这本专业性很强的新兴学科的杂志诞生之初，能获得海外学者这样的关心和好评，我们很是欣慰。我把栗庆雄教授的这两封信刊登在《数量经济技术经济研究》1985年第7期，以表示敬意和谢意。这次，我借着到纽约的机会，向栗庆雄教授当面表达了深深的感谢之情。

再从纽约坐火车到达费城，用时不多。宾夕法尼亚大学就坐落在这里。费城曾作为美国的首都。1776年7月4日，《独立宣言》在这里宣布，标志着美国的建国。1787年，在这里举行了制宪会议，诞生了第一部联邦宪法。无疑，它是在美国最具历史意义的一座城市。

在费城火车站，沈利生接到了我。我们在美国见面，都非常高兴。沈利生曾担任《数量经济技术经济研究》编辑部副主任，这时，他由数量经济与技术经济研究所委派，正在宾夕法尼亚大学克莱因教授这里做访问学者。

第二天，克莱因教授上午刚刚给本科生讲完课，就在学校里的饭店接待了我们。克莱因教授已是诺贝尔经济学奖获得者，但他十分亲和，毫无大师的架子。他专门请我们吃了当地名吃——软皮螃蟹。

沈利生给我讲了克莱因教授的"三个坚持"。

第一个是克莱因教授虽然是国际上知名的诺贝尔经济学奖获得者，但仍然坚持给低年级本科生讲课。沈利生问过克莱因教授，为什么还要坚持给本科生讲课？克莱因教授说，本科生思想活跃，给他们讲课也有利于自己的思路开阔。

第二个是克莱因教授每个月都要坚持到图书馆阅览室翻看各种经济学杂志。沈利生问过克莱因教授，这是为什么？克莱因教授说，必须随时了解学术界的动态，才能跟上学术界的最新发展。

第三个是鼓励中国留学生坚持学好宏观经济学。克莱因教授曾说，中国留学生的微观经济学学得比较好，而宏观经济学则学得不太好。他说，微观经济学比较直观，好掌握，而宏观经济学需要宏观思维，把握各种经济活动之间的联系，不容易掌握。要学会宏观思维，坚持学好和应用好宏观经济学。

这"三个坚持"，对我启发很大，在我日后的学习和工作中起到了很大的指导作用。

1989年12月底，我结束了在博德尔经济学院的学习和进修，转入斯坦福大学。此时，在科罗拉多州博德尔经济学院这里，已是冰封雪飘的季节，一场大雪刚过，又接着一场，路上积雪深达一尺以上。而地处美国西海岸加利福尼亚州的斯坦福大学，正值风光秀丽、繁花盛开的春季。

　　斯坦福大学是1891年创立的、在美国排位前列的著名大学。这里有几十位教授、研究人员或校友获得过诺贝尔奖。作为旁听研究生，我全程学习了宏观经济学课程。参阅的教材是一本重磅的经济学专著——美国著名经济学家布兰查德（Blanchard, O.J.）和费希尔（Fischer, S.）合著的《宏观经济学（高级教程）》（*Lectures on Macroeconomics*）。主讲教授是长着一脸络腮胡子的斯蒂格利茨（Stiglitz, J. E.）。他讲课有个特点，就是手里拿着一支粉笔，在黑板上不停地画着曲线图或写着复杂的数学公式。他后来于1995年出任美国总统经济顾问委员会主席，于2001年获得诺贝尔经济学奖。

　　在博德尔经济学院当代美国经济课程的学习和在斯坦福大学宏观经济学课程的学习，使我对市场经济条件下的经济波动和政府的宏观调控有了实感性的认识，也使我深刻地体会到：要把对经济周期波动的理论研究与实际的经济预测工作结合起来、与政府的宏观调控决策结合起来，这样，理论研究才更有重大意义。

　　赴美进修结束了，我满载而归。收获的不仅仅是装进脑子里的知识与学问，还有带回国的许多宝贵资料。其中，《宏观经济学（高级教程）》（*Lectures on Macroeconomics*），由我组织数量经济与技术经济研究所的骨干研究人员沈利生、钟学义、姚愉芳、郑玉歆、张一凡等合作，译成中文，由经济科学出版社1992年3月出版，获1996年中国社会科学院第二届优秀科研成果奖。

在美进修时，一位教授告诉我们：美国高校的宏观经济学教程分为初级、中级、高级3个层次。初级教程不采用数学方法，而是以理论分析为主，具有基础性和入门性，一般供大学一年级学生使用；中级教程采用了一定的数学方法，理论分析也较深，一般供已具备入门知识的、大学二年级以上的学生使用；高级教程，则以数学模型为主，通过数学模型进行理论分析，揭示经济运行中各种变量之间的数量依存关系，一般供研究生使用。

在我国，以往翻译的美国宏观经济学教程都是初级或中级。而我们翻译出版的这本则属高级教程。这是我国首次翻译出版的宏观经济学高级教程。

该书层次高、专业性极强，翻译工作的难度很大。为了保证翻译的质量，我们认真地分为以下五步进行：

第一步，由沈利生、钟学义、姚愉芳、郑玉歆、张一凡分章初译；

第二步，由我对全书进行统一复译，以统一专业名词的翻译、统一全书翻译的文字风格；

第三步，由各章初译者进行校核；

第四步，由我统一复校，并定稿；

第五步，由经济科学出版社本书的责任编辑，时任出版社"第一经济理论编辑室"副主任、副编审的陈捷同志，对全书进行校核与编辑加工。

该书出版后，我国许多大学将其作为研究生学习宏观经济学时的必读参考书。该书的翻译出版，也为推动我国宏观经济学研究进一步与国际接轨创造了条件。1998年3月，经济科学出版社经由麻省理工学院出版社授权，正式获得该书中文简体字版专有出版权，再次出版了该书。

"经济蓝皮书"问世

从美国进修回国之后，1990年8月，我执笔起草了一份《关于开展宏观经济预测的报告》，上报给刘国光副院长。

我在报告中这样写道："二次大战后，随着数量经济学的发展，特别是各种经济数学模型和经济预测技术的发展，在许多国家，除政府机构外，还开展了由民间学术团体或半民间半官方研究机构所进行的宏观经济预测。这种预测工作，一方面对于政府部门进行宏观经济决策起到了重要的辅助作用，另一方面也有力地推动了经济学的发展。"

"近十年来，数量经济学的研究在我国迅速发展。许多单位（包括我院数量经济与技术经济研究所）都研制了中国宏观经济模型，这为开展实际预测工作打下了一定的基础。近年来，我国经济学界所开展的对经济增长及其影响因素的研究，对经济波动及其内在机制的研究、对国民经济监测预警系统的研究等，均为开展实际预测工作打下了一定的理论与方法论基础。"

我还在报告中提议：由我院组织全国有关单位（包括研究机构、高等院校、政府部门中的有关课题组），每年定期召开春季和秋季两次预测会议。

刘国光副院长在第一时间就批准了这份报告。他在批语中写道："此事提了多时，可予促成。送科研局研究，商技经所如何落实。"

于是，中国社会科学院经济学科片成立了"经济形势分析与预测"课题组。刘国光副院长担任了项目总负责人，李京文所长和我为执行负责人。

1990年11月20日上午，中国社会科学院总部科研大楼第14层，"数量经济与技术经济研究所"会议室里座无虚席，前来参加会议的各路代表欢聚一堂，现场气氛异常热烈。这里正在举行经济学科片"经济形势分析与预测"课题组召开的第一次"经济形势分析与预测秋季座谈会"。

参会的专家学者来自国务院研究室、国务院发展研究中心、中国人民银行、财政部、原商业部、国家信息中心、国家统计局等政府有关部门，来自中国人民大学、北京大学、清华大学、原北京经济学院、吉林大学、国家科委中国科学技术促进发展研究中心、航空航天部710研究所、机械部机械科学研究院等高等院校和科研机构，来自中国社会科学院经济学科片各研究所。

座谈会上，大家踊跃发言：建言献策者有之，公布成果者有之，提出设想者有之……

座谈会后，我们将各单位专家学者对当年度经济形势分析和对下一年度经济走势预测的报告集合起来，出版了第一本"经济蓝皮书"，书名为《1991 年中国：经济形势分析与预测》，主编是刘国光，副主编是李京文和我。李京文当时任数量经济与技术经济研究所所长，我当时作为这个所的副所长，是"经济蓝皮书"初创时期的具体执行负责人。为慎重起见，这本"经济蓝皮书"由数量经济技术经济研究杂志社出版，在内部试发行。刘国光副院长为第一本"经济蓝皮书"写了序言。

他写道："摆在我们面前的这本文集——《1991 年中国：经济形势分析与预测》，具有如下 4 个特点：探索性、学术性、集体性、内部性。"

探索性是指编辑和出版下一年度的宏观经济预测文集，在我国还是第一次，这是一项探索性的工作；

学术性是指这本文集是各单位利用自己研制的各种经济数学模型，进行宏观经济预测与模拟，将定性分析与定量分析相结合的学术性成果，它不同于政府部门的正式工作报告；

集体性是指这本文集是集体智慧的结晶，它是在"经济形势分析与预测座谈会"的基础上编纂而成，这次座谈会是运用模型进行预测的工作者们的一次盛会；

内部性是指这本文集还很不成熟，故暂定为内部发行。

在第一本"经济蓝皮书"中，我为这次"经济形势分析与预测秋季座谈会"写了《纪要》，综合了座谈会上各单位代表发表的对 1990 年经济形势的分析，以及对 1991 年经济发展的预测和政策建议。张守一代表"宏观经济模型组"在座谈会上作了重点发言，并提交了报告《利用中国宏观经济计量模型（第二版）对 1991 年的预测》，载入蓝皮书中。

这项工作成功启动之后，次年 5 月，我又执笔给中国社会科学院领导和国务院领导上报了一份正式开展经济形势分析与预测工作的《申请报告》。

《申请报告》中写道："该项研究工作可直接为宏观经济决策服务，对于超前把握整个国民经济的运行态势，及时变换与正确掌握宏观调控的方向和力度，提出对策方案并模拟其结果，以防止经济发展的大起大落，保证国民经济持续稳定协调地发展，具有重要的意义。"

我还提出："每年秋季预测会议后，定期出版《经济形势分析与预测》文集，集中反映各部门对当年经济形势的看法和对下年经济发展的预测。"

该报告很快得到当时胡绳院长和各位副院长的批准，5 月 22 日即上报国务院。上报后的第十天，5 月 31 日，就获得国务院总理的批准。不仅批准，而且还从专门的中央预备费中拨款支持。

由此，从 1991 年 11 月出版的第二本"经济蓝皮书"开始，它就作为正式出版物推向国内外。

目前在我国已广泛流行的、在国内外产生较大影响的大型系列"皮书"之中，"经济蓝皮书"是其中最早问世的一本。它开启了一种模式，为国家经济决策提供科学化、民主化的参考。

"经济蓝皮书"的问世产生了很大的社会影响。

第一本和第二本"经济蓝皮书"，获得中国社会科学院1993年第一届优秀科研成果奖。

1993年1月1日，国家新闻出版总署主办的《新闻出版报》评出1992年出版界十件大事，"经济蓝皮书"的出版被列为第一件大事。

1996年，"中国经济形势分析与预测"项目获国家科技进步二等奖（当年一等奖空缺）。

许多国际机构也纷纷前来联系购书。

从1991年11月出版的第二本，至1995年12月的第六本"经济蓝皮书"，由中国社会科学出版社出版；1996年11月至今，"经济蓝皮书"由社会科学文献出版社出版。

// 深入拓展经济周期波动研究 //

积极驾驭经济波动

在探索中，我越来越清晰地感觉到，经济周期波动研究有三大支点：

一是对经济周期波动的理论认识；

二是对现实经济形势的分析与预测；

三是对宏观调控政策的选择。

前两个支点最终要落在第三个支点上，即落在宏观调控政策的选择上。

就宏观调控政策的选择来说，在经济波动中，当扩张期到来之际，可有三种态度：

第一种态度是盲目推进，即趁经济扩张之势，不顾客观条件盲目向上推进，结果冒起虚泡，不仅没有给经济发展带来实惠，反而带来危害，导致国民经济的"大起大落"。这种情况的实例有20世纪50年代后期的"大跃进"和70年代末期的"洋跃进"。

第二种态度是坐失良机，即当经济扩张期来临时，放弃机遇，不能集中力量把经济搞上去。这种情况的实例是20世纪60年代中后期至70年代中期的"文化大革命"，那时大搞"以阶级斗争为纲"，结果贻误了经济发展的大好良机。而世界上一些国家和地区，正是在这一时期经济迈上了一个高台阶。

第三种态度是积极驾驭，即自觉把握时机，利用经济扩张之势，积极推动经济迈上一个新台阶。这种情况的实例有 20 世纪 50 年代中期第一个五年计划的实施，以及 80 年代中期的经济发展。

我和樊明太（时任数量经济与技术经济研究所助理研究员）合作，撰写了一篇文章，题为《积极驾驭经济波动》（载《经济研究》1992 年第 5 期），对这三种态度进行了分析。然后，我们提出：在当时三年治理整顿的主要任务已基本完成，新的经济扩张期已经来临，既不能盲目推进，更不能坐失良机，而应力求使我国经济在 90 年代迈上一个新台阶。这个"新台阶"应是产业结构的优化与升级。我们指出：产业结构的调整有两种类型，一种是适应性调整，另一种是根本性调整。

所谓适应性调整，是指在经济波动中，当经济处于扩张期时，各部门的增长不平衡，带来加工工业与基础工业、轻工业与重工业、工业与农业等部门间的比例失调，因此，在收缩期，要对产业结构进行调整。这种调整的结果，是使部门间的比例关系在一个较低的需求水平上达到平衡，为下一个扩张期做好准备。这种适应经济波动而进行的产业结构调整只具有短期意义。

所谓根本性调整，是指根据国民经济持续、稳定、协调发展的需要，从根本上突破那些瓶颈部门，实现产业结构的优化；或根据科学技术的进步，创建和发展一些高新技术部门，实现产业结构的升级。这种根本性的产业结构调整则具有长期意义。

我们特别指出，在迈上新台阶的过程中，要谨防扩张期有

可能出现的经济过热，谨防一哄而上的"大起"导致下一轮的
"大落"。

一次高层的座谈会

1994 年 5 月 26 日上午，中南海，国务院第三会议室，时
任国务委员的李铁映召开"经济周期发展问题座谈会"。

参加座谈会的是中国社会科学院的学者，由时任副院长王
洛林带队，参会者有李京文、我、陈东琪（时任中国社会科学
院科研局副局级学术秘书）。

座谈会上，我和陈东琪分别汇报了我们对我国经济周期波
动问题的研究情况，并针对当时的经济过热，为避免强周期波
动，提出了相应的宏观调控政策建议。

李铁映做了深刻的、很有启发性的讲话。他讲道，当前，
很大的问题是防止经济大起大落。经济周期波动实际上是不可
避免的，有经济自身的原因，有体制性的制度因素，有政治因
素，还有一些人为的非经济因素等。经济周期可以被利用。无
论是经济上升阶段还是下降阶段，都是大的结构调整。政府不
仅是要减小波动的振幅，而且要利用周期。小平同志讲隔几年
上一个新台阶，就是一种周期论。当前是政治经济学建立和发
展的历史机遇。马克思没讲过公有制下的周期波动，西方研
究的是私有制下的周期波动。青年经济学家要有奋起精神，要

有理论勇气。不能生吞活剥西方经济学，也不能生吞活剥传统的社会主义政治经济学。要敢于突破，这就要研究社会主义市场经济下的周期波动规律。他建议社科院成立一个经济周期课题组。

座谈会之后，按照李铁映同志的指示，中国社会科学院成立了"经济周期研究"课题组，作为院重点研究项目。王洛林为课题组总负责人。课题执行负责人为李京文和我。我与陈东琪在座谈会上的发言，分别以《我国经济周期波动的几个基本问题》和《实施中性政策，避免强周期波动》为题，载于《中国社会科学院要报》1994 年 6 月第 58、59 期。

课题组在原有研究的基础上，又进一步展开了新的探索。经过几年的努力，陆续完成了一批质量较好、有一定创见和影响的成果，汇集成《经济周期研究》一书，主编王洛林，由经济科学出版社 1998 年 4 月出版。

隔几年上一个新台阶

1993 年 10 月，《邓小平文选》第三卷出版。

1994 年 10 月，《邓小平文选》第一、二卷增补修订出版。

这样，《邓小平文选》三卷出齐。全党、全国兴起邓小平理论学习热潮。我与李京文合作，撰写了《积极驾驭和主动利用经济周期波动——学习邓小平关于经济发展隔几年上一个新台阶的思想》一文，载于《毛泽东邓小平理论研究》1995 年第 1 期。

文章首先指出，从理论上看，对于怎样建设社会主义的问题，马克思和恩格斯因受历史条件的限制，没有也不可能给出全面、系统、明确的现成答案。

马克思在分析社会再生产过程时，曾经提示：当再生产的资本主义形式一旦废除后，即使在简单再生产和正常再生产的情况下，固定资本生产以及流动资本生产的不平衡，即它们在年度间的波动，也能够发生，并且必然会发生。"这种情况，只有用不断的相对的生产过剩来补救；一方面要生产出超过直接需要的一定量固定资本，另一方面特别是原料等的储备也要超过每年的直接需要（这一点特别适用于生活资料）。这种生产过剩等于社会对它本身的再生产所必需的各种物质资料的控制。""这种过剩本身并不是什么祸害，而是利益；但在资本主义生产下，它却是祸害。"（马克思：《资本论》第二卷，人民出版社，1975，第 524~527 页。）

马克思对于在社会主义条件下社会再生产仍然会存在波动，以及如何熨平这种波动，虽然给出了提示，但是并没有，也不可能给出全面而具体的回答；对于如何利用这种波动，更没有涉及。

邓小平在领导我们开创改革开放和社会主义现代化建设新局面的过程中，不断探索和总结。经过 80 年代中期的加速发展，以及 80 年代末期 90 年代初期的治理整顿之后，邓小平明确提道："可能我们经济发展规律还是波浪式前进。过几年有一个飞跃，跳一个台阶，跳了以后，发现问题及时调整一下，再前进。"（《邓小平文选》第三卷，人民出版社，1993，第368页。）"从我们自己这些年的经验来看，经济发展隔几年上一个台阶，是能够办得到的。""在今后的现代化建设长过程中，出现若干个发展速度比较快、效益比较好的阶段，是必要的，也是能够办到的。我们就是要有这个雄心壮志！"（《邓小平文选》第三卷，人民出版社，1993，第376~377页。）

我们认为，"经济发展隔几年上一个台阶"的思想，充分体现出邓小平从客观经济规律出发，积极驾驭和主动利用经济周期波动的科学态度与雄伟气魄。这一思想，是邓小平建设有中国特色社会主义理论的重要的有机组成部分，是对新中国成立以来我国社会主义建设正反两个方面经验教训的总结，是对马克思主义"关于怎样建设社会主义"理论的一个突破性贡献。

赴德国考察

1995年5~6月，我和姚愉芳（时任数量经济与技术经济研究所数量经济理论与方法研究室副主任）、陈黎（中国社会科学院外事局欧洲处德文翻译），以"德国的经济波动、预测与宏观调控"为题，赴德进行了学术考察。

我们共访问了18个单位。其中，5个政府机构：德国经济专家委员会、联邦经济部、联邦财政部、联邦中央银行、联邦统计局；7个研究机构：玉立希研究中心、埃森经济研究所、汉堡世界经济研究所、汉堡亚洲研究所、德国经济研究所、图宾根应用经济研究所、慕尼黑经济研究所；3所大学：科隆大学、汉堡大学、哥廷根大学；2家大型企业：奔驰汽车公司、西门子公司；1个民间协会：德中经济协会。

通过考察，我们了解到，德国联邦政府为了使宏观经济调节更加科学化、更加有效，使经济政策的制定与实施更加合理化、更加为大众所了解，于1963年成立了德国经济专家委员会，并每年出版一本厚达400多页的《年度经济报告》，对经济形势进行分析与预测。该委员会以其独立性的身份和严肃认真的工作，在德国享有盛誉，颇具权威。

在访问时，我们以我院《1995年中国：经济形势分析与预测》蓝皮书，与该委员会最新出版的1994~1995年《年度经济报告》进行了交换。德国经济专家委员会类似于美国的总统经济顾问委员会。其《年度经济报告》，类似于美国的《总统经济报告》，也类似于日本经济企划厅的《年次经济报告》白皮书。此前，1994年11月，我们访问日本时，也曾以我们的《1994年中国：经济形势分析与预测》蓝皮书，与日本经济企划厅的1994年《年次经济报告》白皮书进行了交换。

通过考察，我们还了解到企业在经济衰退期的相关对策。一些企业特别是大型企业，其经营状况经常要受到整个宏观经济周期波动的影响。在经济衰退期，企业怎样渡过难关，并力求在逆境中发展呢？世界著名大型企业——西门子公司提供了很好的案例。

（1）重视景气分析，把握景气动向。西门子公司有65%的产品品种要受景气波动的影响，35%的产品品种不受景气波动的影响。西门子公司找到高参——德国著名的"慕尼黑经济研究所"，让经济学家们为西门子建立宏观经济计量模型，选出20~25个与西门子有关的宏观变量，再选出4~5个最直接有关的宏观变量。以订单为先导指标，建立起"西门子走廊"。如果订单处于"走廊"区域，则表明情况正常；如果订单处于"走廊"区域之外，则表明宏观经济运行处于衰退期。

（2）利用衰退期，促进生产率的提高，包括厉行节约、降低成本、提高质量等。

（3）利用衰退期，加快技术进步的速度，使生产过程更加现代化。

（4）利用衰退期，强化打入新市场。

（5）改变企业文化，改进企业组织，等等。

西门子公司的成功案例，为企业的生存与发展提供了宝贵的经验。

我的第二本专著

1997年1月19日星期日上午，北京京城大厦，上海远东出版社在这里隆重举行了新书首发式。这套"中国经济发展研究论丛"，共由 10 本书组成，统一的封面设计，作者阵容可观：

刘国光、沈立人著《中国经济的两个根本性转变》；

樊纲著《渐进改革的政治经济学分析》；

周小川、杨之刚等著《迈向开放型经济的思维转变》；

刘树成著《中国经济周期波动的新阶段》；

江小涓著《世纪之交的工业结构升级》；

王珏等著《国有企业改革新探》；

谢平著《中国金融制度的选择》；

陈吉元、韩俊等著《人口大国的农业增长》；

陈栋生等著《西部经济崛起之路》；

戴园晨、陈东琪等著《劳动过剩经济的就业与收入》。

这套论丛组织得非常好，旨在从各角度为现有经济状况下出现的问题和将来有可能发生的问题做诊断、开疗方，受到社会上的广泛关注和好评，后来又有加印。

我很荣幸地参加了这套论丛的写作。《中国经济周期波动的新阶段》是我的第二本专著，是在 1985 年以来我对中国经济周期波动问题的研究，以及 1990 年以来参加经济形势分析与预测工作实践的基础上撰写的。第二本专著与 1989 年出版的第一本专著《中国经济的周期波动》是什么关系呢？当然是一脉相承。第二本专著是对第一本的承接与进一步深入拓展。

其一，在考察对象方面。当时在写第一本专著时，对新中国经济周期波动轨迹的考察，只写到 1986 年。第二本专著则

1996 年《中国经济周期波动的新阶
段》封面

　　将这一轨迹延伸到 1995 年。这一延伸，包含了更为丰富的新内容。我国的改革开放，已有 18 年。这就可以使我们对改革开放前后中国经济的增长与周期波动进行深入的对比分析，把握其中所发生的深刻变化，并使我们能够对中国未来的经济增长与周期波动的态势作出一个大体的展望。

　　其二，在周期波动的成因分析方面。当时在写第一本专著时，主要还是针对计划经济体制下的情况来考虑的。1992 年，我国正式确定改革开放的目标是建立社会主义市场经济体制。因此，第二本专著需要把周期波动的成因分析放在更广阔的市场经济背景下来考量。这样，对于借鉴国际上市场经济发达国家对经济增长与周期波动问题的研究，借鉴这些国家的政府进行宏观经济调节的经验与教训，就有了充分的必要。

其三，在对策方面。当时在写第一本专著时，只写了宏观方面对经济周期波动的治本对策、治标对策、利用对策，而未涉及微观方面企业所应采取的对策问题。随着企业改革的不断深化和向社会主义市场经济体制的过渡，企业在经济周期波动中应该采取怎样的对策问题，便凸显了出来。在第二本专著中，新增加了这方面的内容。

第二本专著分为三篇共七章，仍沿着我国经济周期波动"是什么、为什么、怎么办"的思路展开。

第一篇"改革前后经济周期波动的比较分析"（第一章至第三章），回答"是什么"的问题。首先阐明对"经济周期"概念应有正确的理解，然后对改革开放前后我国经济周期波动的情况进行对比分析，阐明我国经济周期波动在改革开放之后进入了新阶段。

第二篇"经济周期波动的成因分析"（第四章至第五章），回答"为什么"的问题。加强了对经济周期波动成因的基础理论研究，一方面从更广阔的视角，对形成和影响经济周期波动的原因进行了全面、系统的探讨；另一方面对200多年来西方经济周期理论中的30个流派进行了全面、系统的梳理和研究。对于流派的梳理，还在于把它们清晰地展示在整个系统里具体的坐标位置上。

第三篇"经济周期波动的宏观与微观对策分析"（第六章至

第七章），回答"怎么办"的问题。对 1991~1996 年所进行的
实际预测进行了小结，说明各年份的波动特点、学术界所发生
的种种争论，以及在宏观调控对策方面的有关研究，分析我国
经济波动的未来态势，并提出企业在生产经营上可采取的对策。

对"经济周期"不应机械理解

　　经济周期波动研究的专业性很强，涉及宏观经济学、经济
数学模型、统计学等专业知识，特别是一些专门的术语、概念。
此外，与经济周期波动研究有关的学术资料，大多是国际上的
英文文献，由于其专业性很强，也给研究带来了很大的难度。

　　这里，不得已，给大家科普一下！当然，也不完全是科普，
从治学方法的角度，属于对一个研究领域中基本概念的辨析，
这是学术研究中的一项重要的"基本功"。

　　经济周期是指国民经济运行中扩张与收缩、上升与回落不
断交替的波浪式运动过程。而一提到经济周期，有人就会认为，
既然叫经济周期，那么每个周期的时间长度都应该相同，每个
周期的所有情况也应该完全一样，否则就不能叫周期。这是对
经济周期概念的一种机械理解。

　　在《中国经济周期波动的新阶段》一书中，我提出：对
"经济周期"概念不应作机械的理解。这种机械的理解会导致两
种后果：

　　一种后果是否定经济周期的存在，因为在现实经济生活中，没有像物理学或数学中那样具有固定时间长度和完全相同情况的周期；

　　另一种后果是错误地进行经济预测，以为上一个周期是几年，下一个周期也应该是几年，上一个周期是什么样，下一个周期也应该是什么样。

　　现实经济生活是复杂的，影响经济活动的因素太多，每个经济周期的时间长度和具体情况不可能是绝对的、固定不变的，而只能是相对的、可变的、近似的。

　　对于经济周期概念的理解，我查阅了国际经济学界的有关资料，有三种解说可作参考。

　　第一种解说：美国经济学家萨缪尔森和诺德豪斯在其所著的《经济学》一书中（第12版，中译本，中国发展出版社，1992，第313页）认为，没有两个经济周期是完全一样的。但它们有许多相似之处。虽然不是一模一样的孪生兄弟，但可以看得出它们属于同一家族。这个比喻很形象，所谓"相似之处"在于，它们都表现为总体经济活动的扩张与收缩、上升与回落相交替的起伏波动，许多宏观经济变量，如产出、收入、投资、消费、就业、物价等，都是同时波动、相互影响的。所谓"不是一模一样"在于，它们的波动有着不同的幅度、高度、深度和时间长度等。

　　第二种解说：美国经济学家扎尔诺维奇在《经济周期近期研究的历史透视：理论和证据综述》一文中（载《经济文献杂

志》第 23 卷，1985 年 6 月）指出，"经济周期"这一术语，就其不含有唯一的周期长度来说，有点用词不当，但是它的广泛被接受，表明对长期存在的一些重要规律性的认识。观察到的波动，除了在时间长度方面，在振幅和范围方面变化也很大，然而它们却有着许多共同点。

第三种解说：一般来说，"经济波动"概念要比"经济周期"概念更为宽泛。"波动"可以采取周期形式，也可以不采取周期形式。但由于"经济周期"概念已广为使用，经济学界也经常将"经济周期"概念与"经济波动"概念等同使用。这是美国经济学家布兰查德和费希尔在他们合著的《宏观经济学（高级教程）》（中译本，经济科学出版社，1992，第 336 页）中阐述的观点，书中这样说道，"根据传统，我们使用术语'经济周期'来表示产出与就业的总量波动。但是，如我们在第一章中所说，我们并不墨守于这一思想，有时在使用术语'周期'时，隐含着所有瞬时偏离确定性趋势的产出波动"。

在现实经济生活中，经济周期会受到各种因素的影响，有物质性因素，还有人的心理因素，有内生性因素，还有外生性因素等。所以，经济周期不会像物理学或数学中的周期那样，具有固定的时间长度和完全相同的情况。而关键问题在于，要把握各种因素的发生和作用机制及其规律性，从而认识波动、利用波动、驾驭波动、熨平波动，实现国民经济平稳、健康、高质量发展。

经济周期按时间长度的分类

如果对于"经济周期"概念不作机械的理解，我们就可以研究它按不同时间长度的分类问题了。一方面，各种不同的经济周期，有不同的时间长度；另一方面，即使同一种经济周期，也是从平均意义上有一定的时间长度。

把它放在国际经济现象上分析，一些经济学家根据统计资料，曾对不同时间长度的经济周期进行过测度。最有代表性的是美籍奥地利政治经济学家熊彼特对经济周期的分类。查阅熊彼特在 1935 年发表的《经济变动的分析》一文，特别是查阅了他在 1939 年出版的《经济周期——对资本主义过程的理论、历史和统计的分析》一书（英文版两卷本），可知他归纳出 3 种平均时间长度不同的周期，并用首先发现和确认这种周期的经济学家的名字予以命名。

第一种：中周期。每个周期平均长度为 9~10 年。这是国际经济学界最早详细地进行统计分析和明确提出的一种周期。它是由法国经济学家朱格拉在 1860 年出版的《论法国、英国和美国的商业危机及其周期性再现》一书中提出的。通过对各国银行数据、利率、价格等统计资料的分析，对结婚率等其他证据的分析，以及对 1696 年以来商业危机历史的考察，发现和确认了这种周期。熊彼特将它命名为"朱格拉周期"。

第二种：短周期。每个周期平均长度约 40 个月，即 3.3

年左右。这是由英国经济学家基钦提出的。在 1923 年发表的《经济因素中的周期和趋势》一文中，他通过对美国和英国 1890~1922 年银行结算、价格、利率，以及贸易、收入、工资、证券交易所的证券报价、生产量等统计资料的分析，发现和确认了这种周期。熊彼特将其命名为"基钦周期"。

第三种：长周期。每个周期历时 54~60 年。这是由俄罗斯经济学家康德拉季耶夫提出的。在他于 1925 年发表的《经济生活中的长波》一文中，通过法、英、美、德等国的多种统计数据，如价格、利率、有价证券、银行存款、工资、对外贸易、煤炭的生产和消费、生铁的生产、铅的生产、燕麦种植面积、棉花种植面积等的分析，详细地描述和确认了长波。所用统计数据最早始于 1779 年（如英国的价格资料），截至 1921 年。熊彼特将这种长波命名为"康德拉季耶夫周期"。

熊彼特以创新为核心，建立了基于长周期、中周期、短周期相结合的"三种周期框架"的创新周期理论。他提出，1 个康德拉季耶夫长周期包含 6 个期限为 9 年或 10 年的朱格拉中周期，1 个朱格拉中周期包含 3 个期限为 40 个月的基钦短周期。

在经济周期按不同时间长度的分类上，除了以上三种周期外，国际经济学界还经常涉及以下第四种周期的分类。

第四种：中长周期。每个周期大体在 15~25 年，平均长度约 20 年。定锚者是美国经济学家库兹涅茨（1971 年诺贝尔经济学奖获得者）。在 1930 年出版的《生产和价格的长期运动》一书中，他通过对美国、英国、比利时、德国、法国约 60 种农

业、工矿业产品的生产量和 35 种主要产品的价格等统计资料的
分析，发现和确认了这个周期值。这些统计资料包括小麦、玉
米、马铃薯、棉花、烟煤、无烟煤、石油、生铁、钢材、水泥、
铜、锌、铅、盐、铁路机车以及银行结算等。所用统计资料最
早始于 1810 年（如法国的煤炭产量）和 1815 年（如法国的小
麦种植和价格），一般始于 1860 年，截至 1925 年。

熊彼特在《经济变动的分析》一文中，也曾提到库兹涅茨
对周期性波浪的研究。在《经济周期——对资本主义过程的理
论、历史和统计的分析》一书中，熊彼特明确提到库兹涅茨发
现的平均 15~25 年的周期也是一种分析法。但熊彼特并没有
把这种周期分析法纳入其分析框架，没有给这种周期命名。熊
彼特认为，康德拉季耶夫长周期、朱格拉中周期、基钦短周期
"三种周期框架"，足以满足其创新周期理论的构建。而国际经
济学界并没有让库兹涅茨"坐冷板凳"，也常用这种被称为"库
兹涅茨周期"的周期分析法。

我特别注意到马克思和恩格斯当年在研究资本主义经济周
期时对周期时间长度的说明。他们一开始提出 5~7 年的周期，
后来提出平均 10 年的周期，而把 5~7 年的周期视为中间穿插
的较小波动。

如马克思在 1852 年曾提出："现代工商业在其发展过程中
产生历时五年到七年的周期性的循环，以经常的连续性经过各
种不同的阶段——沉寂，然后是若干好转，信心渐增，活跃，
繁荣，狂热发展，过度扩张，崩溃，压缩，停滞，衰竭，最后，

又是沉寂。"（马克思:《贫困和贸易自由——日益迫近的商业危机》，载《马克思恩格斯全集》第八卷，人民出版社，1961，第416~417页。）

后来，马克思在1876年发表的《资本论》第1卷中，具体考察了1815~1863年这49年间英国棉纺织业的波动，把它描述为5个平均10年左右的周期，其中包含5~7年的较小波动。（马克思:《资本论》第一卷，人民出版社，1975，第498~499页。）

恩格斯在考察同一时期的经济周期波动时，于1847年曾提出:"从十九世纪初期以来，工业经常在繁荣时期和危机时期之间波动。这样的危机几乎定期地每五年到七年就要发生一次。"（恩格斯:《共产主义原理》，载《马克思恩格斯全集》第四卷，人民出版社，1958，第363页。）

后来，恩格斯指出:"我把工业大危机的周期算成了五年。这个关于周期的长短的结论，显然是从1825年到1842年的事变进程中得出来的。但是1842年到1868年的工业历史表明，这种周期实际上是十年，中间的危机只具有次要的性质，并且在1842年以后就逐渐消失了"。（恩格斯:《〈英国工人阶级状况〉1892年德文第二版序言》，载《马克思恩格斯全集》第二十五卷，人民出版社，1965，第373页。）

依我对中国经济周期波动的观察，1953~1990年，主要表现为5年左右的短周期（比40个月左右的基钦短周期要长一些）；1991年之后又主要表现为10年左右的中周期。这种情况有些类似于马克思和恩格斯当年分析的情况。对中国经济周期波动的研究，主要是对 5 年左右的短周期和 10 年左右的中周期的考察与分析。因新中国成立以来的历史数据资料还不是很长，对长周期和中长周期尚需时日进行考察。

改革开放前后我国的经济周期波动

我的经济周期波动研究在方法上有一个特点，那就是离不开数据与图表，就像医生的眼睛不离扫描图像一样。

我的书房里，最多的手稿就是一沓一沓的有关我国和世界各主要国家的经济统计数据，以及根据这些统计数据在计算机上绘制出的各种曲线图。它们被整齐地放入分门别类的文件夹中，找起来、用起来都非常方便。

《中国改革报》记者李向阳曾对我做过一次采访。他在采访录的一开头就这样写道："真的难以想象，坐标曲线也有如此之大的神奇魅力！初见刘树成教授，我竟被他那精彩的解释、分析、推测和判断所用的各种经济波动曲线迷住了。这些单调、枯燥的曲线因对我国宏观经济发展具有清晰、形象、生动的直观描绘特点，仿佛也赋予了它生命的呼吸与艺术的欣赏效果。经济周期波动曲线就像'心电图'一样，对政府把握经济运行脉络，诊断经济运行状况，从而及时有效地进行宏观调控，驾驭经济规律，避免决策失误有重要的参考价值。"这篇采访录以

《研究经济波动的名家》为题，刊登于《中国改革报》1999 年 8 月 25 日。

在撰写《中国经济周期波动的新阶段》一书的时候，情况尤其是这样。

早在 1985 年下半年至 1987 年，我最初撰写和发表的 4 篇论文中，关于新中国成立以来的经济统计数据仅用到 1984~1986 年。

到了 1989 年我的第一部专著《中国经济的周期波动》出版，统计数据也只用到 1986 年。

1996 年我的第二本专著《中国经济周期波动的新阶段》出版时，统计数据则延长到了 1995 年，即比 1984~1986 年延长了 9~11 年。统计数据的这一延长，使我国经济周期波动呈现出更为丰富的新内容。我发现，新中国成立以来我国经济的周期波动明显表现为改革开放前后两大阶段。改革开放以前，我国经济周期波动的总体特点是：波动的总体态势呈现为"大起大落型"；而改革开放以来，我国经济周期波动进入了一个新阶段，其总体特点是：波动的总体态势趋向"高位平稳型"。

到了 2009 年，在纪念中华人民共和国成立 60 周年时，我在《经济学动态》发表了《新中国经济增长 60 年曲线的回顾与展望——兼论新一轮经济周期》（载 2009 年第 10 期）一文，数据资料又延展到 2009 年，比 1995 年又延伸了 14 年。在该文中，我根据 1950~2009 年我国经济增长率数据，绘出了相应的波动曲线（见图 1）。数据及其曲线的这一延伸，使改革开放之后我

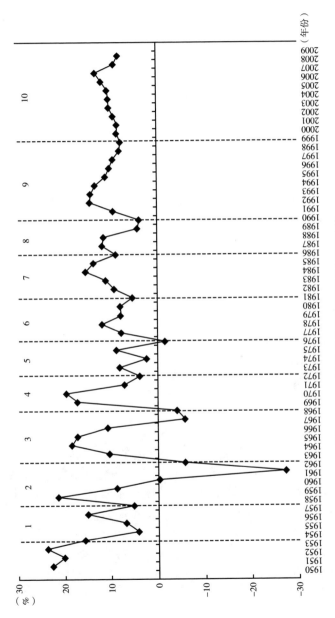

图 1　1950~2009 年中国经济增长率波动曲线

国经济周期波动在状态特征上所发生的新变化更加明显了。具有纪念意义的是，2009 年 10 月 1 日，我国举行了庆祝中华人民共和国成立 60 周年阅兵式。我作为全国政协委员，应邀登上了天安门观礼台。

　　1949 年 10 月 1 日新中国成立，开辟了我国历史发展的新纪元。1950~1952 年，经过 3 年努力，国民经济迅速恢复。从 1953 年起，开始大规模的经济建设，进入工业化历程，到 2009 年，按照"谷—谷"法划分，国内生产总值增长率（GDP 增长率）的波动共经历了 10 个周期。所谓"谷—谷"法，是指从经济增长率越过波谷而开始回升的年份算起，到越过波

2009 年 10 月 1 日在天安门观礼台

峰而回落到波谷的年份为止，作为一个周期。这 10 个周期的"故事"是：

1953 年，开始第一个"五年计划"建设。当年，固定资产投资规模很大，经济增长率高达 15.6%。经济增长过快，打破了经济正常运行的平衡关系，高增长难以持续；随后，1954 年、1955 年经济增速先后回落至 4% 和 6% 左右；经济运行略做调整后，1956 年再次加速，经济增长率又上升到 15%；又难以为继，1957 年回落到 5% 左右。1953 年作为启动，至 1957 年，形成第 1 个经济周期。

1958 年，在"大跃进"中，经济增长率一下子冲高到 21.3%。紧接着，1960 年、1961 年、1962 年的 3 年，经济增长率大幅回落，均为负增长。其中，1961 年经济增长率的降幅最大，为 -27.3%。这样，1958 年经济增长率的高峰（21.3%）与 1961 年经济增长率的谷底（-27.3%）之间的峰谷落差近 50 个百分点。这是第 2 个周期。这是一次典型的大起大落。

1964 年，经济运行经过调整之后，经济增长率又上升到 18.3%，这是当时所进行的国防建设的前期高潮。1966 年发动了"文化大革命"，持续到 1967~1968 年，经济增长率回落，出现负增长，形成第 3 个周期。

1970 年，经济增长率又冲高到 19.4%，这是国防建设的后期高潮。1972 年又回落到 3% 左右。这是第 4 个周期。

随后，进入"文化大革命"的后期。1973 年，经济增速略有回升；1974 年又掉下来。1975 年略有回升；1976 年又掉下来，为负增长。这段时期，经济增长的脉搏跳动得非常微弱，国民经济濒临崩溃的边缘。1976年10月，粉碎"四人帮"，结束了"文化大革命"。这两个小波动组成第5个周期。

从新中国成立到1976年，我国社会主义建设虽然经历过一定曲折，但总的来说，仍然取得了很大成就。基本建立了独立的、比较完整的工业体系和国民经济体系，从根本上解决了工业化过程中"从无到有"的问题。党的十七大报告指出，我们要永远铭记，改革开放伟大事业，是在以毛泽东同志为核心的党的第一代中央领导集体创立毛泽东思想、带领全党全国各族人民建立新中国、取得社会主义革命和建设伟大成就以及艰辛探索社会主义建设规律取得宝贵经验的基础上进行的。新民主主义革命的胜利，社会主义基本制度的建立，为当代中国一切发展进步奠定了根本政治前提和制度基础。

粉碎"四人帮"，结束"文化大革命"之后，1977~1978年，全国上下"大干快上"的热情很高。1978年经济增长率上升到11.7%，1981年回调到5%左右，这是第6个周期。1978年12月，党的十一届三中全会拨乱反正，结束了"以阶级斗争为纲"的历史，全党工作重心转移到社会主义现代化建设上来。开启了中国改革开放和社会主义现代化建设新的历史时期。并提出，国民经济中一些重大的比例失调状况还没有完全改变过来，基本建设必须积极地而又量力地循序进行，不可一拥而上。1979年4月，召开专门讨论经济问题的中央工作会议，正式提出用三年时间对整个国民经济进行调整。

1984 年，在农村改革、城市改革推动下，经济增长率上升到 15.2%，1986 年回调到 8% 左右，形成第 7 个周期。

1987 年和 1988 年，经济增长率分别上升到 11.6% 和 11.3%。1988 年，居民消费价格上涨到 18.8%。在调整中，经济增长率在 1989 年和 1990 年分别下降到 4.1% 和 3.8% 左右。这是第 8 个周期。

1991 年，经济增长率回升到 9.2%。1992 年，邓小平南方谈话和随后召开的党的十四大，为中国改革开放和社会主义现代化建设打开了一个新局面。然而，由于当时改革开放才十余年，原有的计划经济体制还没有根本转型，原有体制下的投资饥渴、片面追求高速度的弊端还没有被克服。在这种情况下，经济增长率很快冲到 14.2% 的高峰，出现经济过热现象。1994 年，居民消费价格上涨到 24.1%。在治理经济过热中，1993 年下半年至 1996 年，国民经济运行成功地实现了"软着陆"，既大幅度地降低了物价涨幅，又保持了经济的适度快速增长。随后，又成功地抵御了亚洲金融危机的冲击，同时克服了国内有效需求的不足。1999 年，经济增长率平稳回落到 7% 左右，结束了第 9 个周期。

从 2000 年起，进入第 10 个周期，到 2007 年，经济增长率连续 8 年处于 8% 以上至 14% 的上升通道内。2008 年和 2009 年，中国经济面临着国际 / 国内四重调整的迭加，即改革开放 30 年来国内经济长期快速增长后的调整与国内经济周期性调整相迭加，与美国次贷危机导致的美国经济周期性衰退和调整相迭加，与美国次贷危机迅猛演变为国际金融危机而带来的世界范围大调整相迭加。2008~2009 年，经济增长率回落到 9% 左右，形成第 10 个周期。

归纳起来，这 10 个周期分别是：

第 1 个周期：1953~1957 年，历时 5 年；

第 2 个周期：1958~1962 年，历时 5 年；

第 3 个周期：1963~1968 年，历时 6 年；

第 4 个周期：1969~1972 年，历时 4 年；

第 5 个周期：1973~1976 年，历时 4 年；

第 6 个周期：1977~1981 年，历时 5 年；

第 7 个周期：1982~1986 年，历时 5 年；

第 8 个周期：1987~1990 年，历时 4 年；

第 9 个周期：1991~1999 年，历时 9 年；

第 10 个周期：2000~2009 年，历时 10 年。

其中，前五个周期加上第 6 个周期的前两年（1977 年、1978 年）属于改革开放之前，后 3 年（1979 年、1980 年、1981 年）属于改革开放之后。为了分析的方便，特别是该周期的波谷年份位于改革开放之后，所以，可将这个周期作为改革开放之后的周期。这样，改革开放之前有 5 个周期，改革开放之后有 5 个周期。

我具体考察了改革开放前后我国经济周期波动的状态特征，

总结出两个区间所发生的五大变化。

（1）波动的长度：明显延长。在前 8 个周期中，周期长度平均为 5 年左右，表现为一种短周期。而 20 世纪 90 年代之后，在第 9、第 10 个周期中，周期长度延长到 9~10 年，扩展为中周期。特别是在第 10 个周期中，上升阶段由过去一般只有短短的一两年，延长到 8 年，这在新中国经济发展史上还是从未有过的。周期时间长度的延长，表明我国经济增长的稳定性增强了。

（2）波动的强度：理性下降。波动的强度是指，每个周期内波峰年份的经济增长率。在曲线图里，就是那个制高点，是由升变降的折返点。它表明每个周期经济扩张的强度。波峰过高，扩张过强，往往导致随后的波谷过深，从而使整个周期的振幅过大；波峰过低，扩张微弱，则表明经济增长乏力。波峰以适度为好。改革开放之前的 5 个周期，特别是以第 2、第 3、第 4 个周期为代表，波动的强度高达 20% 左右。而改革开放之后的 5 个周期，波动的强度下降为 11%~15%。波动强度的下降表明，我国经济的增长在一定程度上减少了盲目扩张性，从而有利于增强经济的稳定性。

（3）波动的深度：显著提高。波动的深度是指每个周期内波谷年份的经济增长率。在曲线图里，就是那个最低点，是由降变升的折返点。它表明每个周期经济收缩的力度。波谷越低，说明经济增长越不稳定。波动的深度也反映着经济增长的稳定性。通常，波动的深度亦称作波动的性质。波动性质分为两种类型：一种是古典型，波谷年份的经济增长率为负值，也就是国内生产总值呈绝对量的下降。另一种是增长型，波谷年份的经济增长率仍为正值，也就是国内生产总值的绝对量并不下降，而是其增长率减缓。改革开放之前的5个周期，以古典型为主。其中，第1、第4个周期为增长型，第2、第3、第5个周期为古典型。特别是在第2个周期中，1961年波谷极深，为-27.3%。而改革开放之后的5个周期，均为增长型，波谷的上升极为显著，表明我国经济增长的抗衰退力增强了，亦有利于增强经济的稳定性。

（4）波动的幅度：趋于缩小。波动的幅度是指每个周期内经济增长率最高峰与最低谷之间的落差。它表明每个周期内经济增长高低起伏的剧烈程度，振幅越大，说明经济增长越不稳定。改革开放之前的5个周期，峰谷落差很大。特别是第2个周期，峰谷落差将近50个百分点。改革开放之后，峰谷落差显著缩小，仅为4~8个百分点。

（5）波动的平均高度：适度提升。改革开放之前，在1953~1978年（以1952年为基年）的26年中，GDP年均递增率为6.1%。改革开放之后，1979~2009年（以1978年为基年）的31年中，GDP年均递增率为9.7%，比过去提升了3.6个百分点。

数据和曲线是神奇的，它给我们的启示很直观。改革开放以前，我国经济周期波动表现为"大起大落型"特征；改革开放之后，转向"高位平稳型"。这一变化充分表明，我国经济的周期波动在改革开放之后进入了一个新阶段。在这一新阶段，我国经济的增长力和经济增长的稳定性都在增强。

摇椅和木马原理

一把摇椅，当它受到无规律的外界力量的刺激或冲击时，会产生相当有规律的摆动。如果不是一把摇椅，而是一把普通的椅子，那么它在受到无规律的外力冲击时，绝不会发生有规律的摆动。因此，在对摇椅的摆动进行解释时，有两种因素需要加以考虑和区别。一种是摇椅的自身结构，这属于内生因素，比如摇椅的体积、重量、构造等；另一种是来自外界的刺激，这属于外生因素。而外生的无规律的冲击力之所以能够转化为摇椅相当有规律的摆动，关键就在于摇椅自身的结构。这是美国著名的经济周期专家哈伯勒在《繁荣与萧条》一书中（中译本，商务印书馆，1963，第 26 页），在分析产生经济周期波动的因素时，曾作过的一个形象的比喻。他把经济体系比作一把摇椅。

还可以把经济体系比作玩具木马。一个玩具木马，受到外界的偶然驱动，会前后来回摆动。外界的推动不一定是有规律性的。木马摆动的频率和幅度，取决于它自己的内部性质（大小和重量）。同样，经济体系也根据它自己的内部性质来对外部的因素发生反应。这是美国著名经济学家萨缪尔森在《经济学》中作过的一个比喻（中译本，商务印书馆，1979，第364~365页）。

在审视改革开放以来我国经济周期波动在状态特征上所发生的新变化之后，一个必然的逻辑问题就是，这些新变化的原因是什么？当然，原因是多方面的，可以列举很多，但应有一种分析框架，把有关原因梳理清楚。

我按照"外在冲击—内在传导"的分析框架，将经济周期波动视为由两个部分组成。

第一个部分是内生波动。它是由经济体系本身的内在结构所决定的基本波。经济体系本身的内在结构，决定着经济体系本身是否存在波动性，以及波动的基本状态，即决定着一定的波长、波高、波深和波幅等。然而，经济体系本身的结构不是一成不变的，而是发展着、变化着的。经济结构的变化，将会使波动的基本状态发生变化。

第二个部分是外生波动。它是由经济体系之外的外在冲击作用于内在结构而产生的叠加波。外在冲击对波动的具体状态，包括波长、波高、波深和波幅等产生影响，使基本波发生变形。自然灾害、国际经济和金融危机等为外在冲击。政府宏观调控是一种重要的外在冲击力量。宏观调控实施得是否得当，可以提高或降低经济的增长力和稳定性，加剧或减缓经济的波动。

根据"外在冲击—内在传导"分析框架，我把改革开放以来我国经济周期波动在状态特征上所发生的新变化归于两大类原因：一类是经济结构自身的内在变化，另一类是宏观调控作为外在冲击的不断改善。

我提出，改革开放以来我国经济结构发生了七大重要变化：

第一，体制结构的变化，由过去高度集中的计划经济体制逐步转变为社会主义市场经济体制，为经济的"高位平稳型"增长提供了重要的体制性基础；

第二，所有制结构的变化，各种所有制经济共同发展，为经济的"高位平稳型"增长提供了基本的经济制度条件；

第三，资源供给结构的变化，长期存在的资源供给严重短缺的状况基本改变，为经济的"高位平稳型"增长提供了必要的物质条件；

第四，产业结构的变化，特别是三次产业结构的升级，为经济的"高位平稳型"增长提供了重要的产业基础；

第五，城乡人口结构的变化，城镇化率的提高，为经济的"高位平稳型"增长提供了强大的需求动力；

第六，消费结构的变化，人均收入水平的提高，为经济的"高位平稳型"增长提供了新的消费动力；

第七，地区结构的变化，东中西部均加快发展，为经济的"高位平稳型"增长提供了广阔的地理空间。

一个经济体系的内在结构，包括总量规模和各种具体的组成结构。以上说明了改革开放以来我国经济各种具体的组成结构发生的深刻变化。除此之外，改革开放之后，我国经济的总量规模不断扩大，当扩大到一定程度时，由于基数的增大和抗衰退力的加强，其稳定性亦会增强。对于一把摇椅来说，在受到同样一个外力的作用时，一把大摇椅的摆动幅度要小于一把小摇椅。也就是说，对于同样的外部冲击，大摇椅的稳定性要比小摇椅强得多。

关于宏观调控作为外在作用力如何改善振荡状况，我提出：如果不是就经济体系自身内在的波动性质来说，而是就每一个周期的具体波动状态来说，如波长、波高、波深和波幅等，宏观调控作为一种外生因素具有重要作用，甚至具有一定的决定性作用。

这是因为，经济结构的变化和外在冲击的变化，二者都对波动状态产生影响，但其具有不同的特点。一般来说，经济结构的变化不是瞬间进行的，而是有一个变化的过程。在一定时期内，经济结构具有相对的稳定性。因此，经济结构的变化对波动状态的影响可以说是一种在一定时期内发生作用的长期性变量或慢变量。而外在作用力的变化对波动状态的影响则往往是急速的、见效快的。外生冲击的变化可以说是一种短期性变量或快变量。政府的宏观调控作为一种外在冲击的作用力，对波动状态的影响是极为重要和显著的，是具有关键意义的。我把改革开放以来宏观调控的不断改善归结为三个重要方面。

其一，宏观调控指导思想的变化。

改革开放之前，宏观调控的指导思想表现为：不断地追求和推动经济的粗放型、外延型的超高速扩张。在这种指导思想下，必然是人为地造成一再的"大起"，又导致一再地

"大落"。

改革开放之后，宏观调控的指导思想由过去的片面追求高速度，逐步转向兼顾增长与稳定，兼顾增长与效益，这才达到了其正向作用。

其二，宏观调控职能角色的变化。

改革开放之前，在原有的高度集中的计划经济体制下，经济活动的主体实际上只有一个，这就是政府。对于宏观调控来说，政府的职能角色既是担当调控的主体而又是调控的客体，也就是既当裁判员又当运动员。这种宏观调控，完全是自我调控。因此，在经济周期波动的整个扩张阶段，中央政府宏观调控的职能是单一的"顺周期"推进。所谓"顺周期"推进，是指宏观调控在方向上顺应周期波动之势而进行。这样，从中央政府到地方政府，从各部门到各企业，在扩张中都是齐步走、一窝蜂地大干快上，从而很容易使波动的峰顶"高耸入云"，直到受到经济规律的惩罚而难以为继时才被迫终止。

改革开放之后，在向社会主义市场经济体制的过渡中，经济活动的主体趋向多元化。对于宏观调控来说，中央政府成为调控的主体，而地方政府、各部门、各企业成为调控的客体。这样，在经济周期波动中，中央政府宏观调控的职能不再是单一的"顺周期"推进，而是加入了"逆周期"调节。所谓"逆周期"调节，是指宏观调控在方向上逆周期波动之势而进行。当经济的扩张达到一定的程度时，中央政府主动地、适时适度地采取逆向的紧缩措施，以防止扩张的盲目持续推进，防止扩张到难以为继的程度时才被迫告终。无论是"顺周期"政策还是"逆周期"政策，都有一个适度的问题。宏观调控既要把握方向的适时转变，又要把握力度的恰当运用。

其三，宏观调控信号机制的变化。

改革开放之前，在计划经济体制下，价格并不起经济运行状况"晴雨表"和资源配置"转向器"的作用。价格不是由市场决定的，而是由政府统一制定的，主要是作为经济核算的工具。而且，在很长一段时间里，政府对价格直接采取冻结政策。在经济波动中，当经济扩张超过了一定时期内社会的财力、物力、人力等资源力所能及的程度时，也就是经济扩张进入过热状态时，价格并不随之上升，经济运行的失衡不以价格的上升作为信号发出警示。这样，通货膨胀就成了潜在的、隐蔽性的灾难。它的隐蔽性掩盖了经济运行的失衡。大家的心里还都在"莺歌燕舞"，"灾难"却降临得让人猝不及防。如果有警报，容我们及时采取有效措施加以控制，即使不能完全避过"灾难"，最起码也能减少损失。

改革开放之后，大部分价格陆续放开，由市场供求决定。当经济过热时，马上会反映到物价上，表现为迅速上涨。价格信号传递着经济失衡的信息。价格作为经济运行状况的晴雨表和资源配置的方向器开始发挥作用。这就有利于中央政府根据价格信号，及时、正确地实施宏观调控政策。由此，物价上涨率成为控制经济增长速度的一个重要上限约束，成为宏观调控的重要目标之一，还成为某些年份宏观调控的首要目标。

经济周期波动原因的广角研究

《中国经济周期波动的新阶段》这本书的最大看点是：在探讨改革开放以来我国经济周期波动在状态特征上的五大变化，以及引起这些变化的两大类原因之后，从更广阔、更普遍的视角，对形成和影响经济周期波动（一般是指中、短周期）的原因进行了全面的、系统的研究。我把它分为两个层面：首先，探寻形成经济周期波动最基本的物质性和本源性的原因；其次，对形成和影响经济周期波动的各种可能因素及其具体的作用机制进行分析。

首先，对形成经济周期波动的最基本的物质性和本源性原因的分析。

过去，一说经济周期，人们往往首先与资本主义经济相联系。这是因为，在传统的社会主义政治经济学研究中，经济周期是作为资本主义经济所特有的范畴而使用的。

另外，也有人把经济周期视为商品经济所特有的现象，认为：在商品经济下，卖与买是脱节的，而市场的调节作用具有自发性，因此产生了经济的周期波动。

我仔细地研究了马克思当年在分析资本主义经济周期形成原因时的论述。根据马克思的分析，我提出，经济周期既不是资本主义经济所特有的现象，也不是商品经济所特有的现象，更不是从人类社会一开始就有的现象，而是与现代机器大工业生产相伴而生的。这包含几层意思：

其一，就一般商品经济来说，马克思指出，卖与买的对立包含着危机的可能性，但仅仅是可能性。这种可能性要发展为现实，必须有整整一系列的关系产生，从简单商品流通的观点来看，这些关系还根本不存在（《资本论》第一卷，人民出版社，1975，第133页）。这说明，在一般商品经济背景下，卖与买的对立只是产生经济周期性危机的可能性条件，但还不是现实性条件。

其二，在马克思上述提及的"整整一系列的关系"中，具有物质性和本源性的关系，是现代机器大工业的产生和发展。马克思把经济周期称为"现代工业特有的生活过程"，并明确指出，"现代工业这种独特的生活过程，我们在人类过去的任何时代都是看不到的，即使在资本主义生产的幼年时期也不可能出现"（《资本论》第一卷，人民出版社，1975，第694页）。现代机器大工业使生产规模具有巨大的、突然跳跃式的扩张力和收缩力。这种扩张力和收缩力，成为整个社会经济活动扩张与收缩相交替的周期波动的物质技术条件。生产规模突然的跳跃式的膨胀是它突然收缩的前提，而后者又引起前者。

其三，现代机器大工业使生产规模所具有的这种巨大的、突然跳跃式的扩张力和收缩力，在以农业、牧业和工场手工业为主的社会是没有的。因为农业、牧业和工场手工业生产难以大规模扩张。特别是农牧业生产周期较长，农作物一般要一年，牲畜一般要数年，并且在很大程度上受自然条件的影响，不可能像机器大工业的生产那样在较短的时间内就可以发生突然跳跃式的扩张和收缩。

其四，就现代机器大工业在固定资本投资上所具有的特点来看，固定资本更新和补偿的周转期，或者说固定资本的大规模新投资，是经济周期波动的物质基础。马克思分析道："可以认为，大工业中最有决定意义的部门的这个生命周期现在平均为十年。但是这里的问题不在于确定的数字。无论如何下面一点是很清楚的：这种由若干互相联系的周转组成的包括若干年的周期（资本被它的固定组成部分束缚在这种周期之内），为周期性的危机造成了物质基础。在周期性的危机中，营业要依次通过松弛、中等活跃、急剧上升和危机这几个时期。虽然资本投下的时期是极不相同和极不一致的，但危机总是大规模新投资的起点。因此，就整个社会考察，危机又或多或少地是下一个周转周期的新的物质基础。"（《资本论》第二卷，人民出版社，1975，第207页）

其五，现代机器大工业的周期波动在实现过程中，还需要有其他一些必要的配合条件，如市场条件、资本积累条件、信用条件、剩余劳动力条件等。但这些条件都是伴随机器大工业而产生，并在机器大工业的基础上发生作用的。所以，马克思总括性地指出，"当机器工业如此根深蒂固，以致对整个国民生产产生了决定性影响时；当对外贸易由于机器工业而开始超过国内贸易时；当世界市场逐渐兼并了新大陆，亚洲和澳洲的广阔地区时；最后，当走上竞赛场的工业国家为数众多时；——

只是从这个时候起，才开始出现不断重复的周期。而且，正如天体一经投入它们的轨道就会无限期地围绕着轨道旋转一样，社会生产一经投入这个膨胀和收缩的交替运动，也会由于机制的必然性不断重复这一运动"（《资本论》法文版第一卷，中国社会科学出版社，1983，第675页）。

综上所述，商品经济或其发达形态——市场经济、货币经济，为经济周期波动提供了一般的可能条件和必要条件，而现代机器大工业的产生和发展则是经济周期波动最基本的、具有物质性和本源性的原因。一方面，现代机器大工业在生产上所具有的巨大的、突然跳跃式的扩张力和收缩力，是经济周期波动的物质技术条件；另一方面，现代机器大工业在固定资本更新和补偿上的周转周期，或者说在固定资本上的大规模新投资，是经济周期波动的物质基础。由此，我提出，我国自1953年开始大规模的经济建设从而进入工业化历程以来，也就开始了经济周期波动这一"现代工业特有的生活过程"。

在探寻形成经济周期波动最基本的物质性和本源性的原因有了答案以后，再进一步研究形成和影响经济周期波动的各种可能的因素，及其具体的作用机制。

有一则阿拉伯寓言故事，说的是一个主人有一匹骆驼。主人想知道骆驼到底能承载多少货物。于是他不断地往骆驼背上加货物，骆驼还是没有倒下。最后，主人在骆驼背上放了一根稻草，没想到，这一根稻草便使骆驼轰然倒下。

这最后一根稻草之所以能够压垮骆驼，绝不仅仅是这一根稻草的作用，而是此前骆驼的负重即将达到极限，最后一根稻草只是整个事件的导火索。

美国经济周期专家尼米拉和克莱因，在他们所著的 *Forecasting Financial and Economic Cycles*（《金融与经济周期的预测》）一书中（John Wiley and Sons, Inc., 1994，p.44），在说明引起经济周期波动的因素时，引述了这个阿拉伯寓言故事。他们写道，在任何一个特定的危机中，某一个或另一个因素可能是经济衰退的最直接的原因，这就是常说的压垮骆驼的最后一根稻草。

在现实的经济生活中，经济周期波动是由一系列复杂的因素引致的，这需要把握三个要点。

其一，现实的经济周期波动是由各种因素相互交织形成的，不可能用任何一种单独的因素，也就是不可能用任何唯一的原因来加以解释。

其二，在每一次周期波动中，也并非所有因素都在其中起了作用，往往是有一组重要因素在起作用，而每次的因素组合有可能不同。

其三，在因素组合中，也不是其中的每一个因素都处于同等重要的地位。在每次周期波动中，哪个因素会起到直接的导火索作用，也不一定相同。在一个现实的经济周期波动中，当扩张阶段中止，转向收缩阶段时，或者说在达到波峰后的向下转折时，起到直接的导火索作用的因素，往往只表现为一两个重要因素。

形成和影响经济周期波动的因素究竟都有哪些？我们尽可能地把各种因素都找出来，并进行分类，以便把握。对这些因素进行分类，会因观察角度的不同，而有几种不同的分类法。

（1）从各种因素自身的学科属性或社会属性出发，可分为经济因素与非经济因素。经济因素包括基本经济因素（需求、生产、收入、支出）、资源供给因素、经济参数因素、经济发展因素、经济体制因素、经济组织制度因素等，非经济因素包括政策因素、政治因素、心理因素、科学技术因素、自然因素、人口因素等。

（2）从各种因素变动的原因来看，可分为内生因素与外生因素。内生因素是指这些因素的变动是由经济体系本身内在原因产生的，外生因素是指这些因素的变动是由经济体系以外的原因产生的。外生因素通过内生因素而起作用。

（3）从各种因素变动的性质来看，可分为确定性因素与随机因素，或称可预料因素与不可预料因素。

（4）从人与这些因素的关系来看，可分为人为因素与非人为因素、可控因素与不可控因素。

（5）从各种因素之间的相互关系，也就是它们在形成经济周期波动中所处的地位来看，有主导因素与非主导因素、本源因素与派生因素。

（6）从各种因素发挥作用的层次来看，有表层因素与深层因素。

（7）从各种因素所起作用的时效来看，有在一个较长时期内起作用的长期因素与在较短时间内起作用的短期因素。

（8）从各种因素在经济周期波动的扩张阶段与收缩阶段所起的具体作用来看，有发动因素、加强因素、阻碍因素。

（9）从各种因素的地域关系来看，有国内因素与国际因素。

我在《中国经济周期波动的新阶段》一书中，主要从以上第一种分类出发，选出常见的因素 16 个，归纳为三大类，进行了详细的分析。这 16 个因素是：① 基本经济因素，② 资源供给因素，③ 经济参数因素，④ 经济发展因素，⑤ 经济体制因素，⑥ 经济组织制度因素，⑦ 政策因素，⑧ 政治因素，⑨ 心理因素，⑩ 科学技术因素，⑪ 自然因素，⑫ 人口因素，⑬ 国际战争因素，⑭ 国际供给因素，⑮ 国际需求因素，⑯ 国际金融因素。归为三大类是：以上 ① 至 ⑥ 因素为国内经济类因素，⑦ 至 ⑫ 因素为国内非经济类因素，⑬ 至 ⑯ 因素为国际类因素。

对西方经济周期理论 30 个流派的研究

在《中国经济周期波动的新阶段》一书中，我对形成和影响经济周期波动的各种可能因素从理论上进行了分析，紧接着，又对西方经济周期理论进行了认真、仔细的收集和梳理，把它们分为 4 个时期和 30 个流派，做了全面、系统的研究。

从治学方法的角度来说，这两方面的研究属于重要的基础理论研究。对形成和影响经济周期波动的各种因素的分类与研究，是把对经济周期的认识做横向解剖，而对西方经济周期理论 30 个流派的梳理和研究，则是把对经济周期的认识做纵向解剖。

在国际上，西方经济学者对资本主义市场经济条件下 3~10 年的中、短周期的研究，从 19 世纪初算起，至今已有 200 多年的历史，形成了许许多多不同的理论学派和模型方法，我们统称为经济周期理论研究的各流派。这些流派，曾对经济周期波动的成因进行了极为广泛的分析，几乎涉及所有可能的因素。我们看到，有的流派之间的确存在重要的分歧或差异，但又有许多流派在其分析中，涉及许多共同性的因素，而他们之间的分歧往往是由于各自所强调的或所侧重的因素不同。在西方经济周期理论 200 多年的研究史中，包含着许多丰富的内容，特别是其中也包含着一些反映社会化大生产和市场经济一般规律的认识，是值得我们了解、研究和借鉴的。

我把西方经济学者的经济周期理论进行了梳理，归纳出 30 种具有代表性的、有影响的理论学派和模型方法，称为 30 个流派。这三十大流派分为四个时期，即欧美等西方主要国家的工业化初期、工业化中期、工业化后期和后工业社会。不同时期的经济周期波动具有不同的特点，这决定了不同时期对经济周期波动的理论研究也有着不同的特点。我的梳理和研究重在说明各种流派在经济周期理论研究史的长河中所处的位置，他们的研究所侧重的主要因素，他们的基本思路和特点等。对西方经济周期理论各流派如此全面、系统的梳理和研究，在我国经济学界还属首次。

第一个时期：工业化初期，大约为19世纪初期到19世纪中期（19世纪60年代末）。

这一时期，是欧美等西方主要国家的工业化初期，是资本主义市场经济条件下经济周期波动的初期。英国工业革命始于18世纪60~70年代，基本完成于19世纪30~40年代。在19世纪20年代，机器大工业在英国整个国民生产中起到决定性作用。1825年，英国爆发了第一次全面性的经济危机，由此开始了资本主义经济周期波动的历程。美国工业革命始于19世纪20年代，比英国晚约半个世纪，基本完成于19世纪60~70年代。这一时期，欧美等国经济周期波动的特点是：经济波动正处于由过去不规则的和偶然的变动向较为有规则的和不断重复的正常周期形式过渡，由过去局部性危机向普遍性危机过渡。

对于这一时期经济周期理论研究的主要特点，我归纳了两点。

其一，对经济周期波动的研究处于早期阶段。资本主义经济的周期波动虽然已经历时了半个世纪，但在这期间，古典经济学家对经济周期波动还没有进行专门的、系统的、全面的研究。

其二，这一时期，在经济周期波动理论研究中，占统治地位的是古典经济学的供求必然均衡论。这种理论否认资本主义市场经济条件下经济危机和周期波动存在的必然性，认为市场经济本身可以自行调节、自行均衡、自行解决危机。

这一时期，主要有两种经济周期流派。

流派之一：供求必然均衡论。

流派之二：早期消费不足论。

第二个时期：工业化中期，大约为 19 世纪后期（19 世纪 70 年代）到 20 世纪初期（20 世纪 30 年代上半期）。

这一时期，是欧美等西方主要国家的工业化中期。到这一时期，资本主义市场经济条件下的经济周期波动已经历了半个世纪以上，乃至一个多世纪的长过程。而且这一时期经济周期波动较明显的特点是：强度剧烈波动。这一时期，是世界第二次科技革命时期，美国赶超英国，成为世界第一大工业国。美国产业结构变动的特点是：第一产业比重继续下降；第二产业比重明显上升，其中电力、钢铁、化学、石油、汽车等重化工业取代轻工业成为这一时期国民经济发展的主导产业，重化工业的波动成为整个经济波动的主振波；第三产业比重在长时期内保持稳定。在这一时期，英国的产业结构变动大体上与美国一样，反映在经济周期波动的基本状态特征上，使这一时期的波动呈现为强度剧烈波动的特点。由此，使生活在这一时期的经济学家们，不得不承认资本主义市场经济条件下确实存在经济的周期波动，承认市场经济的不稳定性。

对于这一时期经济周期理论研究的主要特点，我归纳了两点。

其一，在这一时期，对经济周期波动的探讨吸引了大批经济学者。可以说，这一时期是经济周期理论研究"百花齐放、百家争鸣"的"热闹"时期。在这一时期，各种流派就已经涉及形成和影响经济周期波动的几乎一切可能的因素。

其二，这一时期，占统治地位的经济思想仍然是古典经济学的市场自然均衡论，即认为市场经济本身可以消除其不稳定性，达到供求均衡。但这一时期的经济学者，面对长达半个世纪以上乃至一个多世纪的经济周期波动的现实，也竭力探讨形成周期波动、造成市场经济不稳定的种种原因。这一时期，主要有 11 种经济周期流派，按 30 个流派总排序为流派之三到十三。

流派之三：农业收成论或太阳黑子论。

流派之四：纯货币论。

流派之五：货币投资过度论或生产结构纵向失调论。

流派之六：非货币投资过度论或创新论。

流派之七：制成品需求变动引致的投资过度论。

流派之八：成本—价格—利润论。

流派之九：生产结构横向失调论。

流派之十：负债过度论。

流派之十一：近代消费不足论。

流派之十二：心理论。

流派之十三：米切尔－伯恩斯经济周期实证方法。

第 3 个时期：工业化后期，大约为 20 世纪中期（20 世纪 30 年代下半期到 20 世纪 60 年代末）。

在上一个时期，即工业化中期，欧美等西方主要国家的经济经历了强度剧烈波动，直至1929~1933年大危机、大萧条，给资本主义经济以巨大的打击，粉碎了预言家们"资本主义市场经济本身可以自行调节、自行均衡、自行解决危机"的迷梦。二战后，欧美等西方主要国家在战争恢复中和第三次科技革命中，进入了工业化后期，竭力寻求经济稳定增长，平抑经济波动。

在此大背景下，对于这一时期经济周期理论研究的主要特点，我归纳了三点。

其一，凯恩斯对古典均衡理论的"革命"，开创了这一时期新的经济周期理论研究。二战后至20世纪60年代末，是凯恩斯主义崛起并占据经济理论界统治地位的全盛时期。凯恩斯主义把经济周期波动归因于工业化的私有经济和市场的严重缺陷，主张通过政府干预来熨平经济波动。

其二，二战后，欧美等西方主要国家围绕工业化后期的经济稳定增长，特别是防止经济的严重衰退，在凯恩斯主义的旗帜下，各主要流派着重研究了有关动态增长周期的理论和模型。

其三，凯恩斯主义关于通过政府调节总需求来稳定经济与平抑波动的周期理论，被运用到西方主要国家政府的宏观经济政策中，推动了这些国家在这一时期经济的迅速而稳定的发展。

这一时期，主要有9种经济周期流派，按30个流派总排序为流派之十四到二十二。

流派之十四：凯恩斯理论。

流派之十五：萨缪尔森线性乘数—加速数动态周期模型。

流派之十六：卡尔多非线性动态增长周期模型。

流派之十七：哈罗德－多马动态增长周期模型。

流派之十八：希克斯非线性乘数—加速数动态增长周期模型。

流派之十九：梅兹勒存货投资周期模型。

流派之二十：菲利普斯曲线。

流派之二十一：奥肯定律。

流派之二十二：斯卢茨基和卡莱茨基随机经济周期模型。

第 4 个时期：后工业社会，大约为 20 世纪 70 年代之后 。

这一时期，西方主要国家经过工业化后期阶段，步入后工业社会。这一时期，经济周期波动呈现出以下新特点。

第一，随着现代科学技术的迅速发展、产业结构的优化和升级、市场经济本身的不断发育和完善等，经济体系的内在稳定性不断增强，经济体系的内生波动趋向缩小。

第二，在经济体系内在稳定性不断增强的同时，各种外在冲击，如政府的财政政策和货币政策，以及国际石油危机、世界农业歉收、汇率变动等国际性供给冲击和金融冲击的作用凸显出来。经济体系由于不断受到各种外在冲击而表现出新的不稳定性。

第三，经济新的不稳定性突出表现为严重的通货膨胀。凯恩斯主义关于通过政府调控总需求来稳定经济和平抑波动的周期理论及其相应的政策实践，作为 30 年来占统治地位的传统理论和传统政策也头痛起来——时日一久，累积下严重的财政赤字、通货膨胀与经济停滞等问题。西方主要国家陷入了过去未曾遇到过的"滞胀"困境。

在此大背景下，对于这一时期经济周期理论研究的主要特点，我归纳了两点。

其一，经济周期研究再掀热潮。经济波动之中衰退的加剧，连续的振荡，打破了一度出现的"经济周期已经过时"的迷人观点。

其二，打破了凯恩斯主义一统天下的局面，各种新兴流派相继产生。在"通胀"和"滞胀"并存面前，凯恩斯主义的传统理论和传统政策无能为力、明显失灵。货币主义、供给学派、政治经济周期学派、理性预期学派、实际经济周期学派等新自由主义学派，连连向凯恩斯主义发起挑战。这是西方经济周期研究史上又一个"百花齐放、百家争鸣"的"热闹"时期。

这一时期，主要有 8 种经济周期流派，按 30 个流派总排序为流派之二十三到三十。

流派之二十三：货币主义。

流派之二十四：供给学派。

流派之二十五：政治经济周期学派。

流派之二十六：理性预期学派。

流派之二十七：实际经济周期学派。

流派之二十八：新凯恩斯主义。

流派之二十九：经济波动的混沌模型。

流派之三十：经济波动的突变模型。

对西方经济周期理论 30 个流派的梳理和研究，使我们对经济周期的认识更丰满、更充实。从治学来说，对一个领域内国际上已有的各种流派、各种学说的研究和把握，也是一项重要的"基本功"。

// 现实经济波动的滚动研究 //

　　对改革开放以来我国经济周期波动在状态特征上所发生的新变化的研究，属于总体性研究；对形成和影响经济周期波动的原因或各种因素的研究，以及对西方经济周期理论 30 个流派的研究，属于重要的基础理论研究。

　　从治学方法的角度来说，在进行这些总体性研究和基础理论研究的同时，我对我国现实的经济运行与波动，以及宏观调控实践开展了逐年的跟踪和滚动研究，超前或及时发表对经济形势的分析和预测，提出相应的政策建议。这就是对具体的现实问题展开应用研究，以运用已经获得的对经济周期波动的理论认识，检验这些理论认识，进一步深化和丰富这些理论认识。

　　从治学理念的角度说，对现实问题的应用研究，有利于发挥中国社会科学院作为党中央、国务院重要的思想库和智囊团的作用，更好地为中央宏观经济决策服务，更好地为推动中国特色经济学的学科建设服务。

经济预测：汽车明亮的前灯

　　"就像汽车的明亮的前灯一样，良好的预测展示了经济的前景，并有助于使决策者根据经济条件来采取行动。"

　　这是美国经济学家萨缪尔森和诺德豪斯在其所著的《经济学》一书中（第 12 版，中译本，中国发展出版社，1992，第 325 页）所用的一个比喻论证。他们把经济预测的作用比作汽车的前灯。

实际操作起来，遇到的每个经济周期绝不是历史上某个周期的机械重复或简单重演。实际的经济运行与波动要比经济理论更为复杂。

1985 年 12 月，我发表的《我国固定资产投资周期性初探》（载于《经济研究》1986 年第 2 期）一文，就是我的"滚动车轮"压出的第一道车辙。文章根据对经济周期波动的认识和当时的经济运行情况，对今后的波动作了一个初步的、粗略的预测，提出我国固定资产投资增速的低谷年份大体上将出现于 1986 年和 1991 年前后。

后来，实际发生的情况是，固定资产投资增速在 1986 年、1987 年明显下降，成为低谷年份；在 1989 年、1990 年又大幅下降，成为低谷年份。从国内生产总值增速来看，1986 年是一个低谷年份，1989 年、1990 年是连续的低谷年份。固定资产投资增速和国内生产总值增速在 1989 年、1990 年成为低谷年份，比原先预计的 1991 年提前了，这主要是因为 1986 年的"软着陆"没有到位，1988 年再度高速扩张，从而使随后的低谷年份提前到来了。这个结果与我的预测大抵相符。

1991 年 1 月，新年伊始，新华社总部大楼内，正在隆重举行"中国与世界：九十年代中国经济展望研讨会"。这是由中国社会科学院和新华社联手举办的研讨会。中国社会科学院的学者由副院长刘国光带队，他在研讨会上首先就中国经济的"两大转换"作了发言。"两大转换"是指经济发展战略的转换和经济体制的转换。

参加这次研讨会的还有：张卓元（时任财贸经济研究所所长）、李琮（时任世界经济与政治研究所所长）、戴园晨（时任经济研究所研究员）、我（时任数量经济与技术经济研究所副所长）、吕政（时任工业经济研究所理论室主任）、邓英陶（时任农村发展研究所副所长）、李晓西（时任财贸经济研究所综合研究室副主任）、秦毅（时任经济学科片学术秘书）等。大家分别就稳定经济和深化改革问题、国际环境对中国经济形势的影响、坚持改革中的市场取向问题、国营大中型企业的出路问题、农村发展问题等作了发言。

在研讨会上，我又开始预测"中国经济能否走出低谷困境"的问题。当时，由于1990年是低谷期，人们对1991年经济走势进行展望时，国内外许多人都持悲观态度。国内经济学界普遍议论的都是：中国经济能否走出低谷困境？我根据对我国经济周期波动态势的把脉，以及我们"数量经济与技术经济研究所课题组"的模型测算情况，在发言中提出：1991年我国经济将走出低谷，由局部回升转入全局回升，全年经济将为中速增长。

在发言中，我对20世纪60年代初、80年代初、90年代初的3次经济大调整进行了比较和分析，指出这3次大调整都处于经济过热后的低谷期，但这次低谷期出现了一些与过去相比所不同的深刻变化。

特点之一：供给面有了活力。在刹住急速加剧的通货膨胀的同时，国民经济仍保持了一定的增长速度；60年代初和80

年代初的低谷期，商品严重短缺，市场供应紧张。而目前这一次的低谷期，从一个角度看，是市场疲软；从另一个角度看，则表现为商品供应比较充裕，在一定程度上出现了买方市场。

特点之二：人们消费水平和生活质量有了显著提高，消费结构发生了很大变化，消费的选择性大大增强。

特点之三：以"三资"企业为主的"其他类型工业"在低谷期仍保持了高速增长。60年代初中国尚没有"三资"企业，80年代初其还刚刚萌芽。

我提出，在此次我国经济将走出低谷，由局部回升转入全局回升的过程中，仍然面临着结构调整、提高经济效益，以及避免物价再次大幅度上涨等深层次问题。

香港《明报》记者也参加了这次研讨会。1991年1月23日，《社科院专家乐观预测，今年经济将全面回升》便上了香港《明报》的版面。当时，我看到《明报》报道的标题后，心想：与其用"乐观"二字，不如用"客观"二字。不过，与当时社会上特别是国际上的"悲观"观点相反衬，用"乐观"二字倒也鲜明地表达出我的观点。

后来的实际情况表明，1991年我国经济走出低谷，进入回升，开始了新一轮经济周期。这也与我的预测大抵相符。

这次研讨会上中国社会科学院各位学者的发言摘要刊登于《瞭望周刊》（海外版）1991年2月第7~8合期，标题是《经济学家纵论九十年代中国经济》。我的发言以"当前国内经济形势的特点"为题。

《论"软着陆"》

《人民日报》1997年1月7日理论版的大半个版面是《论"软着陆"》。标题十分醒目。这是刘国光老师与我合写的一篇论文。《人民日报》还专门加了编者按。

编者按说："1993年下半年以来，我国实施了以治理通货膨胀为首要任务的宏观调控。经过三年多的努力，到1996年底，宏观调控基本上达到了预期目标，国民经济的运行成功地实现了'软着陆'。到底什么是'软着陆'，为什么要'软着陆'，怎么样'软着陆'，'软着陆'提供了哪些宝贵的启示，《论"软着陆"》一文深刻而通俗地回答了这些问题。这是迄今为止总结宏观调控经验的一篇最好的文章，值得认真一读。"

为了使这篇文章引起社会关注，《人民日报》还在当日第一版加了标题新闻：今日九版刊登刘国光、刘树成的理论文章《论"软着陆"》。

同时，中央人民广播电台在当日早晨的新闻和报纸摘要节目中，也广播了《人民日报》的这个标题新闻。

由此，《论"软着陆"》一文产生了很大的社会影响。

这篇文章是我们经济学科片"经济形势分析与预测"课题组，从1990年11月开展经济形势分析与预测工作以来，对经济波动与宏观调控年年进行跟踪和滚动研究的结果。

1991年，我国经济走出低谷，开始回升。但1992年至

1993 年上半年，伴随经济迅速升温，经济运行很快进入了"过热"状态。为了避免重蹈历史上"大起大落"的覆辙，党中央、国务院在 1993 年 6 月开始，果断采取了以治理通货膨胀为首要任务的宏观调控措施。

在对 1994 年经济走势进行预测时，我们课题组与国家统计局综合司"宏观经济分析与预测"课题组联合发布《中国经济形势分析与预测（1993 年秋季报告）》。在这份报告中，我们提出，目前采取的宏观调控措施的目的是，既要解决经济"过热"问题，又要保持国民经济的适度高速增长，因此具有明显的"软着陆"特点（参见"经济蓝皮书"《1994 年中国：经济形势分析与预测》，中国社会科学出版社，1993）。

与此同时，我们还以"中国社科院数量经济与技术经济研究所经济形势分析与预测课题组"的名义，发表了《中国经济发展：1993 年特点、1994 年走势及有关对策》一文，由我执笔。我们在文中提出政策建议：1994 年宏观调控的总体对策为"软着陆"政策，也就是适度紧缩政策，既不是强力扩张，也不是全面紧缩。文章里有这样一段文字："在宏观调控的力度上，则要十分谨慎。因为这种紧缩政策若力度把握不好，一种情况是力度过强，则会使已经在回落的经济大幅度下滑；另一种情况是力度过松，使'软着陆'不到位，则又会使刚刚回落的速度发生强力反弹，给 1995 年乃至 90 年代后半期经济的健康、持续、快速增长埋伏下隐患"（参见《经济研究》1994 年第 2 期）。

1994 年底，我们又对 1995 年经济走势进行了预测。我们课题组与国家统计局综合司"宏观经济分析与预测"课题组再度合作，联合发布了《中国经济形势分析与预测（1994 年秋季报告）》。在这个报告中，我们提出：1995 年预期经济的"软着陆"将进一步取得成功，争取 1996 年完全实现"软着陆"（参见"经济蓝皮书"《1995 年中国：经济形势分析与预测》，中国社会科学出版社，1994）。

在 1995 年 10 月 5 日召开的"经济形势分析与预测秋季座谈会"上，在对 1996 年经济走势进行预测时，刘国光在开幕词中指出：1996 年的经济走势看来存在 3 种可能性。究竟会出现哪种可能性，恐怕将主要取决于政策取向。

第一种政策取向和可能性：鉴于目前经济增长率、固定资产投资增长率、物价上涨率等尽管都有所下降，但仍处于"高位"，1996 年宏观调控在紧缩力度上要继续加大，使经济增长速度和物价上涨幅度都有明显的下降。

第二种政策取向和可能性：鉴于几年来经济增长率、固定资产投资增长率、物价上涨率的连续回落，某些生产资料已有所积压，国有企业又面临一些比较严重的困难，1996 年宏观调控应改变方向，转为"放松"，重新推动经济增长率的回升。

第三种政策取向和可能性：为了巩固几年来"软着陆"的成果，继续把抑制通货膨胀作为宏观调控的首要目标，使经济增长速度既不反弹也不过度下降，而是保持进一步平稳回落的势头，1996 年宏观调控应继续坚持"适度从紧"的政策。

刘国光说，我们赞同实行第三种政策取向，期待出现第三种可能性（参见"经济蓝皮书"《1996 年中国：经济形势分析与预测》，中国社会科学出版社，1995）。

与此同时，在对 1996 年经济走势进行预测时，我在当时国家计划委员会主管的《经济改革与发展》月刊（1995 年第 10 期）上也发表了一篇文章，题为《1996 年经济走势预测：三岔路口及其政策选择》。我也分析了 1996 年经济走势的 3 种可能性，提出 1996 年经济走势将处于一种三岔口状态，而"软着陆"还在"着"的过程中，尚未平缓着稳。也就是说，"软着陆"尚未到位，不要使"软着陆"半途而废。

1996 年 10 月 5 日，在"经济形势分析与预测秋季座谈会"上，我们的课题组与国家统计局"宏观经济分析与预测"课题组三度合作，联合发布了《中国经济形势分析与预测（1996 年秋季报告）》。在这份报告里，我们分析：1996 年，通过加强和改善宏观调控，宏观经济环境进一步改善。可以说，经过近年的加强宏观调控，我们终于取得了"软着陆"的基本成功（参见"经济蓝皮书"《1997 年中国：经济形势分析与预测》，社会科学文献出版社，1996）。

转眼 1996 年 11 月，中央经济工作会议召开。会议认为：经过近 3 年的努力，我国国民经济实现了持续、快速、健康发展，成功地避免了可能出现的经济大起大落，以治理通货膨胀为首要任务的宏观调控基本上达到了预期目标。

从 1993 年 6 月开始，党中央、国务院果断采取以治理通货膨胀为首要任务的宏观调控措施，中间排除了种种干扰，到1996 年 11 月中央经济工作会议宣布这次宏观调控基本上达到预期目标，我们一直在进行跟踪和滚动研究。中央经济工作会议之后，《人民日报》邀请刘国光写一篇总结宏观调控经验的理论文章。刘国光把我叫到他的办公室，谈了他的指导思想，与我做了讨论。在他的指导下，我起草了一个初稿。刘国光从头至尾，逐字逐句地进行了极其认真的斟酌和修改，然后定稿，题为《论"软着陆"》。

在初稿上，关于文章的署名，我只写了刘国光一个人。但刘国光在向《人民日报》交稿时，加上了我的名字。这是对我的培养和激励。

《人民日报》排印出该文的清样，并上报中央审阅，引起中央有关领导同志的高度重视，批示道："这是迄今为止总结宏观调控经验的一篇最好的文章。"

随后，《人民日报》隆重刊登了此文。

《论"软着陆"》一文从宏观经济学角度，对这次宏观调控进行了学术研讨和经验总结。我们对"软着陆"概念进行了梳理，探讨了四个问题：什么是"软着陆"、为什么要"软着陆"、怎么样"软着陆"、"软着陆"的宝贵启示。

在这篇文章中，我们提出："软着陆"是对经济运行状态的一种形象性比喻，即好比飞机经过一段飞行之后，平稳地降落到陆地上。"软着陆"的基本经济含义则是：国民经济的运行经过一段过度扩张之后，平稳地回落到适度增长区间。所谓"适度增长区间"是指，在一定时期内，由社会的物力、财力、人力即综合国力所能支撑的潜在的经济增长幅度。国民经济的运行是一个动态的过程，各年度间经济增长率的运动轨迹不是一条直线，而是围绕潜在增长能力上下波动，形成扩张与回落相交替的一条曲线。国民经济的扩张，在部门之间、地区之间、企业之间具有连锁扩散效应，在投资与生产之间具有累积放大效应。当国民经济的运行经过一段过度扩张之后，超出了其潜在增长能力，打破了正常的均衡，于是经济增长率将回落。

我们指出，这次"软着陆"的成功具有重大意义。

首先，避免了重蹈历史上"大起大落"和"软着陆"不成功的覆辙，在新中国成立以来的经济发展史上是没有先例的；

其次，为我国今后的经济运行开辟了一条适度快速和相对平稳发展的新轨道，为我国经济的跨世纪发展积累了宝贵的经验；

最后，既大幅度地降低物价涨幅又保持了经济的较快增长，这在第二次世界大战后各国的经济发展史上也是罕见的，与西方主要国家经常陷入滞胀困境相比，改革开放的中国充分显示出其经济增长的活力。

首获孙冶方经济科学奖

著名相声演员姜昆和唐杰忠的相声《着急》在 1991 年 2 月

14日中央电视台春节联欢晚会一经上演，便引起了社会的强烈反响。特别是其中反映物价上涨时居民抢购副食品的情景，给人们留下了深刻的印象。

相声的主人公姓纪，因为好着急，大家都叫他"老急"，他一天到晚没有不着急的时候。一天晚上，他刚想睡觉，就听街坊二大妈喊了一嗓子："告诉你们，过两天副食品要涨价啦！"急得他第二天早晨赶紧到单位请假，然后去银行取钱，用平板车、三轮车、小推车，一趟一趟地往家里拉油盐酱醋。醋一洗澡盆、酱油两水缸、豆油十五桶、味精两抽屉、五香面儿一大衣柜，还有黄酱一被窝，但因为酱坛子打了，全折床上啦。小卖部都让他给买光啦。等了一个半月，这涨价一点儿动静没有。急得他天天上物价局去打听："嘿，同志，什么时候涨价呀？"买这么多东西在家里搁着，不涨价，光长毛！过几天，又听二大妈喊了一嗓子："好消息！由于季节不同，告诉你们，听说这副食品价格呀，下调百分之三十。"这一来，他又急坏了。

这个相声，虽然有点夸张，但反映了人们对物价上涨的关注度，有些人几乎到了焦虑的程度。

改革开放以来，伴随经济的高速增长，1980年、1985年、1988年、1994年几度出现物价上涨或通货膨胀局面，对我国经济和社会的稳定与发展产生了极大的影响。

1980年，全国商品零售价格上涨6%。

1985年，全国商品零售价格上涨8.8%。

1988年，全国商品零售价格上涨18.5%，创1952年以来的历史最高水平。

1988年夏季，又逢价格改革闯关，成为触发1988年下半年全国性抢购风潮的一个诱因，引起了广大群众的不安。

姜昆和唐杰忠的相声《着急》，正是1988年下半年物价严重上涨和全国性抢购风潮的社会反应缩影。

1990年的治理整顿奏效，全国商品零售价格"温和"上涨2.1%。

但是，伴随1993年的经济过热，1994年全国商品零售价格又狂飙突进21.7%，创历史新高。

物价不能再脱缰了！它是关系到民生、关系到经济健康发展、关系到社会和谐稳定的大局问题。物价直接涉及千家万户，干系了得？

在"软着陆"中，宏观调控是以治理通货膨胀为首要任务的。因此，在对"软着陆"进行跟踪和滚动研究的同时，我特别对通货膨胀问题进行了深入的研究。

在对全国商品零售价格的走势作出预测或判断时，必须区分价格上涨中"翘尾"和"新涨价"两者的不同性质。

所谓"翘尾"因素，是指在价格指数中，由上年价格上涨而自然转移到今年的部分。它纯粹是由统计方法本身所带来的。经过我们的计算，1994年全国商品零售价格上涨率为21.7%，其中，由1993年价格上涨而自然转移到1994年的"翘尾"因素部分，为8.25个百分点；1995年全国商品零售价格上涨率为14.8%，其中，由1994年价格上涨而自然转移到1995年来的

"翘尾"因素部分，为 9.62 个百分点。

所谓"新涨价"因素，是指由当年的需求拉动、成本推动、价格改革措施、社会预期等因素造成的价格上涨。比如，1994年"新涨价"因素部分应当减去上年"翘尾"后的 13.45 个百分点；同理，1995 年"新涨价"因素部分为 5.18 个百分点。

由此，在预测 1996 年价格走势时，由于 1995 年价格上涨而自然转移到 1996 年的"翘尾"因素部分，已下降到 2~3 个百分点，大大低于 1994 年和 1995 年时的"翘尾"因素。这样，如果 1996 年"新涨价"因素仍控制在 1995 年 5 个百分点左右的水平，那么，1996 年总的价格上涨将预计为"翘尾"因素2~3 个百分点，加上"新涨价"因素 5 个百分点，共为 7~8 个百分点，也就是可以降到 10% 以下。当时，人们已经认识到，在预测价格走势时"翘尾"因素是一个重要的因素，但是，它的计算比较复杂，而且在现有文献中很难查找到其计算方法，因此很少有人进行具体的计算。

正在我们研究价格走势问题时，1996 年 1 月 9 日下午，国务院领导在中南海召开"经济形势座谈会"。

参加座谈会的是中国社会科学院的学者，由副院长王洛林带队，参会者有董辅礽（时任经济研究所名誉所长）、戴园晨（时任经济研究所研究员）、我（时任数量经济与技术经济研究所副所长）、吕政（时任工业经济研究所副所长）、左大培（时任经济研究所研究员）。

座谈会一开始，国务院领导谦逊地说：久仰各位大名，希望畅所欲言。

座谈会上，大家就社会上对宏观调控的不同看法和反应各抒己见。中央与地方所关心的问题不同，政府与企业所关心的问题不同，银行与工业部门所关心的问题不同，表明经济生活中有各种矛盾，不可避免。宏观调控就是要找到好的契合点。

会上，大家还谈了国有企业改革、基本建设投资、物价上涨等问题。

当时正值"软着陆"的关键时刻，1996 年价格走势如何，关系到 1996 年"软着陆"能否成功，这是全国上下共同关注的热点问题。轮到我发言时，我说："1996 年全国商品零售价格上涨幅度的调控目标定在 10%，但从我们对价格上涨的'翘尾'因素和'新涨价'因素的测算情况来看，由于 1996 年'翘尾'因素已大大下降，如果'新涨价'因素把控的好，1996 年价格涨幅有可能降到 10% 以下，控制在 8% 左右，这就可以保证'软着陆'取得成功。"

我的发言引起国务院领导的重视。后来的实际情况是：1996 年，全国商品零售价格上涨 6.1%，国内生产总值增长 9.6%，双双由前几年的两位数回落到个位数以内。

打铁还需趁热！我和周方（时任数量经济与技术经济研究所研究员）、赵京兴（时任数量经济与技术经济研究所数理经济研究室主任）合作，一起研究和撰写了《析年环比价格指数中的翘尾因素》和《物价上涨率中翘尾因素的计算与分析》两篇论文，分别载于《经济研究》1996 年第 4 期和《数量经济技术经济研究》1996 年第 6 期。这两篇论文详细阐明了年环比价格指数中"翘尾"因素的计算原理，并对 1988~1996 年这 9 年全国零售价格上涨中所包含的"翘尾"因素和"新涨价"因素进行了实际计算。我们把这些计算原理和实际计算方法分享了出去。

在研究"翘尾"因素的同时，我还对物价上涨与经济波动的关系进行了认真的研究。物价上涨与经济波动的关系，是各国政府在实施宏观经济稳定政策中所必须把握的重要经济关系。这涉及菲利普斯曲线问题。我发表了《论中国的菲利普斯曲线》一文，载于《管理世界》1997 年第 6 期。

该文首先归纳了经济学界常用的表明 3 对经济变量关系的 3 种菲利普斯曲线。

第一种是表明"失业率与货币工资变化率之间关系"的，可称为"失业—工资"菲利普斯曲线。这一曲线是由当时在英国从事研究的新西兰经济学家威廉·菲利普斯（A.W.Phillips）于 1958 年在《1861~1957 年英国失业和货币工资变动率之间的关系》一文中最先提出的。

第二种是表明"失业率与物价上涨率之间关系"的，可称为"失业—物价"菲利普斯曲线。这是由美国经济学家萨缪尔森和索洛于 1960 年扩展提出的。

第三种是表明"经济增长率与物价上涨率之间关系"的，可称为"产出—物价"菲利普斯曲线。这是后来许多经济学家所惯常使用的。

《论中国的菲利普斯曲线》一文主要以第三种菲利普斯曲线，即"产出—物价"菲利普斯曲线为主，研究了我国的具体情况，显示出：改革开放之后，总的来说，经济增长率与物价上涨率之间的关系呈现出该种菲利普斯曲线所表明的同向变动的正相关关系。简单地说，在一个经济周期波动中，经济增长率上升，物价上涨率亦上升；经济增长率下降，物价上涨率亦下降。

但是，我国的情况还显示出：在这一基本的同向变动关系之上，菲利普斯曲线发生了陡峭型变形，即随着经济增长率的上升，物价上涨率的上升十分陡峭，使一般处于低位的菲利普斯曲线呈现出向上直立的变形。这说明，在我国，影响物价上升的因素除了经济增长率之外，还有其他重要因素。也就是说，物价的大幅上升，菲利普斯曲线的陡峭变形，是各种因素共同作用的综合结果。

该文利用我国实际统计数据，通过经济计量模型的定量分析和测算，找出在我国物价上涨的波峰年份造就它的 5 种主要因素。

一是有关价格改革等政策措施出台对物价的推动。如在1994 年全国商品零售价格上涨中，该项因素占 37%。这是对物价上涨起到直接作用的第一位推手。

二是上年物价上涨本身的滞后惯性，而这个滞后惯性又是由前几年的需求强扩张、现实经济增长率对潜在经济增长率偏离的连续上升所引起的。在 1994 年全国商品零售价格上涨中，该项因素占 36%。这是使物价上涨的第二位推手。

三是现实经济增长率对潜在经济增长率的偏离。在 1994 年全国商品零售价格上涨中，该项因素占 7%。

四是粮食减产。在 1994 年全国商品零售价格上涨中，该项因素占 3%。

五是其他因素，如市场秩序尚不规范的乱涨价因素等。

这一研究的政策含义是：在我国目前条件下，在经济周期波动中，不是简单地存在与不存在菲利普斯曲线的问题，而是既要看到其存在，又要看到其陡峭型变形的特点。从宏观调控角度讲，"看到其存在"，就要求在经济波动的上升期，适度控制总需求，适度控制经济增长率，以防止通货膨胀的加剧；在经济波动的回落期，为了治理通货膨胀，就需要适度压缩总需求，适度降低经济增长率。"看到其陡峭型变形的特点"，就要求在适度调控总需求和经济增长率的同时，针对引起物价上涨的各种不同因素，采取相应的措施，实行综合防止与治理的对策。

《论中国的菲利普斯曲线》一文在经济学界产生较大影响，获第 8 届（1998 年度）孙冶方经济科学奖。

南下，海南改革调研

1996 年 12 月，应海南省委的邀请，中国社会科学院组织"海南经济体制改革调研组"赴海南进行考察。调研组总负责人是副院长王洛林，顾问是中国社会科学院特邀顾问刘国光，执行负责人是李京文、我、王保树（时任法学研究所副所长）。

海南正式建省于 1988 年 4 月。中央赋予海南的任务是："要建立主要是市场调节的新体制框架。"到 1996 年，经过 8 年多的努力，海南已初步建立社会主义市场经济体制基本框架。

经过考察，1997 年 2 月，我们调研组撰写的调研报告《海南建立社会主义市场经济体制的实践》包括总报告"海南已初步建立社会主义市场经济体制基本框架"，以及 6 个分报告，分别是："政府职能的转变是建立新体制基本框架的关键""海南社会主义市场经济法规体系正在形成""海南社会保障体系基本形成""构筑海南新体制的微观基础""海南农村经济体制：从计划到市场""海南：发展中的市场体系"。该调研报告由社会科学文献出版社于 1997 年 4 月出版。

总报告由我负责执笔。总报告指出：1993 年 11 月中共十四届三中全会通过的《中共中央关于建立社会主义市场经济体制若干问题的决定》，以及 1996 年 3 月全国人大通过的《中华人民共和国国民经济和社会发展"九五"计划和 2010 年远景目标纲要》，都是地方经济发展的"尚方宝剑"。同时，海南省的经济特区地位是经全国人大授权的，可以在建立地方性法规体系方面进行超前试验。

海南在建立社会主义市场经济体制基本框架的实践中，有一个突出的特点，就是改革与立法同步进行，将改革决策与立法决策紧密结合，初步建立起社会主义市场经济法规体系框架，用法律有力地引导、推进和保障了整个新体制的建立。

以长江流域为新增长区

1993 年下半年至 1996 年底，我国经济运行成功地实现了"软着陆"。但随后，1997 年、1998 年、1999 年三年里，我国经济增长率继续下滑，其中有 1997 年 7 月爆发的亚洲金融危机的冲击，也有国内的体制机制等原因。

为了启动经济、扭转经济增长持续下滑局面，1996 年 5 月至 1998 年 7 月，央行连续 5 次降息，都没有多大成效。1998 年初开始，为扩大内需，又采取了以增加基础设施投资为重点的财政政策，但效果也不明显。学术界对如何再启动经济展开了讨论。正在此时，1998 年 6~9 月，长江流域发生了百年不遇的特大洪水。

在此背景下，我撰写的研究报告《启动经济要有新思路》载于《中国社会科学院要报》1998 年第 62 期。我提出启动经济要有新思路：将寻找新的经济增长"点"，改为寻找新的经济增长"区"，以"区"带"面"，寓"点"于"区"（"点"指行业，"区"指区域，"面"指全国）。具体来说，就是借助长江抗洪抢险之势，以长江流域作为新的经济增长区，以欧洲莱茵河、多瑙河为榜样，集中加大长江流域整治与开发的力度，带动我国经济跨世纪的增长。这样启动经济可以有机地做到几个"相结合"：

（1）短期启动与长期发展相结合；

（2）投资启动与消费启动相结合；

（3）大面积解决就业问题与经济启动相结合；

（4）"点"启动与"区"启动相结合；

（5）政府主导作用与市场机制作用相结合；

（6）国资与民资、财政融资与信贷融资、内资与外资相结合；

（7）一般技术与高新技术相结合；

（8）建设与环保相结合，在根治长江的同时，将长江流域建成我国美丽的大型旅游区。

该建议产生了一定的社会影响。

《经济改革报》很快就在 1998 年 9 月 1 日刊登了我的这个建议，题为《专家提出启动经济新思路——寻找新的经济增长区》。

《经济日报》在 1998 年 9 月 6 日也作了刊登，题为《专家提出——长江流域作为新的增长区》。

《经济参考报》在 1998 年 10 月 6 日亦进行了刊登，题为《以长江流域为新的增长区启动全国经济》。

随后，我又撰写了《论中国经济增长的速度格局》一文，载于《经济研究》1998 年第 10 期。我将启动经济要有新思路等内容加入该文，并指出：对我国未来几年经济增长速度格局的把握，仍应以我国现阶段的适度增长区间为准。目前的启动，就是要使经济运行从现在处于适度增长区间的下限边缘，逐步推进到适度增长区间的中、上限。我国地域辽阔，有着巨大的潜在国内市场，产业结构的梯度推移有着广阔的空间。这是东亚一些国家所没有的自然大优势，也是我国潜在经济增长率可以在一个较长时期内维持较高水平的原因之一。

特大洪水过后，我国经济发展的态势如何？这场特大洪水能够给我国经济发展带来一些什么重大的启示？

为了深入研讨这些问题，1998年9月，中国社会科学院成立了"特大洪水过后中国经济发展的态势与对策"课题组。该课题被列为中国社会科学院重点课题。王洛林为课题总负责人，我为执行负责人。

1999年1月，在王洛林带领下，我们课题组全体成员赴长江中游3省（江西、湖北、湖南），进行了实地考察和调研。课题组撰写了《特大洪水过后中国经济发展的思考——长江中游三省考察报告》，由总报告和10个分报告组成，社会科学文献出版社于2000年5月出版。

我们在总报告中指出：1998年，我国长江流域和嫩江、松花江流域发生了历史上罕见的洪涝灾害，给灾区的人民生活和经济发展造成了严重的损失。但是，从总体上看，全国上下的共同努力，使这次特大洪水所带来的损失降到了最低限度，对1998年我国宏观经济的增长和稳定并没有产生太大的冲击。

对于这场洪涝灾害发生的原因，我们分析指出：其中有自然界气候异常等客观因素的作用，但也绝不能忽视"人为因素"的影响。所谓"人为因素"的影响是指，在我国工业化的过程中，长期实行的粗放型、外延型、数量型的经济增长方式，以及长期忽视对农业和水利建设的投入，是以牺牲自然资源和生态环境为代价的，由此造成了人与资源、环境之间协调关系的严重失衡。1998 年特大洪水的发生，表明原来那种以牺牲自然资源和生态环境为代价的经济增长方式，已经走到了尽头，必须改变。

直接启动最终消费

1998 年 10 月，我从数量经济与技术经济研究所副所长调任经济研究所所长。经济所的前身是成立于 1929 年的中华教育文化基金会社会调查所；1934 年与中央研究院社会科学研究所合并，称为中央研究院社会科学研究所；1945 年更名为中央研究院社会研究所。中华人民共和国成立后，1950 年改称为中国科学院社会研究所；1953 年更名为中国科学院经济研究所；1977 年中国社会科学院成立后，更名为中国社会科学院经济研究所。

担任经济研究所所长，最重要的感受是：深感责任重大。什么责任呢？这与中国社会科学院的定位有关。

中国社会科学院有三大定位：一是马克思主义的坚强阵地；二是中国哲学社会科学研究的最高殿堂；三是党中央、国务院重要的思想库和智囊团。

因此，我想，作为经济研究所所长，我的三大责任是：一要带领全所人员坚持以马克思主义为指导开展经济研究；二要带领全所人员搞好学科建设，努力建设有中国特色、中国风格、中国气派的经济学；三要带领全所人员发挥好党中央、国务院重要的思想库和智囊团的作用。

在我当所长的十年中，一直没有忘记我的这三大责任。所长的责任，不可谓轻！

1999 年 2 月，为进一步启动经济，王洛林与我、刘溶沧（时任中国社会科学院财贸经济研究所所长）3 人合写了一篇文章，题为《论如何进一步启动经济》。

该文把我国当前经济运行中最主要的症结，归结为社会总产品的最终使用结构发生了严重失调，即国民收入最终使用中消费与积累的比例关系发生了严重失调。在改革开放以来长达 20 余年的高速增长中，虽然最终消费的绝对额不断增长，但最终消费率（最终消费额占 GDP 的比重）却在显著下降，近几年来已下降到历史最低水平。在长期的高速增长中，这一问题逐渐累积，成为阻碍社会再生产正常循环的严重障碍。

据此，我们提出了 8 句话的对策建议：控制国家投资、直接启动消费、减轻居民负担、增加居民收入、改革分配体制、理顺分配关系、带动社会投资、形成良性循环。

该文先由《中国社会科学院要报》在 1999 年 3 月，分 3 期刊载，上报中央，得到中央有关领导的重视，批示请相关单位研究。该文后又刊发在《财贸经济》1999 年第 4 期上。

不久，6 月 2 日下午，在中南海国务院第 4 会议室，国务院领导再次召开了经济形势座谈会。中国社会科学院参加座谈会的学者是王洛林和我。其他单位参加座谈会的有苏星、吴树青、吴敬琏、肖灼基、林兆木、赵海宽、樊纲、胡鞍钢等。

在座谈会上，我根据《论如何进一步启动经济》一文的思路，更加突出地提出：应该把深化分配体制改革、提高居民收入、降低居民支出预期、直接启动消费放到龙头性措施的位置上来。我具体提出，提高城镇居民收入主要包括三个层次。

一是普遍提高低收入者收入，包括下岗、离退休、最低生活标准线以下的人员等，更好地解决社会保障与社会稳定问题。

二是大幅度提高公务员和科教文卫等事业单位人员的工资水平。随着社会主义市场经济的发展，原有体制内人员的实物性、福利性、统配性的分配内容，已越来越转向货币化、商业化、市场化，而原有体制下的工资结构尚没有得到根本改变，工资制度的改革严重滞后。现在，如果只小幅提高工资，不仅不能适应社会主义市场经济发展的需要，而且对于启动消费来说，也起不到什么作用。因此，到了大幅提高原有体制内人员工资水平的时候了。应使工资结构、工资形成机制与社会主义市场经济的发展相适应。

三是与效益挂钩，适当放开国有企业的工资，尽快形成与社会主义市场经济相适应的企业家和企业员工的激励机制。关于农民收入的提高，一方面是增收，另一方面是减负。减轻农民的各种负担，减少各种摊派和乱收费，能直接提高农民的可支配收入。

　　该建议引起国务院领导的重视。座谈会后,《经济参考报》在 1999 年 6 月 9 日刊登了记者对我的访谈录,题为《直接启动最终消费,制止经济下滑趋势》;《经济日报》也于 1999 年 6 月 10 日刊登了我在这次座谈会上发言的主要内容,题为《直接启动消费,促进经济发展》。

　　1999 年 6 月 23 日,《经济参考报》把第 6、7 版合并为一整版,用特大号字体"为启动经济出谋献策"作为通版总标题,隆重地刊登了"启动经济研讨会"上专家学者的发言及发言者的照片。在大开版的报纸上列这么大的阵势,还是很少见的。

　　这是该报特别给中国社会科学院经济研究所、海通证券有限公司与经济参考报社联合举办的"启动经济研讨会"准备的。该研讨会的主旨是:为进一步启动经济而多方出谋献策。研讨会由我主持,海通证券研发中心副总经理金晓斌博士、《经济参考报》总编辑王海征分别致辞。这次"启动经济研讨会"产生了很好的社会影响,同时也促进了经济研究所的科研工作。

　　很快,中央就进一步采取了包括大幅度提高公务员和科教文卫等事业单位人员工资水平在内的一系列措施,投资与消费双轮启动,特别是加大直接启动消费的力度。比如,1999 年 7 月 1 日、2001 年 1 月 1 日、2001 年 10 月 1 日,连续三次提高机关事业单位职工基本工资标准。中央所采取的扩大内需的积极财政政策与稳健货币政策紧密配合,使我国经济增长率从 2000 年起停止了下滑趋势,出现平缓回升的迹象。

通货紧缩问题研讨

在 1997 年、1998 年、1999 年我国经济增长率继续下滑的过程中，从 1997 年 10 月起，全国商品零售价格出现了连续下降的局面。

如何认识和把握物价连续下降的局面，直接关系到宏观调控政策实施的方向和力度。对于物价连续下降的局面，既不能掉以轻心，也不可估计过重。若掉以轻心，措施不力，则会加剧企业经营和劳动就业等方面的困难，影响经济发展和社会稳定；若估计过重，乱下猛药，也会带来更难治愈的后遗症，可能导致金融风险的爆发或较长时间的"滞胀"等。

但是，面对物价连续下降的局面，我国是否出现了通货紧缩？国内学术界有不同的看法，引起了热烈的讨论。我当时把大家的观点归纳为以下 6 种：

（1）认为我国并未出现通货紧缩；

（2）认为只出现了通货紧缩的压力、苗头、迹象；

（3）认为出现了轻度通货紧缩；

（4）认为出现了严重的通货紧缩，并认为通货紧缩已成为影响我国经济发展的"大敌"；

（5）认为出现了通货紧缩，但没有表示其严重程度；

（6）鉴于对"通货紧缩"一词尚没有规范提法，建议改用"经济紧缩"一词来概括我国当前的经济形势。

哪一种更贴合实际？1998 年 10 月 19 日，刘国光和我合写的《关于当前宏观调控的两个问题》载于《经济日报》上。该文研讨的第一个问题是关于扩大内需中财政政策和货币政策的选择与配合问题，第二个问题即通货紧缩和物价政策问题。

我们认为，我国已出现轻度的通货紧缩。我们提出：什么是通货紧缩？通货紧缩是与通货膨胀相对应的经济过程。如果说通货膨胀是普遍的、持续的物价上涨，而不是局部的、短暂时间的物价上涨，那么，通货紧缩则不应是短暂的、局部的物价下降，而是普遍的、持续的物价下降。持续多久才能下结论呢？好像并没有严格的界定。我们以为，如果相当普遍的物价上涨或下降不断地持续了半年以上，恐怕就不能不承认出现了通胀或通缩。从政策角度来说，对物价总水平应当坚持基本稳定的政策。这不意味着物价水平绝对不动或实行所谓"零"通货膨胀政策，而是在经济周期的变动中正确控制物价变动，使之不向持续通胀或持续通缩方向滑行。

1999 年第 10 期《经济研究》刊登了我写的《通货紧缩：既不能估计不足，亦不可估计过重》一文。几乎同时，刘国光和我应《人民日报》之邀，合写了《略论通货紧缩趋势问题》，发表在《人民日报》2000 年 2 月 22 日上。在这两文中，我们指出：对于我国是否出现了通货紧缩的问题，学术界之所以有各种不同的看法，首先是因为对"通货紧缩"一词的理解不同，或者说，各自使用了不同的定义或标准。归纳起来，关于通货紧缩的含义，主要有三种说法：

其一,"单要素"说,认为通货紧缩是指物价总水平的持续下降。

其二,"两要素"说,认为通货紧缩是指物价总水平与货币供应量的持续下降。

其三,"三要素"说,认为通货紧缩是指物价总水平、货币供应量的持续下降,并伴随经济衰退或萧条。

我们在文中提出:就我国经济运行情况来说,没有必要在通货紧缩的含义上进行过多的讨论,因为这三种说法有一个共同关注的经济现象,即我国物价总水平已连续两年多呈下降趋势。我们应集中对我国当前通货紧缩的特点、成因和治理对策等重要问题进行深入而认真的分析。

我们分析、归纳了当时通货紧缩具有以下5个特点。

第一,它是轻度的。世界经济史上出现过的通货紧缩,从时间长度来看,美、英两国都曾在1814~1849年发生过长达35年的通货紧缩;其后,美国在1866~1896年又发生了长达30年的通货紧缩,英国也在1873~1896年发生了长达23年的通货紧缩。从价格下降的幅度来看,美国在紧随第一次世界大战之后的衰退时期,价格曾下降15%以上;在30年代的经济大萧条时期,价格下降了30%以上。而我国当时物价总水平的下降,持续的时间才两年多,下降程度在2%~3%。这与历史上美、英两国发生过的持续时间在二三十年以上的通货紧缩,以及下降幅度在百分之十几和百分之几十的通货紧缩相比,应属轻度的通货紧缩。

第二，它具有一定的矫正性。1993~1995 年，我国通货膨胀率曾连续高达 13.2％、21.7％和 14.8％，价格水平中含有不少的"泡沫"成分。这次物价总水平的下降有其合理的方面，它对前期的高通胀和价格泡沫起到了矫正作用。

第三，与它相伴随的，不是经济衰退或萧条，而是较快的经济增长。在世界经济史上，物价总水平持续下降往往伴随着经济衰退或萧条，但也有伴随着经济持续增长的案例。如美国 1814~1849 年的通货紧缩，时值美国工业化的初、中期，其国民生产总值年均增长达 5.4％；1866~1896 年的通货紧缩，时值美国赶超英国时期，国民生产总值年均增长达到 7.5％。我国近两年的经济增长率虽有所下降，但仍保持了 7％以上的较快速度，这与西方 30 年代经济大萧条时期的通货紧缩情况完全不同，也与我们周边国家在亚洲金融危机中所发生的经济衰退和通货紧缩的情况不同。

第四，它是在我国经济转轨中市场格局发生了深刻变化的情况下出现的。经过改革开放 20 多年来的努力，我国的综合国力大为增强，基本改变了过去长期存在的商品普遍而严重短缺的状况，出现了阶段性和结构性供大于求的市场格局。在这一格局下，我国出现了物价总水平持续下降的趋势。

第五，它也受到国际价格水平的影响。伴随世界范围内科技进步的突飞猛进和经济结构调整的加快，并且在亚洲金融危机的冲击下，国际上也出现了某些通货紧缩的态势，这对我国的物价总水平也产生了一定的影响。

我们进一步分析了当时通货紧缩的成因。通货紧缩既是货币现象，也是经济现象；同时既有货币方面的成因，也有实体经济方面的成因，而其深层次的成因则在后者。

从实体经济的角度来看，除了技术进步引致成本下降的情况之外，物价总水平持续下降的成因在于社会商品和劳务的总供给持续地超过了总需求，或是供给过剩，或是需求不足，或是二者兼而有之。我国的通货紧缩，既有总供给方面的原因，也有总需求方面的原因。

从总需求来看，总需求由国外需求和国内需求构成。国外需求即出口需求。1997年亚洲金融危机发生后，我国出口受到很大冲击，近期虽有好转，但还不能说已完全稳定。国内需求包括投资需求和消费需求。近几年由于种种原因，这两大内需均出现了不足的情况。

从总供给来看，就是供给过剩和供给刚性方面的原因。供给过剩是指，多年来盲目投资、重复建设所形成的工业生产能力及其产品的结构性过剩，以及农业连年丰收使农产品出现了阶段性过剩，等等。供给刚性是指，多年来在粗放增长方式下形成的低水平生产能力过剩、无效供给和结构扭曲，由于市场缺乏淘汰机制，企业缺乏创新能力，而得不到及时有效的矫正。这种供给刚性，既限制了需求对供给的导向作用，又限制了供给本身创造需求的空间，妨碍了供需互动实现良性循环和结构升级，从而加剧了社会供需总量的失衡，推动物价总水平持续走低。

在文中，我们研讨了通货紧缩的治理对策，提出近两年来，针对国际国内经济形势的变化和国内出现的通货紧缩趋势，我国政府审时度势，及时调整政策，作出了扩大内需的重大决策，并陆续采取以实施积极的财政政策为主要内容的一系列宏观调控措施。回顾1998年推出积极的财政政策之初，扩大内需的措施主要限于利用政府发行国债进行基础设施建设的投资。而此时，宏观调控的内容已发展为一整套综合性的政策措施。它包括：既要加大基础设施投资，又要加大技术改造投资；既要增加中央政府投资，更要推动社会与民间投资；既要扩大投资需求，又要鼓励消费需求；既要提高居民特别是中低收入者的现期收入，更要稳定居民的收支预期；既要坚持立足内需为主，又要千方百计开拓国际市场，积极扩大外需；既要实施积极的财政政策，又要发挥货币政策的作用，采取多种方式适当扩大货币供应；既要解决需求不足问题，又要解决供给刚性和结构问题；等等。随着实践的发展，我们的政策不断完善，宏观调控的经验更加丰富了。

中央采取的一系列宏观经济政策措施，有效地抑制了经济增长速度可能出现的严重下滑，对拉动经济增长和促进经济效益回升发挥了积极作用。特别是1999年下半年以来，我国经济运行中亮点增加，物价总水平下降速度也趋于缓和。

在文中，我们还强调，治理通货紧缩，无论是扩大需求，还是完善供给，单靠宏观政策的调控是不够的，因为它们还受到现行体制的制约。要在加强宏观调控的同时，着重从体制和机制上进一步解决扩大需求与完善供给的问题。要抓紧抓好国有企业改革这一中心环节，继续推进财政、金融、流通、科技、教育、住房、社会保障和收入分配等各项改革。这对于为促进需求和改善供给而清除制度障碍，建立必要的体制环境，是至关重要的。

在发展中加快结构调整

1999 年 9 月，中央经济工作会议起草组邀请刘国光参加起草工作。考虑到刘国光年纪大了，请他带一名助手参加。于是，刘国光带我参加了中央经济工作会议起草组工作。这是我首次参加中央文件起草工作。

该年 11 月 15~17 日，中央经济工作会议在北京举行。会议做出了把促进经济发展与结构调整紧密结合的重大决策。

根据会议精神，我撰写了《我国 2000 年宏观经济调控主旋律：在发展中加快结构调整》一文，载于《经济日报》1999 年11 月 29 日。我提出，2000 年我国宏观调控的主旋律将是：在发展中加快结构调整。这意味着，要在保持较快的经济增长速度中，加大结构调整力度；或者说，要在经济适度增长中，而不是在低速度或速度滑坡中，加快结构调整步伐。在有效需求不足问题与供给结构问题交织在一起的情况下，一方面，如果没有一定的增长速度，结构调整就会失去资金支持和市场空间；另一方面，相对过剩的生产能力和较为充裕的物资储备，也为经济保持较快的增长提供了条件。所以，结构调整既需要也有可能在保持较快的增长速度中进行。

《2000 年中国经济走势分析——学习中央经济工作会议精神的体会》一文，载于《国家行政学院学报》2000 年第 1 期（创刊号）。我在这篇文章中进一步提出，现在所说的"结构调整"，不同于我国过去经济波动中常讲的"调整"。过去讲的"调整"，总的来看，是一种短期的、量的调整。而现在所讲的"调整"，从供给面看，是要在量上压缩过剩供给的同时，更注重于从质上扩大供给，即以高新技术对经济结构进行优化和升级；从需求面看，不是在压缩总需求中，而是要在扩大总需求中进行结构调整，因为只有总需求的扩大才能为结构调整提供必要的资金投入和相应的市场空间。因此，这是一种"速度"与"调整"的相结合，也就是要在保持一定的经济增长速度中加快结构调整，在结构调整中促进经济持续、快速、健康发展。

美国"新经济"透视

20 世纪 90 年代中期，"新经济"（New Economy）概念在美国兴起，随后迅即在世界范围内广泛传播与使用。当时在我国，"新经济"一词也被越来越多地使用起来。

究竟什么是"新经济"？在我国经济增长率 1993~1999 年连续下滑 7 年而开始呈现新转机，以及在发展中加快结构调整的情况下，为了使中国经济顺利地进入一个新的增长期，我们可以从"新经济"中借鉴什么？

带着这些问题，我和李实（时任经济研究所经济发展研究室主任）于 2000 年 5~6 月赴美进行了考察。

在美国，我们走访了五大城市：华盛顿、纽约、波士顿、芝加哥、旧金山；访问了六个机构：美国总统经济顾问委员会、美国联邦储备系统、美国财政部、美国全国经济研究局（NBER）、世界银行、国际货币基金组织等；拜访了 9 座大学的教授：乔治·华盛顿大学、乔治·梅森大学、哥伦比亚大学、纽约市立大学、哈佛大学、麻省理工学院、芝加哥大学、斯坦福大学、加州大学戴维斯分校等；并参观了硅谷。

通过考察，我们了解到，20 世纪 90 年代反映美国宏观经济运行状况的 3 条重要曲线都发生了良好的新变化。

第一，经济波动曲线的新变化。经过 1990 年 8 月至 1991 年 3 月共 8 个月的短暂衰退之后，到 2000 年 5 月，美国经济出现了战后第三次的长达 110 个月（9.2 年）的繁荣。这是一个打破历史纪录的新的超长增长曲线。

第二，菲利普斯曲线的新变化。与 90 年代经济高增长并存的是低失业和低通胀，这使反映失业率与通货膨胀率相互关系的"菲利普斯曲线"在 1992~1998 年这一期间发生了新的变化。美国 60 年代标准的"菲利普斯曲线"是：失业率下降，通胀率上升；70 年代滞胀时期的"菲利普斯曲线"是：失业率上升，通胀率亦上升。与以上两者的情况相比，90 年代的菲利普斯曲线发生了新的良好变形：随着失业率的下降，通胀率不是提高，而是下降了。

第三，股票市场价格指数曲线的新变化。与90年代经济高增长并存的，还有股票市场价格指数曲线的迅猛上升。1966~1983年的18年间，道—琼斯指数一直维持在1000点水平。1984~1995年的12年间，道—琼斯指数上升到4000点。而1996~1999年，仅用了4年时间，道—琼斯指数便突破了1万点的大关。

"新经济"概念正是在90年代美国3条重要经济曲线及其所涉及的四大重要经济变量（经济增长率、失业率、通货膨胀率、股价指数）发生了新变化的这种大背景下提出来的。

和美国的专家、学者沟通时，我们发现：当时在美国，"新经济"的含义也并不确定。归纳起来，主要有"宽""窄"两种含义。

"窄"的含义是指美国经济90年代的所谓"长期繁荣"或"超长增长"。

"宽"的含义则指兴起于美国、扩展于世界的新技术革命所引起的经济增长方式、经济结构以及经济运行规则的变化。

在"宽"的含义中，又有专指当前的信息技术革命对经济的影响，把"新经济"称为"信息经济""数字经济""网络经济"等；也有泛指包括正在逐步兴起的生物技术革命在内的一系列新的技术革命引起的经济变化。

在我的头脑中重新形成的"新经济"概念，可以理解为：

"由新技术革命所推动的经济发展与增长"。这种理解是一种较宽的理解。经济史上的一些重大技术革命，如铁路、电力、汽车等，都曾推动了经济的增长与发展，因此，都可以称作"新经济"。在美国，我们就见到一本书，名为《美国历史上的新经济》。

那么，当前的"新经济"，即以信息技术革命为主的"新经济"，究竟"新"在哪里？就美国已经发生的情况来看，我们把"新经济"的"新"主要归纳为以下五个方面。

其一，就技术层面和微观层面来考察，新经济"新"在它是一个创新的"蜂聚"时期，一大批新兴的高科技中小企业应运而生，迅速崛起。

当前的信息技术革命，主要是以计算机和互联网的发展为主线。这一信息技术革命，首先经历了一个技术发展的长过程。在从二战结束时起，经过 50 年代、60 年代，直到 70 年代的 30 多年里，技术本身的发展尚未达到创新"蜂聚"的程度。二战结束时，现代电子数字计算机问世。在此后的 30 多年里，计算机本身的发展经历了一个从大型到微型、从慢速到高速、从专用到通用、从低性能到高性能、从高价格到低价格的更新与升级的演进过程。

到 70 年代末 80 年代初，个人计算机的问世，是信息技术发展过程中的一个重大的"革命性"转变。由此，80 年代出现了一个以个人计算机发展为中心的创新"蜂聚"时期。80 年代被称为信息技术发展的"PC 时代"（PC 为英文"个人计算机"Personal Computer 的两个首字母）。在此基础上，90 年代又进到了一个以互联网发展为中心的创新高峰期。互联网的发展，是整个信息技术发展过程中又一个更重大的"革命性"转变。90 年代被称为信息技术发展的"互联网时代"。

80 年代和 90 年代这两个创新"蜂聚"时期（也可以连起来视为一个创新"蜂聚"时期），比起历史上铁路、电力、汽车等的创新情况，其规模与影响更加空前。特别突出的是，一大批高新技术的中小企业，一批新的明星企业，迅速诞生与崛起。这些企业的名字在 60 年代、70 年代，有的甚至到 90 年代初，还不曾为世人耳闻。这些新的明星企业主要有英特尔公司、微软公司、苹果公司、戴尔公司、雅虎公司、亚马逊公司等。

其二，就市场运作层面来考察，"新经济"还"新"在它使竞争空前加剧。

首先，企业间的竞争空前加剧。这些新兴高科技企业，在其上市前，都经历了一个十分艰苦的风险创业过程。有的靠"创意"正确而创业成功；更有大量的则因"创意"失误，而招致失败。成功者，留下了姓名；而大量失败者，则不为人所知。"新经济"下的竞争，实际上从"创意"开始，就进入了"你死我活"的大浪淘沙过程。企业间的竞争方式，不仅是打价格战，更重要的是打创意战、创新战、速度战、质量战、服务战。

其次，人才的竞争亦空前加剧。值得重视的是，在"新经济"下，大批的创业者都是年龄小、学历高的年轻人。比如，比尔·盖茨 1975 年创办"微软"时，仅 20 岁；乔布斯和伍兹尼克 1976 年创办"苹果"时，分别为 21 岁和 26 岁；杨致远 1995 年创办"雅虎"时，为 26 岁。从一定意义上说，"新经济"似乎是年轻人的经济。新经济大幕拉开，给一群生龙活虎的年轻人提供了新的广阔的舞台。

其三，就资金层面来考察，新经济"新"在融资方式的创新。

在信息技术革命的创新"蜂聚"时期，大批高新技术的中小企业之所以能够诞生和崛起，与资本市场上融资方式的创新是分不开的。这主要有两大方面：一方面是这些高科技中小企业在创业期就像一个新生命，新兴的风险资本使它可以"着床"；另一方面是这些高科技中小企业在成长期，即开始上市，其中新兴的纳斯达克股票市场起到了极其重要的作用。

其四，就政府层面来考察，"新经济"还"新"在政策与制度的创新。

有人说，"硅谷不是计划的产物"，意指美国高科技的发展不是由政府事先计划出来的。这话不错，但并不完全。在"新经济"的发展中，政府的作用不是减弱了，而是更为重要了；政府的直接干预减少了，而政府的职能更集中为使市场机制更好地发挥作用，为保持经济的持续、稳定增长创造必要的政策与制度条件。

在我们访问世界银行时，世界银行东亚地区经济部门首席经济学家、曾任世界银行驻中国代表处首席经济学家华而诚先生，以及高级经济学家马骏先生，事先得知我们的考察议题为"新经济"问题，便特意请来了对此有专门研究的"世界银行发展经济研究部"研究主管尤苏夫先生。对于美国高科技迅速发展和经济高速增长的原因，尤苏夫提纲挈领地提出了如下 11 条：

（1）由里根时期开始的减税，这对于推动民间投资具有重要作用；

（2）金融市场的稳定性，以格林斯潘为主席的美国联邦储备委员会起到了重要作用；

（3）政府在许多领域的解除管制；

（4）金融体系的创新，如各种投资公司、基金等的活跃，为新兴产业的发展提供了资金支持；

（5）对外来移民的开放性政策，这有助于人才的流入；

（6）企业与研究机构之间的紧密联系；

（7）冷战结束后，军事工业向商业与民用的转移；

（8）计算机、互联网的广泛使用；

（9）对外贸易的开放性；

（10）R&D 的大量投入与效率的提高；

（11）美国的海外投资不多，大多投资于国内。

以上 11 条中就有 8 条涉及政府政策，包括财政政策、金融政策、解除管制政策、移民政策、军转民政策、外贸政策、科技政策等。"新经济"正是被这些政策催生出来的。

克林顿在 2000 年度的《总统经济报告》中，从政府政策的角度，将 90 年代美国经济的成功归因于经济政策的 3 个支柱：一是财政约束，以利于降低利率和刺激商务投资；二是投资于教育、医疗保健，以及科学和技术，以迎接 21 世纪的挑战；三是打开国外市场，以便美国人能有更好的机会参与海外竞争。

美国总统经济顾问委员会高级经济学家弗纳尔德，热情地接待了我们。我们问道，60 年代，美国采取的是凯恩斯主义政策；80 年代，采用供给学派政策；那么现在主要采取的是什么学派的政策呢？

弗纳尔德根据他的体会，回答说："我们现在既不面临 60 年代需求不足的问题，也不面临 80 年代供给结构的问题，因此，既不需要凯恩斯主义的需求刺激，也不需要供给学派来解决大的结构调整，我们现在主要采取的是哪一学派的政策，尚不好说，实际上是有什么问题，就解决什么问题。"

他说："在美国历史上，'新经济'很多，每次新技术革命都会提出新的政策问题，在政策上，我们不断面临着新挑战。"

加州大学戴维斯分校的一位教授在与我们座谈时略带诙谐地说："现在美国经济运行良好，从各学派角度讲，他们都说是自己学派的胜利。"

其五，就宏观经济层面来考察，"新经济"又"新"在促进了经济周期波动的微波化。

首先，信息技术革命以新供给创造了新需求，包括投资需求与消费需求，又以新需求推动了新供给，促进了社会总供求的良性互动，推动了经济的持续、稳定增长，从而延长了经济扩张期，减小了经济波动的幅度。

其次，信息技术革命缩短了供求之间的距离。计算机与互联网的发展，使商品和服务的供给与需求在时间上、空间上缩短了距离，厂商可根据用户的不同需要进行设计与生产，这样，使"买"与"卖"之间的脱节得以克服，库存得以减少，甚或实现了零库存。这可以避免生产过剩或供给不足，有利于减小整个经济的波动。

最后，信息技术革命推动了产业结构的优化和升级，特别是促进了现代第三产业的发展，增强了经济结构自身的稳定性。

一直乐观下去？美国《商业周刊》主编谢泼德在一篇文章中指出，"新经济"并不意味着经济周期已经消除，并不意味着通货膨胀已经死亡，并不意味着股市摆脱了调整而永远上升。

事实是：1991年3月至2001年3月，美国经历了由信息技术革命所推动的长达120个月的繁荣期。这是美国历史上经济周期波动中最长的一个繁荣期。随后，2001年4月至11月，美国经济进入了衰退和调整期。

访美归来后，我们撰写了考察报告——《对美国"新经济"的考察与研究》（载《经济研究》2000年第8期）。

同时，我还和张平（时任经济研究所所长助理）一起，组织经济研究所的骨干研究力量撰写了一组关于"新经济"的系列研究报告，对"新经济"进一步进行了多视角和深层次的透视与分析，出版了《"新经济"透视》一书（社会科学文献出版社，2001）。

该书在前言中指出，要抓住以信息技术为主的新技术革命的重大历史机遇，推动我国经济发展。

我们指出，18 世纪末 19 世纪初，英、美等国家相继开始了工业革命。马克思和恩格斯在《共产党宣言》中曾评述了这一场工业革命。他们说："蒸汽和机器引起了工业生产的革命。""自然力的征服，机器的采用，化学在工业和农业中的应用，轮船的行驶，铁路的通行，电报的使用，整个整个大陆的开垦，河川的通航，仿佛用法术从地下呼唤出来的大量人口，——过去哪一个世纪能够料想到有这样的生产力潜伏在社会劳动里呢？"（《马克思恩格斯选集》第一卷，人民出版社，1972，第 252、256 页。）而当时，中国正处于清王朝走完"康乾"时期、进入嘉庆年间而开始衰败的时候。随后，资本主义列强侵入中国。我们失去了这一次世界工业革命的大机遇。

19 世纪末 20 世纪初，欧美国家相继进入电气革命时代。恩格斯在评述这一场电气革命时曾说："这实际上是一次巨大的革命。""蒸汽机教我们把热变成机械运动，而电的利用将为我们开辟一条道路，使一切形式的能——热、机械运动、电、磁、光——互相转化，并在工业中加以利用。"（《马克思恩格斯选集》第四卷，人民出版社，1972，第 436 页。）而那时，中国正处于清王朝覆灭、中华民国成立和随后的军阀混战时期。我们又失去了世界电气革命这一大机遇。

当今，20 世纪末 21 世纪初，世界正在发生的以信息技术为主的新技术革命，其影响将超过历史上以往的技术革命。这对正在进行社会主义现代化建设的中国来说，无疑是一个新的重大发展机遇。

// 参加《政府工作报告》起草组 //

一项任务，一干就十年

2002 年 6 月间，北京入夏了。

李铁映院长率领"中国社会科学院代表团"，赴俄罗斯进行访问和考察。我很有幸参加了这个访问团。

代表团主要成员还有李慎明（时任中国社会科学院副院长）、李静杰（时任俄罗斯东欧研究所所长）、黄宝生（时任外国文学所所长）、王一程（时任政治学所所长）、李德顺（时任哲学所所长）、李崇富（时任马列所副所长）、张启华（时任当代中国研究所副所长）、张树华（时任俄罗斯东欧研究所研究员）、张宇燕（时任李铁映院长学术秘书）等。

这次出国访问，不仅增进了我们对俄罗斯的了解，而且也增进了代表团每个成员之间的友谊，增进了我们与李铁映院长的友谊。李铁映院长身居高位，却很平易近人、很亲和。访问期间行程很紧，但他利用吃早餐时间或访问间歇，与我们来自各研究所的代表团成员一一进行了认真地工作谈话。他热情地指导和支持我们的工作。

记得有一天下午，我们在俄罗斯的下诺夫哥罗德市游览美丽的伏尔加河。游船游曳在这条世界上最长的内陆河上。它是俄罗斯的母亲河。由于河的上游源头与下游入海口的总落差很小，河水流速缓慢，呈现出一种难得的宽阔而宁静的美。

在游船上，李铁映院长与我谈起了经济所的工作。他对经济所的工作非常关心，他提出应该加强经济理论史的研究，建议成立西方现代经济理论研究室或研究中心，成立资本论研究室或研究中心。他特别提出，应适应时代的发展，编撰一本新的经济辞典。我回答道，我们正在组织全所力量，与江苏人民出版社合作，编撰《现代经济辞典》，已编了近4年，快完成了。我提出，请李铁映院长给这本辞典作序。他欣然答应了。

访俄回来不久，该年9月17日上午，李铁映院长就到经济所来视察工作，与我们共庆建院25周年。我们把经济所的历任所长刘国光、董辅礽、何建章、张卓元，以及曾在经济所工作的著名老专家骆耕漠、朱绍文、吴承明、戴园晨等都请了来，与经济所全体人员欢聚一堂，共话中国社会科学院及经济所的历史和发展。《中国社会科学院院报》于2002年9月24日以"李铁映与经济所学者共庆建院25周年"为题，进行了报道。

视察之后，在李铁映院长返回院部的路上，他的秘书就给我打来电话，说刚刚接到国务院《政府工作报告》起草组的通知，邀请中国社会科学院派一名学者参加即将开始的《政府工作报告》起草工作，李铁映院长推荐让我去参加，问我的意向如何。他的秘书还说，李铁映院长的意思是，我过去曾参加过中央经济工作会议文件的起草工作，但那项工作每年只需3个月时间，而《政府工作报告》起草组先要参加中央经济工作会议有关文件的起草工作，然后才开始起草《政府工作报告》，这样每年需要6个月时间，可以使我更多地参加实际经济工作，更多地了解情况，更有利于推进经济所的工作。

　　我想，我曾参加过几次中央经济工作会议文件的起草工作，现在若能参加《政府工作报告》起草工作，对我来说是极好的参与经济工作实践的机会，是难得的加强学习、深化研究的机会，能把自己的研究与参加中央文件起草工作、参加现实的经济形势分析工作有机地结合起来。于是，我接受了李铁映院长的委派。那时我没想到这项任务，一干就十年！从 2002 年 10 月至 2011 年 3 月连续整整 10 个年头，我参加了《政府工作报告》起草组的工作。中国特色社会主义伟大实践，为我们的经济理论研究提供了丰厚的现实土壤；而我们的经济理论研究，应该密切地为中国特色社会主义伟大事业服务，为中央宏观经济决策大局服务。

《政府工作报告》诞生过程

　　国务院向全国人民代表大会报告工作，是《宪法》规定的职责，也是政府接受人民监督的重要形式。一年一度的、庄严隆重的《政府工作报告》是怎样诞生出来的呢？在我没有加入《政府工作报告》起草组之前，其诞生过程对我而言也颇有神秘感。

　　《政府工作报告》的起草工作是在国务院总理亲自主持下进行的。《政府工作报告》从起草到提交全国人民代表大会审议，主要经过以下程序。

首先，撰写《政府工作报告》"初稿"；经修改，形成提交国务院常务会议审议的"讨论稿"。

其次，在总理主持下，由国务院常务会议审议；修改后，形成提请中共中央政治局常委会议审议的《政府工作报告》"送审稿"。

再次，在中共中央总书记主持下，由中共中央政治局常委会议审议；修改后，形成《政府工作报告》"征求意见稿"。

又次，由国务院全体会议讨论；同时发给各地、各部门征求意见；并由总理主持，直接召开几次座谈会，听取和征求意见。这些座谈会包括：各民主党派中央、全国工商联负责人、无党派人士座谈会，科教文卫体和基层群众各界代表座谈会，专家学者和企业界代表座谈会等。根据各方面意见，对"征求意见稿"再进行修改。

最后，在中共中央总书记主持下，由中共中央政治局会议审议；修改后，形成提请全国人民代表大会审议的《政府工作报告》，也就是提交全国"两会"的《政府工作报告》。

《人民日报》于2003年3月19日曾刊登新华社记者采写的《〈政府工作报告〉诞生记》，其后各年也均有该报告的诞生记或起草记。记者们均记述了每年《政府工作报告》从起草到提交全国"两会"的过程。

起草组的具体工作主要是由国务院研究室负责。在我参与的这段时间，前7年，国务院研究室主任是魏礼群同志（后来出任国家行政学院副院长）；后3年，国务院研究室主任是谢伏瞻同志（后来，2018 年 3 月任中国社会科学院院长、党组书记）。

在起草《政府工作报告》的过程中，起草组成员还要分工撰写《〈政府工作报告〉辅导读本》。辅导读本是以专题文章的形式，对《政府工作报告》的主要内容进行全面、翔实的解读，以帮助广大干部群众更好地学习领会和贯彻落实报告精神。在这 10 个年头中，我共撰写了 9 篇辅导读本的专题文章。

我参加起草的第一个《政府工作报告》

2003 年 3 月 5 日上午，人民大会堂，第十届全国人民代表大会第一次会议隆重开幕。

"预备铃声响起。党和国家领导人同代表委员一起出席开幕式。9 时 5 分，身着深色西服的朱镕基稳步走向报告台，大礼堂响起长时间热烈的掌声。……5 年前，朱总理的'誓言'，仿佛言犹在耳：'不管前面是地雷阵还是万丈深渊，我都将勇往直前，义无反顾，鞠躬尽瘁，死而后已。'"这是新华社记者在《风雨兼程铸辉煌——十届全国人大一次会议开幕式侧记》中的一段描写。

侧记继续写道："在近 90 分钟的报告时间里，掌声 11 次在大会堂里响起。这一份心系发展、情系人民的报告，使全场代表们无不感慨、激动、振奋。……报告就要结束时，朱镕基坚定地挥起右手。代表委员们再次用长达一分钟的热烈掌声，向朱镕基致意。"

据有的记者报道：朱镕基总理的报告结束时，第 11 次掌声如潮水般响彻人民大会堂，一波高过一波，已经回到座位上的朱镕基总理又站了起来，向代表委员们致谢，掌声共持续了两分多钟。

以前，每年全国"两会"时，我都是从电视上收看总理作《政府工作报告》。而此时，我作为起草组成员，第一次在人民大会堂现场聆听总理的庄严报告，大受震撼。我有幸参加起草的第一个《政府工作报告》，恰值朱镕基总理任内的第五个，即最后一个《政府工作报告》。

关于这个《政府工作报告》，起草组是从上一年，即 2002 年 10 月开始起草工作的。这次报告的主要特点是，要总结 1998~2002 年这 5 年来的政府工作，并考虑到将要进行的政府换届，对当年政府工作提出建议。

1998 年以来的 5 年，是很不平凡的 5 年。这 5 年，是跨世纪之交，我国人民克服亚洲金融危机的冲击，克服国内特大洪涝灾害的冲击，改革开放和经济社会发展取得了举世公认的伟大成就。在起草中，朱镕基总理特别要求做到"言简意赅，朴实无华，尊重历史，一切归功于党中央"（见《〈政府工作报告〉诞生记》，《人民日报》2003 年 3 月 19 日）。

在《政府工作报告》中总结了 9 条工作体会，其中第一条是："坚持正确把握宏观调控的方向和力度，实施积极的财政政策和稳健的货币政策。"起草组布置给我撰写《〈政府工作报告〉辅导读本》的专题正是《坚持正确把握宏观调控的方向和力度》。写好辅导读本的文章，也并非易事，并非简单地解读，而要求既要有广度，也要有深度。要有广度，就是要把政府有关政策的主要内容、实施背景、来龙去脉等说清楚；要有深度，就是要有一定的理论分析，阐明政府政策的指导思想、理论基础、国内外相关的历史经验教训等。就经济政策来说，需要深入浅出、通俗易懂地说明相关的一些经济学基本知识和基本原理等。

根据这些要求，我在撰写的《坚持正确把握宏观调控的方向和力度》一文中，首先说明近几年来我国政府在宏观调控指导思想上发生的重大变化，即由过去的急于求成，片面追求大干快上，转变为"保持国民经济的稳定较快增长"。在这种指导思想下，近几年，我国政府在宏观调控上所采取的最重要举措，就是面对国际经济环境严峻和国内有效需求不足的困难局面，果断地把宏观调控的方向，从实行适度从紧的财政政策和货币政策，治理通货膨胀，转向实行扩大内需的方针，实施积极的财政政策和稳健的货币政策，抑制通货紧缩趋势。

我进一步说明在宏观调控中财政政策和货币政策这两大重要政策工具的运用。在国际上，宏观调控的理论和实践表明，一般说来，针对经济运行中总供求的三种基本态势，财政政策和货币政策可有三种基本取向。

一种是紧缩性政策，即当总需求超过总供给，经济运行"过热"，出现通货膨胀趋势时，应采取压缩总需求，抑制经济

"过热"和治理通货膨胀的政策。

另一种是扩张性政策，或放松性政策，即当总需求小于总供给，也就是有效需求不足，出现通货紧缩趋势时，应采取扩大总需求，促进经济增长和结构调整，抑制通货紧缩的政策。

还有一种是中性政策，即当总需求与总供给大体相适应时，应采取稳定总需求，既防止通货膨胀又防止通货紧缩的政策。

同时，在各国宏观调控的具体实践中，针对复杂的现实情况，财政政策和货币政策在这三种基本取向上还可以有不同的组合搭配，如双紧型搭配、双松型搭配、双中型搭配、一松一紧型搭配、一松一中型搭配、一紧一中型搭配等。

在我国，从1993年6月开始，针对当时经济运行中的"过热"现象，曾果断地采取了适度从紧的财政政策和货币政策，这是一种"双紧型搭配"，使我国经济在1996年成功地实现了"软着陆"。

1997年亚洲金融危机爆发，来势之猛、影响之大，为第二次世界大战之后所未有。面对突发的国际经济环境变化和国内经济运行中的新情况，我国果断地转换宏观调控的方向，实施了积极的财政政策和稳健的货币政策。这是一种"一松一中型搭配"。积极的财政政策有利于扩大总需求，稳健的货币政策既能保证对经济增长的必要支持和抑制通货紧缩趋势，又能防止通货膨胀卷土重来。

五年来的实践表明，宏观调控取得了显著成效。实践也表明，为了发展社会主义市场经济，在充分发挥市场机制在资源配置中的基础性作用的同时，必须加强和改善宏观调控。这一方面是因为国内外经济形势复杂多变，另一方面是因为市场也存在一定的自发性、盲目性和滞后性。

在这篇文章的基础上，我进行了扩展和延伸，并增加了一些学术性内容，形成《中国经济波动的新轨迹》一文，载于《经济研究》2003年第3期。

该文指出，1998~2002年我国经济走出了一条新中国成立以来从未有过的既稳定又较快增长的新轨迹。这五年，经济增长率在7%~8%平稳波动，平均增长7.6%，最高点与最低点之间的波幅仅为0.9个百分点。熨平经济波动，使中国经济摆脱"大起大落"的困扰，是人们久已期盼的愿望。

我提出一个重要问题：我国1998~2002年经济的平稳增长，是在1993年后经济向下走势中的平稳，在此基础上我们能否再走出一条新的向上走势中的平稳轨迹？即走出一条经济周期上升阶段的新轨迹。

我分析指出，我国目前所出现的平稳增长，虽然速度也较快，但仍低于潜在经济增长率，仍存在通货紧缩趋势，仍存在极大的就业压力。也就是说，在我国未来的经济发展中，仍存在可以继续提升经济增长率的一定空间。

后来的实际情况是：连续起来看，从2000年到2007年我国经济增长持续8年处于新一轮经济周期的上升阶段，又走出了一条向上的新轨迹。

《努力延长经济周期的上升阶段》

2003 年 3 月第十届全国人民代表大会第一次会议之后，新一届政府开始履职。一个月后，4 月 10 日，新一届国务院领导便在中南海召开了一次主要有专家学者参加的经济形势座谈会。我有幸参加了这次座谈会。

当时宏观经济形势是，1998~2002 年，在抵御亚洲金融危机冲击和克服国内有效需求不足的过程中，我国经济增长保持了平均 7.6% 的速度，并从 2000 年起遏止了下滑趋势，出现平缓回升的迹象，这是来之不易的。但是，进入 2003 年后，第一季度经济迅速升温，增速达 10% 左右。怎样看待当前的经济形势呢？

我在发言中归纳了经济学界三种不同的意见及相应的政策选择。

第一种意见：当前经济尚未过热，可采取"加大油门"的放松性政策，以进一步促进经济增长；

第二种意见：当前的增长是超常的，经济已经过热，应采取"踩刹车"的紧缩性政策；

第三种意见：只是局部过热或有过热苗头，应采取"既不加大油门又不踩刹车"的中性政策。

而我持第四种意见：第一季度经济迅速升温，喜中有忧，在稳定已有的基本政策的前提下，可采取"结构性适度微调、有扩有控"的宏观调控政策，以更好地保持整个经济平稳快速增长的势头。

我指出，所谓"结构性适度微调、有扩有控"包括以下四个层次的含义。

第一，从投资与消费这两大国内需求的总结构来看，要有扩有控。对于有过热苗头的那些投资需求，要适度微调控制，而消费需求，则仍需扩大。

第二，从投资内部结构看，也要有扩有控。诸如各地的形象工程、高档住宅、圈地造镇等投资，应适度微调控制，而那些产品有市场、能吸纳就业的中小企业，以及第三产业的投资应得到政策的支持。

第三，从消费内部结构看，要有扩有控。对于公款吃喝、公款旅游、各种会议等腐败型消费要严加控制，继续贯彻增收节支的原则，而农民、城镇中低收入者的收入和消费水平还要努力提升，这是经济持续增长的原动力。

第四，从地区结构看，也要有扩有控。要考虑地区发展的不平衡，有过热苗头的地方要控，而西部和老工业基地要继续扩大投资。

座谈会后，《光明日报》记者张玉玲找我做了个专访，以《如何应对当前经济的迅速升温》为题，刊登于《光明日报》2003年4月14日。

同时，我把我的发言整理出来，《经济参考报》于2003年4月16日以《政策选择：适度微调 有扩有控》为题，予以刊载。

　　没想到的是，2003 年 4 月中下旬，非典型肺炎疫情在我国扩散开来。在"非典"肆虐的情况下，政府坚持一手抓防治"非典"不放松，一手抓经济建设不动摇。该年第二季度，经济增长率略受一点影响，而第三、四季度，经济又重新升温。

　　2003 年 11 月，中共中央、国务院召开的中央经济工作会议提出，当前，我国经济发展正处于经济周期的上升阶段。这是中央经济工作会议第一次使用"经济周期"概念对我国经济走势进行分析和判断。

　　中央经济工作会议还提出：要倍加珍惜当前经济发展的好势头，巩固和发展这个好势头。保护好、引导好、发挥好各方面加快发展的积极性。同时要密切关注宏观经济形势变化，针对苗头性问题，适时适度地进行调控。

　　在此背景下，我写了《努力延长经济周期的上升阶段》一文，与前面提出的期盼我国走出一条经济周期上升阶段的新轨迹相呼应。《人民日报》2003 年 12 月 18 日刊登了此文。该文指出：正确判断和把握经济走势，是正确实施与完善宏观调控的前提。中央经济工作会议提出当前我国经济发展正处于经济周期的上升阶段，这是对我国宏观经济运行态势的一个正确的、十分重要的判断。这一判断的政策含义是：对经济增长的良好势头必须倍加珍惜，通过完善宏观调控，使上升阶段得以延长、良好势头得以巩固和持久。

上央视，与白岩松直播

2004 年 3 月 5 日上午，人民大会堂，第十届全国人民代表大会第二次会议开幕。这次《政府工作报告》是新一届政府履职后的第一个报告。据新华社记者记述：

"1 月 18 日，国务院第三次全体会议讨论并决定将《政府工作报告》征求意见稿发给各省区市和中央党政军群各部门征求意见。温家宝总理说，政府工作报告要广泛征求意见，不仅要征求地方、部门的意见，也要征求社会各界的意见。要使报告稿的形成过程，成为集民智、聚民意、凝民心的过程。"（参见《聚民意 集民智 凝民心——政府工作报告诞生记》，《人民日报》2004 年 3 月 18 日。）

2004 年 3 月 5 日当晚，中央电视台著名主持人白岩松在黄金时段主持一个"两会全接触"专栏，邀我作为嘉宾，解读《政府工作报告》。我非常紧张，压力很大，因为，一来，我从来没有参加过电视台的现场直播节目，不知主持人即兴会提什么问题；二来，这是新一届政府履职后的第一个《政府工作报告》，海内外高度关注，生怕自己解读得不好。白岩松的笑容很让人放松。他一再安慰说道，不要紧张，都是您熟悉的内容。

我还担心一个技术问题，即现场解说时一旦紧张，口干了，张不开嘴怎么办？又不能现场喝水。白岩松一笑，说道，能喝水，在您的脚边放着一瓶矿泉水，只要镜头没有对准您，您就可以赶紧喝一两口水。我听后，心里踏实了一些。

时钟指向晚 8 点，节目开始了。先是白岩松与前方记者连线，扼要回顾了《政府工作报告》的主要内容，以及各代表团的讨论情况。而后，白岩松向我提了三个问题：关于这份《政府工作报告》，我们和很多观众朋友们一样，非常关心的是，其重点在哪，难点在哪，亮点在哪？

我心想，白岩松的这三个问题提得真有水平，画龙点睛地抓住了这份《政府工作报告》的精华。

我静下心来，一一回答。

首先，关于《政府工作报告》的重点，就是贯穿其中的一条红线，即科学发展观。报告中，无论是总结过去一年六个方面的工作，还是部署 2004 年政府的九项主要任务，都体现了全面、协调、可持续的科学发展观的要求，这是整个报告的灵魂。

其次，关于《政府工作报告》的难点，是宏观调控。2004 年九项主要任务的第一项就是加强和改善宏观调控，这关系到整个经济能不能平稳较快发展，防止大起大落。2003 年经济增长率上升到 9.1％，来之不易，但是，经济加快发展的同时，也会相应地带来一些新的隐患。比如，投资规模偏大，要求能源、原材料、交通运输等都要跟上，如果跟不上，就会遇到瓶颈制约。2004 年，既要保持好经济发展的良好态势，延长经济周期的上升阶段，同时又要防止和解决这些隐患问题，这就要求搞好宏观调控，把握好调控的时机和力度，所以是难点。

最后，关于《政府工作报告》的亮点，是政府解决"三农"问题的决心。2004年九项主要任务的第二项就是解决"三农"问题。总理在作报告时刚说道："我在这里，郑重向大会报告，从今年起，逐步降低农业税税率，平均每年降低1个百分点以上，五年内取消农业税。"全场就立即爆发出热烈的掌声。这显然是报告的一大亮点。

直播节目终于结束，我如释重负。但心里还一直在翻腾，不知我的解读是否讲到了点子上。几天后，传来了国务院有关领导的评价，说我在5日当晚电视台的解读很好。这样，我吊着的一颗心，才算放了下来。

在《政府工作报告》中，2004年9项主要任务的第一项是"加强和改善宏观调控，保持经济平稳较快发展"。起草组布置给我撰写《〈政府工作报告〉辅导读本》的专题正是《加强和改善宏观调控》。

该文指出，温家宝总理提出2004年"经济工作的基本着眼点，是把各方面加快发展的积极性保护好、引导好、发挥好，实现经济平稳较快发展，防止经济出现大起大落"。这为宏观调控确立了正确的指导思想。2004年，我国经济运行处于新一轮经济周期的上升阶段，对于这一来之不易的良好态势，必须倍加珍惜，既不能急于求成，大干快上，也不能急刹车，浇冷水。这就要通过加强和改善宏观调控，使国民经济这艘大船平稳较快地航行，而不出现大的颠簸。

当时，一个倾向性的问题是：进入 21 世纪初，我国社会主义市场经济体制已经初步建立，与过去原有的计划经济体制不同了，于是有观点认为，在市场经济条件下，经济不会再发生大起导致大落的情况了，因此，在市场经济条件下，当经济增速加快时，就不需要进行宏观调控了。

针对这种倾向性问题，我在该文中指出，经济周期波动，以及"大起导致大落"，本来是市场经济下和工业化过程中发生的现象。我列举了英国的情况。在英国，工业革命始于 18 世纪 60~70 年代，到 19 世纪 20 年代，机器大工业在英国整个国民生产中起到决定性作用。1825 年，英国发生了第一次全面性经济危机，从此开始了市场经济下的经济周期波动历程。

我又列举了美国的情况。美国工业革命始于 19 世纪 20 年代，比英国晚半个世纪。美国全国经济研究局（NBER）在其"经济周期年表"中，记录了美国从 1854 年起到现在的 150 年间，在市场经济下的经济周期历史。在 20 世纪头 40 年内，美国就发生过 4 次波幅很大的经济波动，其中 1929~1933 年的波动是世界性经济大萧条。美国经济在 20 世纪的几次繁荣高涨中，如 20 年代、60 年代、80 年代、90 年代，当时都有人认为，经济会一直保持繁荣高涨，从此不会再发生衰退，经济周期已经消除。但事实证明，紧接着繁荣高涨之后的，就是衰退和调整。

接下来，在该文中，我简明地讲了一些基本原理。我提出，在市场经济和计划经济下，虽然经济周期波动的具体形成机制

（如启动机制、制约机制）和具体表现形式（如波幅）有所不同，但经济周期波动的基本机理是相同的。经济学的乘数原理和加速原理告诉我们，经济扩张具有内在的累积放大性。特别是当经济扩张接近和超过潜在经济增长率时，经济运行就趋向于过热，经济结构就会累积性地发生比例失调，最终使经济周期由上升阶段转为下降阶段。为了保持经济的平稳运行，无论是在计划经济还是市场经济下，都需要防止经济过热，都需要中央政府进行必要的宏观调控。

我的《加强和改善宏观调控》一文，《人民日报》略有删减，于 2004 年 3 月 27 日作了转载。在此文基础上，我又进行了扩展和延伸，并增加了一些学术性内容，形成《新一轮经济周期的背景特点》一文，载于《经济研究》2004 年第 3 期。

五次宏观调控的比较分析

从 2003 年下半年起，特别是 2004 年上半年，针对经济运行中出现的过热苗头或局部过热现象，中央见势快、动手早，及时采取了一系列控速降温的宏观调控措施。但是，那时，围绕如何判断经济形势和怎样进行宏观调控，经济学界一直存在许多不同意见，并展开了激烈的争论。当时，我归纳出 15 种具有代表性的观点：

（1）中国经济已总量过热；

（2）中国经济出现过热倾向；

（3）中国经济出现过热苗头，出现朝过热发展的趋势；

（4）当前是某些领域的局部投资过热；

（5）经济运行已处于由局部过热到总体过热的边缘上，宏观调控应结构性地有控有扩；

（6）当前中国经济不是过热，而是偏冷特征并没有明显改变；

（7）中国经济是正常的"热"，如果有市场有需要，不管多热都不能称其为"过热"；

（8）我国经济总体上不存在过热，不要轻言经济过热；

（9）中国不可能发生严重的经济过热与通货膨胀，通过市场价格机制，供求会自动达到均衡；

（10）过冷过热都不利，在当前情况下是怕冷不怕热，稍微热一点没有问题，但冷一点就会出麻烦；

（11）不能简单说经济过热或不过热，当前我国经济的实际运行情况要比用过热或不过热概括，复杂得多；

（12）当前通货膨胀的趋势已经很明显；

（13）中国经济没有出现通货膨胀的基础；

（14）目前之所以更多地运用行政手段，就是想保护经济的平稳增长趋势，现在行政手段多一些，并不是宏观调控政策的倒退；

（15）这次宏观调控若依然坚持政府配置资源，采取审批、坎项目等行政色彩较浓的手段，会是一种倒退。

在此背景下，2004 年 6 月，我撰写了《我国五次宏观调控比较分析》一文。2003 年下半年至 2004 年的宏观调控，是我国改革开放以来所进行的第五次控速降温的宏观调控。该文盘点了改革开放以来的五次紧缩型宏观调控：

（1）1979~1981 年；

（2）1985~1986 年；

（3）1989~1990 年；

（4）1993 年下半年至 1996 年；

（5）2003 年下半年至 2004 年（此前，1998~2002 年为扩张型的宏观调控）。

与前四次宏观调控相比，第五次宏观调控在许多方面都具有新特点。正确认识当前宏观调控的新特点及其新思路、新机制，对于全面贯彻中央一系列宏观调控决策具有重要意义。我从以下四个方面进行了比较分析。

其一，调控时所针对的经济运行态势不同。

前四次宏观调控针对的都是经济的全面过热或总量过热；每一次经济增速的"大起"都是到了难以为继时，才不得不进行被动的调整。

而第五次宏观调控针对的不是经济已经出现的全面过热或总量过热，不是经济增速的"大起"，而是为了防止经济出现"大起"，防止"大起"之后导致"大落"，是见势快、动手早、未雨绸缪、防患于未然的主动调整。

其二，调控时的经济体制基础不同。

前四次宏观调控都发生在原有计划经济体制逐步转型的过程中。

而第五次宏观调控则是在我国社会主义市场经济体制初步建立之后的第一次紧缩型宏观调控。在市场经济条件下，利益主体多元化，从中央到各地方，从各种部门到各类企业，从过热行业到一般行业，形成了复杂的利益格局，各有不同的利益和声音。所以，围绕如何判断经济形势和怎样进行宏观调控，经济界展开了一场二十多年来最为激烈的争论。有人称"这是一场规模空前的博弈"。这就给宏观调控增加了很大的难度。

其三，调控时所采取的主要方式和手段不同。

第一次至第三次宏观调控主要采用的是行政手段。第四次已改变过去单纯依靠行政手段的做法，开始注重运用经济手段和法律手段。

而第五次宏观调控，从一开始就注重采用经济手段和法律手段，同时辅之必要的行政手段。需要特别指出的是，目前我国社会主义市场经济体制初步建立，经济运行中既带有原计划经济体制下的一些特点（如一些地方政府的盲目扩张冲动、一些企业投资实际上只负盈不负亏的软预算约束等），又带有市场经济体制下的一些特点（如企业所有制的多元化、企业行为的市场化等），还带有不成熟市场经济的一些特点（如企业行为的非法制化、非理性化等）。在这种情况下，在宏观调控中综合运用经济手段、法律手段和行政手段，是必然的选择。无疑，随着社会主义市场经济体制的不断完善，随着市场经济本身的不断成熟，以及随着法制建设的推进，宏观调控将会更多地采用经济手段和法律手段。

其四，调控时对外经济联系程度不同。

在前四次宏观调控时，国际上对此均不太关注。

而第五次宏观调控引起国际上的广泛关注。这是因为随着改革开放的深入，我国的对外经济交流日益增加。海外有关机构、投资者和新闻媒体，对中国经济是否过热，怎样进行宏观调控，特别是这次宏观调控的效果如何，也展开了广泛的争论。就这次宏观调控将产生的效果来说，海外的争论可分为两大派：乐观派和悲观派。

乐观派认为，这次采取降温措施的时间要比十年前经济过热时早得多，结果会使当前的经济增长持续更长的时间，为延长经济周期提供了重要的基础。

悲观派则主要是担心，如果宏观调控造成经济增长急剧减速，形成"硬着陆"，将会对世界经济，特别是周边国家和地区产生冲击。

对此，《亚洲华尔街日报》有过估算："乐观者还是多于悲观者。"

《我国五次宏观调控比较分析》一文，由中国社会科学院办公厅以《研究报告》的形式上报国务院。国务院办公厅秘书一局的《专报信息》，以《改革开放以来五次紧缩型宏观调控的比较分析》为题，于2004年6月28日全文刊载，得到中央领导高度重视和批示。该文获得中国社会科学院2004年"优秀决策信息对策研究类"一等奖。

该文以《我国五次宏观调控比较分析》为题，在《经济日报》2004 年 6 月 29 日刊登（略有删减）后，被广为转发，产生了较大的社会影响。

《经济学动态》于 2004 年第 9 期刊登了这篇文章的详稿。

再上央视，与敬一丹论道

2004 年 12 月 3~5 日，中共中央、国务院召开中央经济工作会议。5 日晚，为了解读这次会议的精神，我又走进了中央电视台的直播间。这一次向我说"不要紧张"的是《焦点访谈》的著名女主持人敬一丹。这栏节目的收视率几乎和《新闻联播》相差无几。

有了上一次与白岩松作直播的经验，这一次我就没那么紧张了，但仍然有压力，因为中央经济工作会议是很重要的会议，生怕自己解读得不好。

节目一开始，敬一丹说道，刚刚结束的中央经济工作会议引起了各方面的关注。今年取得的成绩怎么样，明年的经济将会是怎样的走向，大家都非常地关心。现在又到了盘点和展望的时候了。大家都特别关心这次经济会议讨论的很多问题，那么核心的话题是什么？

我回答道，这次中央经济工作会议非常重要，主要任务就是总结今年的经济工作，部署明年的经济工作，其中最重要的一个问题就是总结一年多来的宏观调控经验。

接着，敬一丹也是非常有水平地提出问题：我们感觉宏观调控是一个很大的话题，如果我们现在总结经验，它分成几个方面呢？

我稳下心来道，我们要把握宏观调控的来龙去脉，大体上有五层问题，首先是为什么要进行这次宏观调控，然后是怎样进行这次宏观调控，再有，取得了什么成效，还存在什么问题，今后怎么做。弄清这五个方面的问题，就可以把握这次宏观调控的来龙去脉。

进入第一层问题，为什么要进行这次宏观调控？

先插播了一段央视记者的采访短片。其中，解说道，近年来，我国在经济快速增长中出现了一些不稳定、不健康的因素。粮食播种面积年年减少、产量连续下降，固定资产投资增长过猛。今年前两个月，固定资产投资完成额比去年同期增长了53％，创下了1994年以来投资增幅最大的纪录，一些行业和地区投资过度扩张，今年第一季度钢铁投资增长了107.2％，水泥、电解铝等行业也出现了类似的情况。与此同时，煤、电、油、运全面告急。在这种情况下，党中央、国务院为避免中国经济出现大起大落，决定加强宏观调控，着力解决这些不健康、不稳定的因素。

这段短片和解说，已经说明了为什么要进行这次宏观调控。接着，敬一丹提出一个问题：提起宏观调控，有人认为这几乎和紧缩经济是一回事，您认为呢？

我回答道，不能把宏观调控简单地认为就是紧缩。这次宏观调控不是全面紧缩，也不是"一刀切"，更不是"急刹车"，而是贯彻区别对待、有保有压的原则。对于我们经济生活中的薄弱环节，这个要保。比如首先是农业。农业是国民经济的基础，首先我们要保住农业，加强对农业的投入。同时我们强调科学发展观，各项社会事业，包括科技、教育、文化、卫生、体育各个方面也加大了投入，这些都是要保的。还有我们供给紧张的部门，煤、电、油、运也都加大了投入的力度。要"压"的部分，主要就是对过热行业，比如钢铁、水泥、电解铝等等，采取控制其投资增长的政策。

进入第二层问题，怎样进行这次宏观调控？

敬一丹问道，整个宏观调控的过程，我们采取了哪些手段？

我回答道，这次宏观调控综合运用了经济手段、法律手段和必要的行政手段。经济手段，比如从2003年下半年以来，银行提高存款准备金率，提高存贷利率，这都是一种宏观调控的措施。法律手段就是对于一些行业，它违反了环境保护的法律法规、违反了土地占用的法律法规等，这些就用法律的手段来解决问题。辅之必要的行政手段，是因为我国社会主义市场经济体制初步建立，市场中很多行为都是很不规范的，所以在这种情况下，也还需要用一定的行政手段。总的来说，手段的运用要达到有效有用，并且能够使成果巩固。

进入第三层问题，宏观调控取得了什么成效？

这里，生动活泼的插播又加了进来。央视记者解说道，收入的增加是经济良好发展的直接反映，特别是今年农民收入的增幅是七年以来最高的。今年前三个季度，全国农民现金收入实现了人均 2110 元，同比增长 11.4%。在河北省固安县马庄镇新庄户村，记者就看到了这里有很多房子都是今年新盖的。在宏观调控中，中国经济避免了大起大落。今年前三个季度的国内生产总值为 9.3 万亿元，同比增长 9.5%，物价上涨指数 4.1%，部分过热行业投资增速均有明显回落。

敬一丹深入浅出地提出问题：刚才我们看到了一些数字、一些指标，但是如果不是专门搞经济工作的人，面对这些数字可能他会觉得不知道应该怎样去认识和感受它。您能不能分析一下从这些数字和指标中我们能看到什么？

我回答道，这些数字和经济指标都非常重要，充分反映了这一年多来宏观调控取得了明显的成效。首先一个大数字就是 GDP 增长率，它反映了我们总体经济运行的状况。今年预计经济增长能够达到 9% 或者略高一点。现在我们的经济增长速度低了不行，高了也不行。如果速度太低了，就会给就业、给群众生活带来很大的困难；而如果速度太快，比如超过 10%，那么也使整个经济生活绷得很紧。所以今年的这个增长速度是既平稳又较快的。那么从物价来讲，全年物价上涨水平有可能在 4% 左右。这也是一个比较合理的水平，如果没有宏观调控，今年的物价水平可就不是 4% 了，可能会超过 5%。

进入第四层问题，当前还存在什么问题？

先插播一段央视记者的采访视频。其中，解说道，当前加强和改善宏观调控取得的成效还是阶段性的，我们也要清醒地看到经济运行中的矛盾和问题仍然比较突出，还存在不少长期积累、制约全局的深层次矛盾和问题。比如，投资需求再度膨胀的压力仍然很大，有些地方电站项目又出现了无序建设的现象。

敬一丹问道，前不久，我们的记者到长江沿岸去采访，就看到长江沿岸有很多地方正在兴建电厂，对这种现象您怎么看？这种现象背后是什么问题？

我回答道，现在又出现了一些新的问题，有些地方电站项目又出现了无序建设的现象。这表明我们宏观调控虽然已经取得了明显成效，但是还存在一些值得注意的问题。其中一个重要问题就是要防止投资速度的强烈反弹。现在电站项目的无序建设恰恰说明了这个问题。除了防止投资反弹问题之外，我们现在还有一个问题就是物价上涨的压力仍然存在、就业的压力仍然存在、农业增产和农民增收的基础还不稳固。面临这些问题，我们还要继续加强和改善宏观调控。

进入第五层问题，今后怎么做？

敬一丹问道，明年整个经济的走势您现在能预测一下吗？

我回答道，明年的经济走势，我想经过继续加强和改善宏观调控，经过各个方面的共同努力，仍然会保持既较快又很平稳的运行态势。从这次中央经济工作会议来看，明年总体经济工作要把握"一条红线、两个重点"。"一条红线"就是牢固树立和贯彻落实科学发展观，以科学发展观统领我们的全部经济工作。"两个重点"方面，第一个重点是继续加强和改善宏观调控，防止经济出现大的起伏，防止物价过快上涨，保持整个国民经济平稳、较快发展；第二个重点是着力推进经济体制改革，从体制、机制上来保证我们的经济平稳较快地运行。

敬一丹思维敏捷，经验丰富，非常精准地把握着每一个问题的播放进度。

最后，她总结道，通过刚才的采访，我们了解到，今年的经济工作会议让我们感到踏实和鼓舞，让我们对明年有了更清晰的预期。

整个节目做下来，不到20分钟，我却觉得好像过了1个多小时。

三上央视，与鲁健对话

2005年3月5日上午，第十届全国人民代表大会第三次会议开幕。当晚，中央电视台中文国际频道著名主持人鲁健邀请我走进演播室，解读《政府工作报告》。除了我外，还邀请了两位嘉宾：国务院发展研究中心研究员张立群、全国台湾研究会副会长许世铨。

有了前两次与白岩松、敬一丹作直播的经验，这一次我就比较从容了，但仍然有压力，因为这是《政府工作报告》，必须十分认真地解读好。

节目开头有一段导语：十届全国人大三次会议 3 月 5 日在北京开幕，国务院总理温家宝向大会做政府工作报告，众多热点问题引人关注，保持经济平稳较快发展要注意哪些问题？怎样构建社会主义和谐社会？《反分裂国家法》草案表现了怎样的诚意和决心？请听权威专家为你解析。

在播放了一些人大代表所关注的热点问题的新闻短片之后，主持人鲁健说道，各位人大代表显然都是从自己所在的领域，关注这次两会的一些热点，包括总理政府工作报告的一些热点。三位嘉宾也听取了这份报告，你们三位关注的热点是哪些方面？

主持人示意我先说。我回答道，今天从人民大会堂的现场来看，我初步算了一下，温总理整个的政府工作报告，有 26 次鼓掌，反映出这次政府工作报告中代表们关注的热点很多。我归纳了一下，可有十大看点：

第一，就是以科学发展观为统领；

第二，就是宏观调控，一方面总结了 2004 年中央坚持和改善宏观调控所取得的明显成效，另一方面对于 2005 年我们要继续坚持宏观调控也做了部署；

第三，就是"三农"工作，特别突出的是加快减免农业税的步伐；

第四，就是结构调整，特别是提高自主创新的能力；

第五，就是区域协调发展，突出了中东西部的互动；

第六，就是改革开放，以改革开放作为动力来推进我们的各项工作；

第七，就是提出了建设和谐社会，这也是今年两会期间的一个新热点；

第八，就是政府自身的改革，提出了建设好服务型政府，加快政府自身建设的问题；

第九，就是《反分裂国家法》将要审议；

第十，就是政府报告中详细阐述的坚持和平发展道路。

张立群就宏观经济发展的一些话题，特别是今年经济和社会发展预期目标问题进行了解读。

许世铨就《反分裂国家法》充分体现了我们争取和平统一的最大诚意和维护国家主权与领土完整的坚定决心作了解读。

《政府工作报告》部署了2005年经济发展要着重抓好四个方面工作，第一项是坚持加强和改善宏观调控。起草组布置给我撰写《〈政府工作报告〉辅导读本》的专题是《坚持加强和改善宏观调控》。

在上一年的辅导读本中，我撰写的题目是《加强和改善宏观调控》。这次，多了两个字——"坚持"。其含义是明显的，就是继续加强和改善宏观调控，不能放松。

在2005年宏观调控的政策取向上，有一个重要的变化，就是财政政策转换了方向，由扩张性的积极财政政策转向松紧适度的稳健财政政策，而货币政策继续实行松紧适度的稳健货币政策。这是"双中型搭配"。

在坚持加强和改善宏观调控中，一项重要任务是控制固定资产投资规模。2003 年以来固定资产投资的过快增长是由房地产及其相关的钢铁、水泥等行业的投资过快增长所带动的。在该文中，我特别提出要关注房地产投资波动的剧烈性及其危害。一旦房地产的需求发生阶段性变化，将导致房地产投资的剧烈波动，同时也带来各相关产业的连锁波动，形成"一荣俱荣、一损俱损"的局面。

我讲了一段关于美国的故事：在美国，20 世纪 20 年代被称为"大繁荣的 20 年代""富有生气的 20 年代""狂热的 20 年代"。那时，建筑业和汽车制造业成为经济繁荣的两大支柱。就建筑业来说，在第一次世界大战期间，民用建筑被大大削减，战后对新建住房的需求之大，几乎达到怎么扩建也满足不了的程度。1921 年，城市和乡村的新建住宅为 44.9 万幢，而 1925 年跃升了 1 倍多，达 93.7 万幢，并引起了狂热的房地产投机活动。

还有汽车制造业，就它的大发展来说，1923 年，美国第 30 任总统柯立芝上台时曾宣称，要让每户美国家庭的锅里都有一只鸡、每家的车库里都有两辆汽车。

从 1921 年到 1929 年，私家车从年产 146.8 万辆增加到 445.5 万辆，约增加了 2 倍；商家车从年产 14.8 万辆增加到 88.2 万辆，约增加了 5 倍。私家车的拥有量，1920 年还只有

813 万辆，人口为 10571 万人，平均每 13 个人拥有 1 辆；1929 年，私家车的拥有量竟达 2312 万辆，人口为 12200 万人，平均每 5 人拥有 1 辆。

20 世纪 20 年代，也是美国消费信贷大发展时期。消费信贷为住宅与汽车的发展提供了强大的支撑力。但预支的社会购买力产生了巨额的私人负债。随着消费者债务负担的不断增加，住宅与汽车的购买量开始下降。建筑业在 1925 年和 1926 年达到登峰造极的地步之后，开始下降；汽车制造业也在 1927 年以后急剧衰落。建筑业和汽车制造业的衰落，成为 1929~1933 年经济大萧条的前奏。

由此说明了控制固定资产投资规模、控制房地产及其相关行业投资过快增长的必要性和紧迫性。

再获孙冶方经济科学奖

2006 年，我又获得第 12 届孙冶方经济科学奖。不过，这次获奖的不是我一人单独发表的文章，而是我与张晓晶（时任经济研究所宏观经济研究室主任）、张平（时任经济研究所副所长）合作撰写的论文——《实现经济周期波动在适度高位的平滑化》，载于《经济研究》2005 年第 11 期。

这篇论文是中国社会科学院重大课题"战略机遇期的经济发展"中一个子课题的研究成果。该重大课题总负责人是副院长王洛林。其中，一个子课题为"未来中国经济周期波动研究"。我是这个子课题的负责人。

在刚刚跨入21世纪的时候，2002年党的十六大首次提出，综观全局，21世纪头二十年，对我国来说，是一个必须紧紧抓住并且可以大有作为的重要战略机遇期。该重大课题正是为了研究重要战略机遇期内的重大前沿经济问题。

在该文中，我们从中国国情出发，根据马克思的有关论述，综合借鉴熊彼特周期理论和国际上现代经济周期理论的有关分析思路，着重阐明我国本轮经济周期冲击因素的特点，将经济的长期增长趋势与短期周期波动统一起来进行分析。这一分析的政策含义是：不断加强和改善宏观调控，努力实现经济周期波动在适度高位的平滑化。

在未来5~8年的中期内，潜在经济增长率可把握在9%，适度增长区间可把握在8%~10%。但是，若从未来的更长时期看，潜在经济增长率有可能会有所降低。这是因为：

一者，消费需求的高质量化。随着人均收入的提高，消费需求将从"量"的提高上升到"质"的提高。对一般消费品的需求不再是"从无到有""从少到多"而是"从有到好""从多到高"。这在客观上将会抑制未来一般消费品生产的增长速度。

二者，资源约束的强化。随着前期经济的长时间高位增长，资源约束会越来越强，在客观上就要求加快经济增长方式的转变，不断提高资源利用效率，提高整个经济增长质量。

　　三者，投资预算约束的硬化。经济体制改革的不断深化和经济市场化的推进，必然会使企业的软预算约束不断"硬化"，企业需要为自己的投资行为真正负起责任。同时，在开放经济条件下，也为防止外部风险，需要不断矫正资源配置中的种种扭曲，如要素价格的扭曲、政府的隐性担保等。这些都会抑制投资冲动，减少投资的盲目扩张。

　　四者，人口的老龄化。2013年之后中国开始逐步进入人口老龄化阶段，劳动年龄人口减少，老龄人口增加，这一方面会使整个国民储蓄下降，另一方面是老年抚养比上升，进而会导致经济增长速度放缓。

　　2005年12月，作为院重大课题"战略机遇期的经济发展"的最终研究成果，《中国战略机遇期的经济发展研究报告》（王洛林主编）由社会科学文献出版社出版，其中包括九个报告：

　　报告一：未来中国经济周期波动分析；

　　报告二：中国工业发展战略研究；

　　报告三：中国农村改革与发展模式的转变；

　　报告四：全球化条件下中国金融业的战略调整；

　　报告五：战略机遇期的中国服务业发展研究；

　　报告六：人口转变与经济增长可持续性；

　　报告七：中国经济增长分析与战略研究；

　　报告八：战略机遇期的城市化战略与政策支持；

　　报告九：战略机遇期的中国企业发展环境研究。

衙斋卧听萧萧竹

清代著名书画家郑板桥有一首诗：

> 衙斋卧听萧萧竹，
>
> 疑是民间疾苦声。
>
> 些小吾曹州县吏，
>
> 一枝一叶总关情。

新华社记者在该年《政府工作报告诞生记》中，引用了郑板桥的前两句诗，写道："'衙斋卧听萧萧竹，疑是民间疾苦声'。群众关注的热点，就是政府工作的重点。'关注民生'是代表委员们对政府工作报告最多的肯定。"（载《人民日报》2006 年 3 月 16 日。）

在这篇《诞生记》中，记者还记述了有关政府工作报告起草过程中召开座谈会的情况：

"春节长假后的第三天，北京瑞雪纷飞，银装素裹。上午9 时，温家宝总理在国务院小礼堂主持召开了经济、社会领域专家学者座谈会。此后，企业界人士和基层干部、工人、农民代表座谈会，教育、科技、文化、卫生、体育界代表座谈会，各民主党派、全国工商联负责人和无党派人士座谈会相继召开。……温家宝总理说，'基层群众最了解实际情况。他们的意见，看似一般，实际上有不少我们值得研究的大政策'。"

我们起草组成员列席了这些座谈会，认真记录着各方代表提出的宝贵意见，以便在修改《政府工作报告》时参考。

2006 年 3 月 5 日上午，第十届全国人民代表大会第四次会议开幕。该年是实施"十一五"规划的第一年。改革开放之后，从"七五"时期以来，每个五年规划的第一年，《政府工作报告》都是详解"五年规划"，略说年度工作部署。而 2006 年政府工作报告的特点是：二者详略倒了过来，主要讲年度工作，简要讲五年规划。这样，可以比较好地兼顾五年规划与年度工作，把五年规划的指导性和年度工作的可操作性结合起来，可以更有针对性地回答人民群众关注的现实问题，更加贴近群众。

关于 2006 年的年度工作，《政府工作报告》部署了八个方面，其中第一个是继续保持经济平稳较快发展。在撰写《〈政府工作报告〉辅导读本》中，我承担的专题是《继续保持经济平稳较快发展》。

在该文中，我分析了当时制约我国经济发展的两个突出矛盾和三个不确定因素。两个突出矛盾：一是产能过剩问题，二是粮食增产和农民增收的难度加大。三个不确定因素：一是投资走势的不确定性，二是价格走势的不确定性，三是国际经济环境的不确定性。该文指出：今年是实施"十一五"规划的第一年，我们要积极营造和充分利用一切有利条件，对制约发展的矛盾和不确定因素要有清醒的认识和正确的对策，努力保持经济平稳较快发展，为"十一五"开好局、起好步。

　　此文由《文汇报》于 2006 年 3 月 13 日以《2006 年中国经济发展的背景条件》为题，予以转载（略有删减）。

　　2006 年 8 月 3 日，是中国社会科学院改革和发展中的重要一天：中国社会科学院学部宣告成立。《光明日报》在头版头条报道："知识界的目光，今天投向我国社会科学最高殿堂——中国社会科学院。这里，中国社会科学院学部成立大会隆重举行；这里，中国社会科学院第一次学部委员大会隆重召开。在雄壮的国歌声中，首批学部委员和荣誉学部委员与来自学界的 500 多名专家学者精神振奋，他们面对责任、面对使命，庄严地向祖国和人民表达自己认真履行神圣职责的心声。"（载《光明日报》2006 年 8 月 4 日。）

　　有幸的是，我被评为中国社会科学院首批学部委员，并被选为经济学部副主任。我深知：学部委员，不只是荣誉，更是责任！

从"多快好省"到"又好又快"

　　2006 年 12 月 1 日，《人民日报》头版头条刊登了新华社电讯：中共中央政治局 11 月 30 日召开会议，分析当前经济形势和研究明年经济工作。

　　这是一则常规的报道，因为在每年中央经济工作会议召开前夕，中共中央政治局都要召开会议，为即将召开的中央经济工作会议做好充分准备。但在这次的报道中，却有一个重要的新提法引起了社会上的广泛关注，这就是首次提出"努力实现国民经济又好又快发展"。"又好又快"，这四个字的出现，格外醒目。

紧接着，2006年12月5~7日召开的中央经济工作会议，把"努力实现国民经济又好又快发展"鲜明地列入明年经济工作的总体要求之中。

2007年3月5日上午，第十届全国人民代表大会第五次会议开幕。《政府工作报告》在对2007年工作进行总体部署时，提出"实现经济又好又快发展"。"又好又快"，成为这次"两会"的最大热点。起草组布置给我撰写《〈政府工作报告〉辅导读本》的专题就是《实现国民经济又好又快发展》。

"又好又快"这一提法，与新中国成立以来，在半个多世纪中，我们曾经使用过的、人们耳熟能详的"多快好省"和"又快又好"的提法相比，"好"字首次排在了"快"字之前。"好"与"快"，两字顺序的对调变化，看似简单，而绝非易事。这是一个具有历史意义的重大变化。这一变化，深刻记录了我们在社会主义现代化建设征程上，风风雨雨、坎坎坷坷的探索历程；充分反映了半个多世纪以来，特别是改革开放以来中国经济发展所取得的举世瞩目的伟大成就；鲜明体现了科学发展观的本质要求和经济发展理念的大变化。

为了作好这篇文章，我写了两个稿子，一个是详稿，另一个是简稿。在详稿中，我回顾了从提出"多快好省"到提出"又快又好"，再到提出"又好又快"的艰辛探索历程，然后说明了为什么提出又好又快发展和怎样实现又好又快发展。在简稿中，则略去了回顾部分。详稿以《论又好又快发展》为题，刊登在《经济研究》2007 年第 6 期。简稿以《实现国民经济又好又快发展》为题，用于《〈政府工作报告〉辅导读本》，并由《人民日报》以《努力实现经济又好又快发展》为题，于 2007年 4 月 11 日转载，略有删减。

关于"多快好省"的提出。

我查阅了有关资料，在详稿里指出，"多快好省"，这是 1958 年我们党提出的社会主义建设总路线的简明代表性概括。这一总路线的酝酿、形成和实践的过程，反映了新中国成立后，在当时特殊的国际和国内背景条件下，即在外有帝国主义的军事威胁和经济封锁，内为旧社会遗留下来的"一穷二白"的贫困面貌，为了找到适合中国国情的社会主义建设道路，我们所进行的早期的艰辛探索。

新中国成立后，经过三年的国民经济恢复，从 1953 年起，开始了大规模的工业化建设和对农业、手工业、资本主义工商业的社会主义改造。到 1955 年 10 月，在推进农业合作化高潮中，毛泽东在党的七届六中全会上提出，要"使合作社办得又快又多又好"（《毛泽东选集》第五卷，人民出版社，1977，第 206 页）。这是"多快好省"这个提法的最早雏形。

接着，1956 年 1 月 1 日《人民日报》发表了题为《为全面地提早完成和超额完成五年计划而奋斗》的元旦社论，首次完整提出"又多、又快、又好、又省"的原则，并把这一原则由指导农业合作化运动推广到作为指导全方位工作的普遍原则。这篇社论虽然也指出多、快、好、省这四条要求是互相结合而不可分的，但其所要强调的基调是争取实现更高的发展速度。

在这篇元旦社论的影响下，1956年，在党的实际工作中产生了一种急躁冒进、急于求成的倾向。为了解决这一不良倾向，在党内工作中开展了"反冒进"。但是，到1957年10月，毛泽东对这一"反冒进"进行了严厉的批评，认为"反冒进"扫掉了"多快好省"，要重新恢复"多快好省"这一口号（《毛泽东选集》第五卷，人民出版社，1977，第474页）。

随后，1957年12月12日，《人民日报》发表了题为《必须坚持多快好省的建设方针》的社论，重申了这个口号。

进入1958年，《人民日报》发表了题为《乘风破浪》的元旦社论，再次重申"多快好省"方针，并又提出"鼓足干劲，力争上游"的口号。在1958年3月举行的中共中央工作会议即成都会议上，毛泽东提出："在多快好省、鼓足干劲、力争上游的总路线下，波浪式地前进"（《毛泽东文集》第七卷，人民出版社，1999，第372页）。这就逐步形成了社会主义建设总路线，并有了一个初步的表述。

在1958年5月的中共八大二次会议上，根据毛泽东的倡议，正式提出了"鼓足干劲、力争上游、多快好省地建设社会主义"的总路线。

1958年6月21日,《人民日报》发表了题为《力争高速度》的社论,对这一总路线进行了详细的阐释,指出"快,这是多快好省的中心环节","速度是总路线的灵魂"。社论提出我们的伟大目标是,"在基本上完成了社会主义革命以后,我国人民最迫切的要求,就是把我国的全部国民经济都转移到现代化大生产的轨道上去,迅速而彻底地摆脱历史遗留给我们的贫困和落后,使我国成为一个经济、文化高度发展的社会主义强国"。

社论强调,"用最高的速度在尽可能短的时间内达到这个伟大目标,才能最终地巩固我们的社会主义制度。从国内看是这样,从国际看更是这样"。

于是,原本互相结合而不可分的"多快好省",逐渐变成了以"快"为中心、以"高速度"为灵魂的总路线,在实践中导致了以"全民大炼钢铁""超英赶美"等为主要内容,以高指标、瞎指挥、浮夸风为重要特征的"大跃进"运动。

在"大跃进"中,"超英赶美"时间表的变化最能突出地反映出当时"快"与"高速度"的影响和作用。据中共中央文献研究室逄先知、金冲及主编的《毛泽东传(1949—1976)》(上)记载(中央文献出版社,2003):

在十五年内赶上和超过英国,这是1957年11月首次提出的。

到1958年1月,这一提法被校正为"在十五年或者更多一点的时间内赶上和超过英国"。

但是,两个月后,1958年3月,在成都会议上,这一提法却改为"十年或稍多一点时间赶上英国，二十年或稍多一点时间赶上美国"。这样，赶超英国的时间由"十五年或者更多一点"变为"十年或稍多一点"。

一个月后，1958年4月，提法又改为"十年可以赶上英国，再有十年可以赶上美国"。

又一个月后，1958年5月，内部掌握的口径是：七年赶英、十五年赶美。

再一个月后，1958年6月16日，提法改为：五年超英、十年赶美。

一天后，1958年6月17日，最后的提法是"两年超过英国"。

就在短短的几个月内，超英的时间由"十五年或者更多一点"先后变为十年、七年、五年，最后仅仅为两年；赶美的时间由"二十年或稍多一点"先后变为十五年、十年。

1958年，以"快"为中心的"大跃进"，使GDP增长率一下子冲高到21.3%的高峰。超高速的经济过热增长，伤害了整个经济发展的机体，打乱了经济正常运行的秩序，造成国民经济重大比例的严重失调。由此引起全面短缺，高速增长难以为继。之后，1960年、1961年和1962年三年，经济增长率大幅下落，均为负增长。这是新中国成立后波动幅度最大的一个时期，是一个典型的"大起大落"。

在1981年6月党的十一届六中全会通过的《关于建国以来党的若干历史问题的决议》中，对"多快好省"的总路线做了如下分析（中共中央文献研究室编《三中全会以来重要文献选编》（下），人民出版社，1982，第754页）：

1958年，党的八大二次会议通过的社会主义建设总路线及其基本点，其正确的一面是反映了广大人民群众迫切要求改变我国经济文化落后状况的普遍愿望，其缺点是忽视了客观的经济规律。在这次会议前后，全党同志和全国各族人民在生产建设中发挥了高度的社会主义积极性和创造精神，并取得了一定的成果。但是，由于对社会主义建设经验不足，对经济发展规律和中国经济基本情况认识不足，急于求成，夸大了主观意志和主观努力的作用，没有经过认真的调查研究和试点，就在总路线提出后轻率地发动了"大跃进"运动和农村人民公社化运动，使得以高指标、瞎指挥、浮夸风和"共产风"为主要标志的左倾错误严重地泛滥开来。

这样，"多快好省"作为一个带有20世纪50年代"大跃进"时代印记的词语，一般不再使用了。

关于"又快又好"的提出。

我查阅了有关资料，"又快又好"的提出也有一个过程。1978年12月，党的十一届三中全会拨乱反正，"全党工作中心转移到社会主义现代化建设上来"。由此，开启了中国改革开放和社会主义现代化建设新的历史时期。在20世纪80年代的探索中，"速度"与"效益"逐步被联系起来。1981年底，在五届全国人大四次会议的《政府工作报告》中，首次提出"经济效益"问题，并把它作为经济建设的方针，指出"真正从我国实际情况出发，走出一条速度比较实在、经济效益比较好、人民可以得到更多实惠的新路子"。

1982 年 9 月，党的十二大首次把"提高经济效益"列入经济建设总的奋斗目标中，提出"从一九八一年到本世纪末的二十年，我国经济建设总的奋斗目标是，在不断提高经济效益的前提下，力争使全国工农业的年总产值翻两番"。

1992 年初，邓小平在"南方谈话"中强调："现在，周边一些国家和地区经济发展比我们快，如果我们不发展或发展得太慢，老百姓一比较就有问题了。""我们国内条件具备，国际环境有利，再加上发挥社会主义制度能够集中力量办大事的优势，在今后的现代化建设过程中，出现若干个发展速度比较快、效益比较好的阶段，是必要的，也是能够办到的。"（《邓小平文选》第三卷，人民出版社，1993，第 375~377 页。）

随后，1992 年 10 月，党的十四大在确立社会主义市场经济体制的改革目标时，提出"走出一条既有较高速度又有较好效益的国民经济发展路子"。

邓小平的"南方谈话"和党的十四大，为中国改革开放和社会主义现代化建设打开了一个新局面。但是，由于当时改革开放才十来年，原有的计划经济体制还没有根本转型，原有体制下的投资饥渴、片面追求速度的弊端还没有被克服。在这种情况下，经济增速很快冲到 14.2% 的高峰，出现经济过热现象。对此，1993 年 1 月 29 日，《人民日报》发表本报评论员文章，题为《促进经济又快又好地发展》，提醒我们："在大好形势下，我们也应该保持清醒的头脑，认真对待、积极解决高速发展中存在的问题，扎扎实实地进行工作，防止发生经济过热现象，力求国民经济在新的一年里又快又好地发展。"

到 2005 年，党的十六届五中全会通过了《中共中央关于制定国民经济和社会发展第十一个五年规划的建议》，在提出"避免经济大起大落，实现又快又好发展"时，强调"发展既要有较快的增长速度，更要注重提高增长的质量和效益"。这里，将"提高增长的质量和效益"放到了"更要注重"的位置上，也就是说，又好又快，"好"字在前，已呼之欲出。

关于"又好又快"的提出。

我在文章中指出，现在提出又好又快发展，一方面是因为我们有了又好又快发展的基础条件，另一方面是因为进一步解决经济发展中现有突出矛盾和问题的迫切需要。这就是说，又好又快发展既有现实的可能性，又有迫切的必要性。

关于"可能性"，改革开放以来，中国经济生活发生了巨大变化。这些变化成为我们走向又好又快发展这一新的历史起点的基础条件。这一基础条件可概括为以下六大历史性变化。

（1）经济体制，由高度集中的计划经济体制转变为社会主义市场经济体制。

（2）供求关系，由长期短缺转变为一定程度的相对过剩。

（3）经济运行，由大起大落转变为快速平稳。

（4）经济总量，由改革开放之初的世界第十位上升到第四位。

（5）外贸总额，由改革开放之初的世界第二十七位上升到第三位。

（6）人民生活，由解决温饱到实现小康，并向全面小康迈进，人均 GDP 由改革开放之初的不到 300 美元上升到近 2000 美元。

关于"必要性"，中国经济的快速增长举世瞩目，但也积累了不少值得我们高度重视的矛盾和问题。这就要求我们在经济发展中不仅要在"快"字上做文章，而且更要在"好"字上狠下功夫。当前，中国经济发展中需要进一步解决的突出矛盾和问题有以下四个方面。

（1）经济增长的不稳定因素仍然存在，集中表现在固定资产投资总规模依然偏大，经常出现投资增长过快、过热倾向。

（2）粗放的经济增长方式尚未根本改变。改革开放以来，中国经济增长虽然很快，但"四高一多"（高投入、高能耗、高物耗、高污染、多占地）的粗放经济增长方式尚未根本改变，经济增长所付出的代价很大。

（3）经济的结构性矛盾比较突出。投资消费关系不协调，投资规模过大，消费需求相对不足，特别是广大农民和城镇低收入者的收入水平低、消费能力不强；一二三产业比例不协调，工业特别是重工业比重较大、服务业比重偏小，而农业基础薄弱的状况尚没有改变，粮食稳定增产和农民持续增收的难度加大；城乡之间、地区之间的发展不协调；外贸顺差较大，国际收支不平衡的矛盾突出出来。

（4）经济增长中存在不和谐性。改革开放以来，中国社会结构深刻变动，利益格局深刻调整。总体上看，中国人民群众的收入水平和生活水平不断提高，但尚有不少低收入群众的生活比较困难，不同社会成员之间收入差距扩大。同时，社会事业发展滞后，教育、卫生、住房、就业、社会保障等一些涉及人民群众切身利益的问题还没有得到很好解决，群众反映比较强烈。

怎样实现又好又快发展呢？又好又快发展就是要在经济发展中着力解决以上四个方面的矛盾和问题，把"好"放到优先的位置上。着力解决以上四个方面的矛盾和问题，也就构成了"好"的四个方面的内涵，或者说构成了怎样实现又好又快发展的四个重要方面。

（1）不断提高经济增长态势的稳定性。

（2）不断提高经济增长方式的可持续性。

（3）不断提高经济增长结构的协调性。

（4）不断提高经济增长效益的和谐性。

为了做好以上四个方面的工作，还必须坚定不移地推进各项改革。要坚持社会主义市场经济改革方向，顺应经济社会发展要求，积极推进经济体制、政治体制、文化体制、社会体制改革，加快构筑经济又好又快发展的体制保障。

美国"次贷危机"探秘

世界经济风云突变。2007 年夏，正当我们为实现经济又好又快发展而努力的时候，美国爆发了次贷危机。

次贷危机，对中国人来说，完全是一个陌生的词语。2008年6月，针对次贷危机中国社科院经济学部组团赴美国考察，一行6人，由我任团长，副团长是王松奇（时任金融研究所副所长），成员有张卓元（时任学部委员、经济研究所原所长）、杨圣明（时任学部委员、财贸经济研究所原所长）、曹红辉（时任金融研究所金融市场研究室主任）、张丽华（院外事局美大处副处长）。

没想到的是，次贷危机，不仅对于中国人来说完全是一个陌生的词语，而且对于美国人来说也是一个陌生的事物。从我们踏上美国西海岸的旧金山到抵达美国东部的华盛顿和纽约，从访问金融界和经济界专业人士到拜会联邦政府部门官员，所到之处，人们都把"次贷危机"看作一种从未遇见过的、陌生的"新事物"。对它的爆发，无论是其发生机制还是传导机制，均感到不解。

访问期间，北美华人投资家协会热情地为我们组织了一个聚餐会。6月傍晚的纽约，已是酷暑难耐，户外就像蒸笼一样闷热。聚餐会采取AA制，每个参会人自付40美元。我们想顶多也就是十几、二十几个人的聚餐会。没想到，一下子来了近百人，大都是在美国金融界工作的已毕业的中国留学生。大家聚在一起，围绕"次贷危机"中冒出来的许多新问题，讨论的异常激烈。

在走访了一些著名的金融机构，如美国联邦储备银行、纽

2008 年 6 月访问中国驻美国大使馆

约联邦储备银行、旧金山联邦储备银行、美国联邦存款保险公司、富国银行、瑞士银行、美洲银行、美林集团等后，我们马不停蹄地走访了更高端的、应对危机有分析和决策权威的"美国总统经济顾问委员会""国际经济研究所""国际货币基金组织"等。汇总和梳理收集到的资料后，我们对次贷危机有了一些初步的认识。

"次贷危机"的全称是"房屋抵押次级贷款危机"。在美国，对于房屋抵押贷款，根据借款人不同等级的信用水平，制定不同的贷款条件。按照借款人的信用状况等条件，房屋贷款分为三级：优级、近似优级、次级。放贷机构降低放贷标准，并以较低利率，贷款给那些信用等级不高、还款能力较差、无法获得优级贷款和近似优级贷款的低收入群体，去购买住房，并可以作为抵押品，形成房屋抵押的次级贷款。而一旦大量借款人无力还贷，造成资金链断裂，就会酿成金融市场危机。

美国"次贷危机"的酝酿和爆发有如下一个过程。

1991年3月至2001年3月，美国经历了由IT产业推动的长达120个月的繁荣期。这是美国历史上经济周期波动中最长的一个繁荣期，即所谓"新经济"繁荣期。

随后，美国经济进入衰退和调整期。从2001年开始，为了防止经济衰退，刺激经济复苏，美联储实行宽松的货币政策，

2008年6月访问美国总统经济顾问委员会

连续降息，并放宽信贷条件，这就推动了房屋抵押次级贷款的增加。为弥补 IT 产业和网络经济的增长动力不足，美国政府将房地产业作为主要的支柱产业，刺激经济发展。其中，把主要满足占人口较大比重的低收入阶层的住房需求作为主要发展目标，这些收入不高的人群形成了次级贷款的主要客户群。这样，不仅低收入群体大量通过次级贷款购买住房，而且部分中等收入群体和信用等级较高的人，也利用次级贷款购房，导致房屋抵押次级贷款规模迅速扩大。由此，推动了建筑业的繁荣，推动了房价的持续上涨，推动了房贷金融衍生品的大发展。

"美联储"出于对通货膨胀的担忧，从 2004 年 6 月起，逐步提高"联邦基金"利率，到 2006 年 6 月，两年内共 17 次升息。房屋次级贷款利率也随之上升。这给那些还贷能力差的低收入房屋次级贷款借款人加上了"最后一根稻草"。首先，房屋贷款分为浮动利率贷款和固定利率贷款，房屋次级贷款以浮动利率贷款为主。对于采用浮动利率的房屋次级贷款的借款人来说，随着时间的推移，这些贷款要重新设定利率。而重新设定利率时，利率已上升，这就增加了借款人的借贷成本，影响了其还贷能力。其次，美国的家庭一般都是过度负债，房屋次级贷款的借款人一般是借新债、还旧债。在利率提高的情况下，借新债的成本上升，也就是借款人的再贷款、再融资成本上升，这就降低了借款人的还贷能力，使其难以归还旧债。

同时，这又影响了贷款机构发放新贷款，使贷款机构紧缩住房贷款，进而导致房价下跌。房价下跌又进一步打压了借款人的还贷能力，因为借款人再贷款、再融资时，其原来的房屋抵押资产缩水了，这就影响了其借新债还旧债的能力。由此种种情况，导致房屋次级贷款的到期未付率上升，随之次贷违约率上升。次贷违约率 2006 年开始上升，2007 年迅速上升。

房屋次级贷款借款人的违约行为导致的直接后果是次贷发放机构出现的严重亏损，有的被迫宣布破产，这是危机的最初征兆。接着，风险进一步扩大到以房屋次级贷款为基础资产的各种金融衍生品（简称"次级债券"）市场。持有这些次级债券的机构投资者纷纷遭受重创。2007 年 7~8 月，一大批投资银行、保险机构、对冲基金、商业银行等金融机构纷纷宣布：因投资次级债券而遭受巨大损失，有的甚至宣布破产。法国、日本、英国、荷兰、加拿大、澳大利亚等国的许多金融机构也宣布因卷入美国次级债券而亏损或破产。由此引发全球金融市场的持续动荡，大部分股指下跌，金属、原油期货和现货、黄金价格大幅跳水。这就是 2007 年夏美国"次贷危机"的爆发。

接下来它会如何演变？无人能准确预测。

当 2007 年夏美国"次贷危机"爆发，美国经济陷入衰退和调整时，我国经济增长仍处于新一轮经济周期的上升阶段。但在新一轮周期连续多年的上升中，也积累了经济增长偏快、物价上涨压力加大等问题，亟须解决。

2007 年 12 月，一年一度的中央经济工作会议召开，提出"要把防止经济增长由偏快转为过热、防止价格由结构性上涨演变为明显通货膨胀作为当前宏观调控的首要任务"。在既防热又防胀的"双防"任务下，继续实行稳健的财政政策，但一直以来的"稳健的货币政策"要转向较为严厉的"从紧的货币政策"，形成"一中一紧型搭配"。

小康社会奋斗目标的新要求

2008 年 1 月 31 日，《人民日报》头版的"报眼"位置醒目地刊登了新华社电讯：

中共中央政治局 1 月 29 日下午进行第三次集体学习，中共中央总书记胡锦涛主持。……中共中央政治局这次集体学习安排的内容是实现全面建设小康社会奋斗目标的新要求和推动经济社会又好又快发展。中国社会科学院经济研究所刘树成研究员、国家发展和改革委员会宏观经济研究院马晓河研究员就这个问题进行了讲解，并谈了对推动我国经济社会又好又快发展的意见和建议。中共中央政治局各位同志认真听取了他们的讲解，并就有关问题进行了讨论。

我有幸参加这次讲解，深感责任很重大。在讲解中，我首先回顾了全面建设小康社会奋斗目标提出的过程。

小康水平的奋斗目标，最早是 1979 年邓小平同志会见日本前首相大平正芳时提出的。1987 年 10 月，党的十三大提出了我国现代化建设"三步走"的战略：第一步，到 20 世纪 80 年代末，实现国民生产总值比 1980 年翻一番，解决人民的温饱问题；第二步，到 20 世纪末，国民生产总值再翻一番，人民生活达到小康水平；第三步，到 21 世纪中叶，人均国民生产总值达到中等发达国家水平，人民生活比较富裕，基本实现现代化。

第一步和第二步战略目标已分别于 1987 年和 1995 年提前 3 年和 5 年完成。1997 年 9 月，党的十五大对 21 世纪的第三步目标又作了新的部署：第一个 10 年实现国民生产总值比 2000 年翻一番；再经过 10 年，到建党一百年时，使国民经济更加发展，各项制度更加完善；到 21 世纪中叶建国一百年时，基本实现现代化，建成富强、民主、文明的社会主义国家。

2002 年 11 月，党的十六大提出了全面建设小康社会的新目标，要在本世纪头 20 年，全面建设惠及十几亿人口的更高水平的小康社会。在经济发展方面提出，在优化结构和提高效益的基础上，国内生产总值到 2020 年比 2000 年翻两番，基本实现工业化。

2007 年 10 月，党的十七大提出全面建设小康社会奋斗目标的新要求。落实在经济发展方面，要在优化结构、提高效益、降低消耗、保护环境的基础上，实现人均国内生产总值到 2020 年比 2000 年翻两番（这里，需要说明的是，后来，2012 年 11 月，党的十八大提出在发展平衡性、协调性、可持续性明显增强的基础上，实现国内生产总值和城乡居民人均收入到 2020 年比 2010 年翻一番。2017 年 10 月，党的十九大提出从 2020 年到本世纪中叶分两步走全面建设社会主义现代化国家的新目标。第一步，从 2020 年到 2035 年，在全面建成小康社会的基础上，再奋斗 15 年，基本实现社会主义现代化；第二步，从 2035 年到本世纪中叶,在基本实现现代化的基础上,再奋斗15年,把我国建成富强民主文明和谐美丽的社会主义现代化强国)。

在讲解中,我分析了党的十六大以来我们在全面建设小康社会方面取得的重大进展。这些进展使我们站在新的历史起点上,为实现党的十七大提出的全面建设小康社会奋斗目标的新要求奠定了新的基础条件。我把这些进展概括为以下四个方面。

(1)经济高位平稳型增长,为进一步发展提供了坚实的综合国力基础。

(2)供给结构显著改善和消费结构迅速升级,为进一步发展提供了良好的供求基础。

(3)社会事业普遍加强,为进一步发展提供了和谐的社会基础。

(4)改革开放不断深化,为进一步发展提供了重要的体制基础。

我还提出了我国面临的四个方面的困难和挑战。

(1)经济总量规模较大,但生产力水平总体不高。

(2)工业化进程加快,但结构性矛盾尚未根本改变。

(3)经济快速发展,但资源环境压力加大。

(4)人民生活不断改善,但涉及群众切身利益的问题仍然较多。

《人民日报》1月31日刊登了中共中央政治局这次集体学习的报道之后,胡锦涛总书记在这次集体学习时的一段讲话引起了社会上媒体的广泛关注。这段讲话是:"要正确把握世界经济走势及其对我国的影响,充分认识外部经济环境的复杂性和多变性，科学把握宏观调控的节奏和力度，尽可能长地保持经济平稳较快增长。"

为什么这段讲话引起媒体的广泛关注呢？因为一个多月前，2007年12月中央经济工作会议刚刚结束时，社会上普遍预期2008年我国宏观调控政策的紧缩力度会比较大，而胡锦涛总书记的这段讲话像在传递一些新的政策信息——要根据国际局势的变化而调整政策。

经济周期走出新轨迹

2008年3月5日，第十一届全国人民代表大会第一次会议开幕。

这是我参加《政府工作报告》起草组的第7个年头。

政府换届之年，重在总结5年来的政府工作，对下届政府工作提出建议。

《政府工作报告》中总结了5年来政府的工作，其中第一项就是"加强和改善宏观调控，促进经济平稳快速发展"。起草组布置给我撰写《〈政府工作报告〉辅导读本》的专题是《宏观调控取得明显成效》。

在该文中，我提出，宏观调控的主要目的是熨平经济波动，保持国民经济的平稳较快发展，避免"大起大落"。5年来宏观调控取得许多成效，总成效就是我国经济迅速发展，呈现出速度高、波幅小、经济周期的上升阶段延长等特点。

我国的新一轮经济周期是从 2000 年开始的。1999 年是上一轮经济周期的谷底年份，经济增长率为 7.6%。

2000 年、2001 年、2002 年经济增长率分别回升到 8.4%、8.3% 和 9.1%，从而进入新一轮经济周期。

2003~2007 年经济增长率分别为 10%、10.1%、10.4%、11.1% 和 11.4%。这 5 年，年均增长 10.6%。

在我国以往历次经济周期中，上升阶段一般只有短短的一两年，而新一轮经济周期的上升阶段已持续 8 年，走出了一条新轨迹，即从 2000 年到 2007 年我国经济增速已连续 8 年在 8%~11% 的区间内平稳较快地运行。

我特别指出，这是新中国成立以来各周期中上升阶段持续时间最长的，这在新中国成立以来的经济周期波动史上还是从未有过的。

我的这篇辅导读本中的文章，《人民日报》以《五年来宏观调控的历程和经验》为题，于 2008 年 4 月 2 日转载。

《中国经济体制改革 30 年研究》

"中国只用了一代人的时间，取得了其他国家用了几个世纪才能取得的成就。在一个人口超过非洲和拉丁美洲人口总和的国家，这一成就是我们这个时代最令人注目的发展。"

　　这是世界银行专家组对中国改革开放之后经济发展的评论（世界银行：《2020年的中国——新世纪的发展挑战》，中国财政经济出版社，1997，第1页）。

　　2008年，迎来我国经济改革开放30周年。30年前，1978年12月中共中央召开具有伟大历史意义的十一届三中全会，我国开始了改革开放的历史新时期。我们在《论中国特色经济体制改革道路（上）》一文中写道："30年的改革开放，30年的风云激荡，30年的神州巨变。从农村到城市，从经济领域到政治、社会和文化等各个领域，改革的浪潮汹涌澎湃；从沿海到沿江、沿边，从东部到中部、西部，对外开放的步伐胜利向前。这场历史上从未有过的大改革大开放，使中国成功实现了从高度集中的计划经济体制到充满生机和活力的社会主义市场经济体制，从封闭半封闭到全方位、多层次、宽领域对外开放的伟大历史转折。由此，使国家的综合经济实力和人民的生活状况发生了前所未有的变化。在1979~2007年长达29年的时间里，我国国内生产总值年均增长速度达到9.8%，是同期世界经济增长速度最快的国家之一。如此长时间的高速转型式增长，创造了人类经济发展史上的奇迹。"（见《经济研究》2008年第9期。）

　　为了迎接2007年党的十七大召开和迎接2008年改革开放30周年，中国社会科学院在2006年10月8日成立了"中国经济改革开放基本经验研究"课题组，总负责人为副院长陈佳贵，执行负责人是我和张卓元。随后，11月，课题组赴山东省进行了考察和调研。12月底，撰写出总的调研报告，题为《中国改革开放的基本经验和新阶段的重点任务》，报送中央。

该调研报告分为三个部分：第一部分总结和概括我国改革开放的若干基本经验；第二部分具体说明深化行政管理体制改革，加快向服务型政府转型的有关政策建议；第三部分提出加强对改革的综合领导和协调问题。

该调研报告还载于《中国社会科学院经济学部学部委员与荣誉学部委员文集（2007）》，经济管理出版社 2008 年 1 月出版。

在完成上述课题的基础上，紧接着，2007 年 1 月，中国社会科学院成立了"中国经济改革开放 30 年历史经验问题研究"课题组，总负责人是副院长陈佳贵。该课题组分为 9 个子课题，分别由经济学部各研究所承担。每个子课题的最终成果为一本专著，组成"中国经济改革开放 30 年研究丛书"，由经济管理出版社 2008 年 11 月出版。

其中，第一个子课题"中国经济体制改革 30 年研究"，由我和吴太昌（时任经济研究所党委书记、研究员）担任负责人，张卓元担任顾问，韩朝华（时任经济研究所微观经济研究室主任）担任编审组组长，组织经济研究所全所的骨干力量认真完成。

《中国经济体制改革 30 年研究》中的第一章，由常欣（时任经济研究所宏观经济研究室副主任）与我合作执笔，而后改写为《论中国特色经济体制改革道路》一文，分上、下两篇，载于《经济研究》2008 年第 9、10 期。其提炼精选版《中国经济体制改革实践的主要特征》一文入选中宣部、中央党校、中国社会科学院等单位联合召开的"纪念党的十一届三中全会召开 30 周年理论研讨会"。

《论中国特色经济体制改革道路》一文从九个方面对中国特色经济体制改革道路进行了探索性的归纳和总结。

（1）改革的理论指导：注重发挥理论创新的先导作用；

（2）改革的性质：将第二次革命和社会主义制度自我完善相统一；

（3）改革的方向：以建立社会主义市场经济体制为目标；

（4）改革的方式：以渐进式稳步推进市场化；

（5）改革与发展的关系：视发展为改革的目的；

（6）改革与稳定的关系：以稳定作改革的保证；

（7）改革与开放的关系：注重市场化与国际化之间的相互推动；

（8）改革的协同配套：推进全方位改革；

（9）改革的推动力量：注意发挥基层和领导层的合力作用。

政协常委会的学习讲座

2008 年夏，美国次贷危机爆发整一年。

在美国，次贷危机本身及其对美国经济的影响究竟是否已经见底，仍然没有明确的答案。经济学家束手无策，不同的机构和人员对危机的走向各持己见，争论不休。我归纳了一下，他们的看法主要有以下三种。

第一种看法认为，次贷危机及其影响呈"V"字形，现在已见底，最严重的时期已经过去，2008 年下半年美国经济有望反弹回升。

第二种看法认为，次贷危机及其影响呈"U"字形，刚见底，而这个"底"部延续的时间可能会较长，有可能延续两三年。

第三种看法认为，次贷危机及其影响还没有见底，一波又一波，正在往其他方面传导，甚至有持续恶化的可能。

2008 年 9 月 7 日，美国最大的两家住房抵押贷款融资机构"房利美"（Fannie Mae）和"房地美"（Freddie Mac），因负债累累，股价狂泻，濒临破产，而被美国政府接管。

一周后，9 月 14 日，已有 94 年历史的美国第三大投资银行"美林证券公司"被迫出售。9 月 15 日，已有 158 年历史的美国第四大投资银行"雷曼兄弟公司"宣布申请破产。

又一周后，9 月 22 日，美国第一大投资银行"高盛公司"、第二大投资银行"摩根士丹利"双双宣布转为商业银行，在美联储批准下成为银行控股公司，受美联储监管。加上先前 3 月 16 日美国第五大投资银行"贝尔斯登"已被出售，这样，美国五大投资银行在次贷危机中全军覆没。

9 月的这场华尔街金融风暴引发全球股票市场、债券市场、票据市场、商品期货市场、外汇市场等的连锁反应，迅速演变为一场全球性的、严峻的、百年难遇的国际金融危机，美国经济陷入衰退，世界经济进入大调整，增长明显减速。这也使我国外需急剧下降，给我国经济发展带来严重影响。

面对国内外经济环境的重大变化，我国的宏观调控在方向和政策选择上也及时、果断地进行了重大调整。2008 年 11 月 5 日，国务院常务会议提出实行积极的财政政策和适度宽松的货币政策。这就是把上年中央经济工作会议确定的稳健的财政政策调整为积极的财政政策、从紧的货币政策调整为适度宽松的货币政策，即由"一中一紧型搭配"调整为"双松型搭配"。

2009 年 3 月 1 日，《人民日报》在头版刊登了新华社电讯："政协十一届全国委员会常务委员会 2 月 28 日在北京举办第三次学习讲座。中共中央政治局常委、全国政协主席贾庆林主持并讲话。全国政协委员、中国社科院学部委员、经济学部副主任刘树成同志作了题为《国内外经济走势分析》的专题报告，报告介绍了 2008 年我国经济形势的特点，分析了 2009 年国内外经济走势，阐述了宏观调控重大政策措施的主要内容，并提出了需要进一步研究和处理好的几个问题。"

在讲解中，我把 2008 年我国经济形势最突出的特点归纳为：国际国内四重调整的叠加，即国内经济长期快速增长后的调整与国内经济周期性调整相叠加，又与美国次贷危机导致的美国经济周期性衰退和调整相叠加，与美国次贷危机迅猛演变为国际金融危机而带来的世界范围大调整相叠加。

在讲解中,我提出需要进一步研究和处理好的四个问题:处理好政府与市场的关系,处理好经济周期波动中繁荣与调整的关系,处理好投资与消费的关系,处理好内需与外需的关系。

在处理好政府与市场关系这一问题中,我特别从西方经济学说史的角度,回顾了西方国家"政府干预"与"自由放任"两大类政策主张的演变过程。从西方经济学说史的角度看,是以主张政府干预为主流还是以主张市场自由放任发展为主流,15世纪至今,随着各个不同时代所面临的不同经济问题,其演变已经历了四个阶段。

第一个阶段,15~17世纪,重商主义是西欧的主流经济思想。在西欧封建社会晚期和资本主义生产方式萌芽并逐渐成长的初期,为了发展商品经济,打破封建割据,扩大对外贸易,保护关税和本国产业,重商主义主张国家积极干预经济,主张强化封建集权的国家力量。

第二个阶段,18世纪至20世纪30年代,主流经济理论转变为资产阶级古典经济学及其后的新古典经济学。为了从封建制度束缚下解放生产力和进一步发展生产力,他们主张经济自由主义,反对国家干预经济,主张无论是国内商业还是对外贸易都要取消一切保护政策和限制措施。

第三个阶段,20世纪30~70年代,主流经济理论转变为凯恩斯主义。这一理论认为市场经济本身具有缺陷,主张通过政府干预来熨平经济波动。1929~1933年的经济大危机,打破了长期以来占主流地位的古典均衡理论，使凯恩斯主义迅速兴起。

第四个阶段，20 世纪 70 年代至 2008 年，主流经济理论转变为现代新古典经济学。在 20 世纪 70 年代石油危机的冲击下和严重的经济滞胀困境下，凯恩斯主义失灵了。这时，各种主张市场经济自由发展、反对政府干预、放松政府管制的现代新古典经济学相继兴起。

然而，此次 2008 年 9 月爆发且还在蔓延的国际金融危机，像 1929~1933 年的经济大危机一样，对原有的反对政府干预的主流经济理论提出了挑战。面对严重的危机，许多国家经济政策的重心转向政府的大规模救市干预。有国际评论指出，"国家"与"市场"再次展开地盘之争，国家和市场之间的钟摆正在摆回来。

我提出，在现代市场经济条件下，政府管理经济的职能和市场在资源配置中的作用是相辅相成的，政府这只"看得见的手"和市场这只"看不见的手"缺一不可。特别是在当前应对百年难遇的国际金融危机中，政府这只"看得见的手"的作用必然会得到强化。但经济活动和经济运行的基座仍然是市场经济，市场这只"看不见的手"在资源配置中的基础性作用不会改变。

我国成为世界第二大经济体

2008 年底，我已年满 63 岁，卸任经济研究所所长。由经济研究所党委书记吴太昌同志兼任所长。吴太昌和我是研究生时的同学。他作为研究员，在中国经济史研究领域颇有建树。他又多年担任经济研究所党委书记，具有丰富的领导经验。

2009 年和 2010 年，是应对国际金融危机冲击的重要两年。

2009 年 3 月 5 日上午，第十一届全国人民代表大会第二次会议开幕。

"从起草到修改，从审议到通过，追寻政府工作报告诞生的过程，我们深切地感受到，在国际金融危机扩散蔓延、国内经济发展面临诸多困难的情况下，这份施政报告涌动着迎接挑战、战胜困难的信心与力量。"（载《凝聚起亿万人民的智慧和力量——政府工作报告诞生记》,《人民日报》2009 年 3 月 16 日。）

这个报道还生动地记述道："温家宝总理亲自主持了政府工作报告的起草工作。2008 年 12 月 12 日，中南海国务院第二会议室。温家宝总理与政府工作报告起草组部分同志座谈。他一开场就坚定地对大家说：'受到国际金融危机影响，外需减少，内需一时又拉动不起来，经济发展遇到暂时的困难。但我们具备发展的各种有利条件，有信心找出一条路来。''同志们参与这项工作，是为国分忧，为政府出谋划策，在中国经济最为困难的时刻贡献一分力量。'总理坚定的话语、亲切的勉励，深深地打动了在场的每一位同志。"

这的确给我们当时现场的每一个人以极大的激励。

温家宝总理在《政府工作报告》中对 2009 年政府工作进

行了总体部署，提出了政府工作的基本思路、经济社会发展的主要预期目标，以及做好今年政府工作必须把握好的原则。起草组布置给我撰写《〈政府工作报告〉辅导读本》的专题是《2009 年政府工作的基本思路、目标和原则》。

该文强调把保持经济平稳较快发展作为经济工作的首要任务。经济增速下滑过快，已经成为影响我国经济社会发展全局的突出矛盾。不扭转这一趋势，就难以维护经济正常发展和社会和谐稳定的大局。

《人民日报》2009 年 4 月 8 日以《把握好今年政府工作的基本思路、目标和原则》为题，转载了此文（略有删减）。

2010 年 3 月 5 日上午，第十一届全国人民代表大会第三次会议开幕。

"那是一段令人刻骨铭心的记忆——

以雷曼兄弟公司破产为标志，国际金融危机掀起滔天巨澜，世界经济遭到重创，环球为之失色。2008 年第四季度到 2009 年第一季度，中国面临最为严峻的形势。经济增速陡然下滑，出口大幅下降，企业纷纷停产倒闭，大批农民工失业返乡……

没有人能预测这场灾难会给中国经济造成多大损失，也不知道它究竟会持续多长时间。

在极度困难的情况下，党中央、国务院带领全国各族人民坚定信心、沉着应对，在世界率先实现经济回升向好，迎来了新年的曙光。"（载《让人民生活得更加幸福更有尊严——政府工作报告诞生记》，《人民日报》2010 年 3 月 17 日。）

应对国际金融危机冲击一年多来，国内外经济社会发展环境有什么变化，这是大家都十分关心的问题。《政府工作报告》在部署 2010 年主要任务时，首先提出："今年发展环境虽然有可能好于去年，但是面临的形势极其复杂。各种积极变化和不利影响此长彼消，短期问题和长期矛盾相互交织，国内因素和国际因素相互影响，经济社会发展中'两难'问题增多。"

我所承担的《〈政府工作报告〉辅导读本》专题是《今年经济社会发展面临的国内外环境条件》。

我首先把眼光投向国外，分析国际环境，指出：总的来看，今年我国经济社会发展的国际环境具有"两面"或"双向"特点，即向好趋向和不利趋向相互交迭，表明外部环境的不稳定、不确定因素依然很多。

接着，我分析了国内环境的特点，指出：总的来看，今年我国经济社会发展的国内环境也具有"两面"或"双向"特点，即有利条件和突出矛盾同时并存，表明前进的道路并不平坦，决不能把经济回升向好的趋势等同于经济运行的根本好转。

该文以《我国发展的国内外环境和条件分析》为题，由《人民日报》于 2010 年 3 月 30 日转载（略有删减）。

在应对国际金融危机冲击中，2010 年我国经济发展中一件具有标志性的大事就是我国经济总量首次超过日本，成为世界第二大经济体。

我查阅了"国际货币基金组织"公布的历年统计数据，可以看清中国经济总量上升的速度。我国国内生产总值在国际上的位次：

1980 年我国列第 7 位，前 6 位是美国、日本、德国、法国、英国、意大利。

1990 年，我国列第 10 位，排在美国、日本、德国、英国、法国、意大利、加拿大、西班牙、巴西之后。

2000 年，我国列第 6 位，超过了意大利、加拿大、西班牙、巴西，排在美国、日本、德国、英国、法国之后。

2005~2007 年这 3 年间，我国经济总量连续实现了三大"超越"：

2005 年超过法国，上升到第 5 位；

2006 年超过英国，上升到第 4 位；

2007 年超过德国，上升到第 3 位。

2010 年，超过日本，成为世界第二大经济体。

是年 12 月，我发表了《2010 年中国经济走势特点与"十二五"时期经济增速分析》一文（载《经济蓝皮书：2011 年中国经济形势分析与预测》，社会科学文献出版社，2010）。在文中，我把"中国经济总量首次超过日本，成为世界第二大经济体"作为 2010 年我国经济发展中一件具有标志性的大事。实际上，就季度统计数据来看，在 2010 年第二季度，我国国内生产总值就开始超过了日本。

当时，海外媒体纷纷报道和发表评论。我在该文中引用了《纽约时报》2010 年 8 月 16 日的一段评论："中国经济在经历了几十年令人炫目的发展之后，在 2010 年的第二季度终于超过日本成为世界第二大经济体，这是中国经济发展的一个里程碑。中国经济超过日本早在意料之中，但成为现实后还是让人们感到震动。"

在欢呼声中，一定会有不一样的声音，构成交响乐。当然，兼听则明。美国世界新闻网在 2010 年 5 月 13 日发表文章，题目是《中国经济的"超日"喜忧参半》，认为：中国经济一旦"超日"，成为全球第二大经济体之后，可以带来之喜，显而易见。但重点应看的，可能还是由之带来之忧。一定要认清楚的是，总量的全球第二大经济体，不等于人均的第二大经济体，也绝非第二大经济强国，现在中国经济发展到了转折关头，迫切需要转变发展方式。

关于各国人均经济总量的比较，可查阅的资料是国际上通用的、世界银行发布的统计指标——人均"国民总收入"（GNI），即原来所称的人均"国民生产总值"（GNP）。根据世界银行的统计资料，2010 年我国的人均国民总收入为 4260 美元，排名第 121 位（参见世界银行网站《2010 年人均国民总收入》，2011 年 7 月 1 日）。

重要战略机遇期

2010 年 12 月中央经济工作会议召开。会议分析了两年多来在应对国际金融危机冲击中我国经济运行态势的新变化，相应地对宏观调控政策进行了调整。

会议刚结束，我写了《深刻把握经济运行态势和宏观调控新变化》一文，《人民日报》于 2011 年 1 月 10 日刊载。

头一件大事，是要冷静分析经济现状：两年多来，在应对国际金融危机冲击的过程中，我国经济运行已由增速大幅下滑转向总体回升向好，又进一步转向新一轮的稳定增长阶段。但 2010 年下半年之后，居民消费价格总水平明显攀升，破三、破四、破五，即居民消费价格总水平上涨分别突破 3%、4%、5%。

这次物价上涨主要是从一些小品种的农产品涨价开始，民间概括为"蒜你狠""豆你玩""姜你军""油你涨""糖高宗""苹什么""辣翻天"等。

物价问题直接关系千家万户，群众对于物价上涨感受灵敏、反应强烈。广大居民切身感受到的不是笼统的物价总水平上涨 3%、4% 或 5%，而是其中食品类特别是粮食、食用油、蔬菜、蛋类、水果等生活必需品价格上涨的幅度更大，达 10% 甚至是 20% 以上。

人们对物价上涨有这样的心理恐慌还是在十几年前，就是有人买"一浴缸醋、两水缸酱油"的那一次。现在的恐慌程度虽然没有那次严重，但也似乎有"焦虑感"，是应该拿出"定心丸"来缓解这个压力了。物价问题是关系民生、关系社会和谐稳定的大局问题。前两年，在应对突如其来的国际金融危机冲击中，为了迅速扭转经济增速明显下滑趋势和促进经济企稳回升，宏观调控的侧重点放在了"保增长"上。这次中央经济工作会议提出，要把稳定价格总水平放在更加突出的位置。这样，"稳物价"即保持物价总水平基本稳定成为当前和今后一个时期宏观调控最紧迫的任务。

随着宏观调控侧重点由"保增长"转向"稳物价"，宏观调控政策取向和搭配也发生了变化，由"积极、宽松"转为"积极、稳健"，即继续实施积极的财政政策，而货币政策则由"适度宽松"转为"稳健"。这是"一松一中型搭配"。货币政策由"适度宽松"调整为"稳健"，是宏观政策导向的一个重要变化，是由应对"国际金融危机"冲击时的"非常状态"，向经济稳定增长的"正常状态"回归。

2011 年 3 月 5 日上午，第十一届全国人民代表大会第四次会议召开，新华社记者照例有《政府工作报告诞生记》，其主标题是《一切为了人民的幸福生活》：

"在 2011 年春天里，这份凝结着人们共识的报告，描绘了一幅美好生活的蓝图。""《政府工作报告》也引起了国际舆论的高度关注。法国《世界报》刊文说，温家宝总理在《政府工作报告》中提到了'幸福'这一概念……寻求'幸福'将成为一个新主调。一些外媒评价说，改善民生正在成为中国经济政策的主轴。"（载《人民日报》2011 年 3 月 18 日。）

《政府工作报告》在部署"十二五"时期的主要目标和任务时，首先对"十二五"时期我国面临的国内外环境进行了分析，指出"综合判断国际国内形势，我国发展仍处于可以大有作为的重要战略机遇期"。起草组布置给我撰写《〈政府工作报告〉辅导读本》的专题是《我国"十二五"时期面临的国内外环境》。

对国内外各种环境条件进行动态考察和趋势分析，从而对国际国内形势做出科学判断和准确把握，是我们正确制定重大战略目标与任务的前提和基础。在该文中，我回顾了"重要战略机遇期"这一论断的提出过程。

在刚刚跨入 21 世纪的时候，2002 年党的十六大首次提出，综观全局，21 世纪头二十年，对我国来说，是一个必须紧紧抓住并且可以大有作为的重要战略机遇期。

2007 年，党的十七大重申，我们要从新的历史起点出发，抓住和用好重要战略机遇期。

现在，温家宝总理在《政府工作报告》中强调指出，综合判断国际国内形势，我国发展仍处于可以大有作为的重要战略机遇期。

做此论断的深刻含义就在于：在新世纪第二个十年的开端，统一认识，凝聚力量，进一步增强机遇意识和忧患意识，继续抓住和用好我国发展的重要战略机遇期，更加奋发有为地朝着全面建设小康社会伟大战略目标再上新台阶。

在该文中我指出，我国发展中不平衡、不协调、不可持续的问题依然较多，主要包括：

在人民群众最为关注的方面，收入分配差距较大，物价上涨压力较大，房价涨幅居高难下，"城市病"日趋凸显；

在经济发展方面，经济增长的资源环境约束更加强化，投资与消费关系的失衡难以在短期内矫正，城乡和区域发展还不协调；

在体制机制方面，制约科学发展的体制机制障碍依然较多，科技创新能力总体上还不强。

"十二五"时期，我们既面临难得的历史机遇，也面对诸多可以预见和难以预见的风险挑战。

该文以《我国"十二五"时期面临的国内外环境》为题，《人民日报》2011 年 3 月 25 日转载（略有删减）。

// 视角转向经济高质量发展 //

《建设成熟的社会主义市场经济体制》

2010~2012 年，我国经济发展所面临的国内外环境发生了重大变化：

从国际看，世界经济已由国际金融危机前的"快速发展期"进入"深度转型调整期"；

从国内看，我国经济正在由高速增长阶段转向高质量发展阶段。

2012~2013 年，在党的十八大召开前后，学术界又有一次热烈的研讨，探讨新的历史起点上如何全面深化改革。

2012 年 1 月，我院接到中央布置的"深化经济体制改革研究课题"任务。院长陈奎元亲自布置，从全院抽调科研骨干组成了课题组。课题组由陈佳贵（时任中国社会科学院学部委员、经济学部主任）任组长，我任（时任中国社会科学院学部委员、经济学部副主任）副组长。

2 月，课题组先后到广东、安徽、浙江省进行了调研。

3 月，撰写研究报告。

4 月 16 日下午，到中南海怀仁堂，向中央领导做了汇报。

在《人民日报》2012 年 11 月 21 日头版上，刊登了《夺取中国特色社会主义新胜利的政治宣言和行动纲领——党的十八大报告诞生记》，其中写道："4 月 13 日至 20 日，中南海怀仁堂，胡锦涛同志用 5 个半天，听取 32 家单位的课题组、11 个重点课题的调研成果汇报。"

我们在研究报告中提出，今后五至十年，我国深化经济体制改革的目标和主要任务，就是使各方面制度更加成熟更加定型，就是建设成熟的社会主义市场经济体制。

完成上述中央交办的任务后，课题组又花了半年多时间，进一步充实资料，完善理论，形成了《建设成熟的社会主义市场经济体制》一书，经济管理出版社于 2012 年 12 月出版。其中第一章"建设成熟的社会主义市场经济体制新阶段"，由我和张平（时任经济研究所副所长）执笔。

我们指出，1992 年，党的十四大明确提出经济体制改革的目标是建立社会主义市场经济体制；1993 年，党的十四届三中全会具体勾画出社会主义市场经济体制的基本框架；2002 年，党的十六大提出社会主义市场经济体制初步建立，并进一步做出了完善社会主义市场经济体制的部署。在我们 2012 年撰写"建设成熟的社会主义市场经济体制新阶段"这一章时，提出，未来十年，我国完善社会主义市场经济体制的任务将进入建设成熟社会主义市场经济体制的新阶段。

改革突破口的选择

在党的十八大召开前后学术界的研讨中，对于在新一轮经济体制改革中能牵一发而动全身的突破口或重点任务是什么，有各种不同的意见，我将其归纳为以下七种：

其一，以深化行政体制改革、转变政府职能、简政放权为突破口；

其二，以深化收入分配体制改革、解决贫富差距过大问题为突破口；

其三，以财税体制改革为突破口；

其四，以打破垄断、大力发展民营经济为突破口；

其五，以反腐败为突破口；

其六，以推进城镇化为突破口；

其七，以保护资源环境为突破口。

以上不同意见，各有道理，也都很重要，但显得有些碎片化，有的是单项改革任务，有的相对来说是局部性的改革任务，均不能起到牵一发而动全身的作用，难以作为统领经济体制改革全局的突破口或重点任务。

突破口在哪里呢？

我在《论新一轮改革的突破口》一文中提出看法：新一轮改革应以加强法律制度建设作为突破口或重点任务。这是基于对社会基本矛盾的新认识和对改革所处新阶段的把握。此文刊登于《财贸经济》2013 年第 6 期。

我指出，改革是为了解放和发展生产力。经过 30 多年来经济的高速增长，到现在，解放和发展生产力的内涵已经发生了重大变化。如果说在过去 30 多年的改革中，解放和发展生产力的内涵主要是指推动生产力在量上的扩大，使生产力以更高的速度发展，那么，现在，解放和发展生产力的内涵已经改变为不仅是推动生产力在量上的适度扩大，而且更重要的是促进生产力在质上的提高，使生产力以更高的质量发展，也就是加快经济发展方式转变，把推动发展的立足点转到提高质量和效益上来。

我认为，"使生产力以更高的质量发展"，要比"使生产力以更高的速度发展"更困难、更复杂、更艰巨。使生产力以更高的速度发展，主要是通过改革，扫除原有体制的权力过于集中的束缚，发挥市场经济的活力，就可以做到。当然，这也并不容易。而使生产力以更高的质量发展，不仅要通过改革继续扫除原有体制的束缚，而且要在社会主义市场经济体制初步建立和初步完善之后，通过改革构建起一整套系统完备、科学规范、运行有效的制度保障体系。正如邓小平1992年南方谈话中高瞻远瞩指出的那样，"恐怕再有三十年的时间，我们才会在各方面形成一整套更加成熟、更加定型的制度。在这个制度下的方针、政策，也将更加定型化"（《邓小平文选》第三卷，人民出版社，1993，第372页）。而在一整套制度保障体系中，最定型化、最有权威、最有效力的就是法律制度保障体系。这也就是要求市场经济向着更高的发育和成熟程度升级。

假冒伪劣：为何屡禁不止

在上文中，为了说明新一轮改革应以加强法律制度建设作为突破口，我列举了一个重要的例子，即我国现实经济生活中的一个突出问题——假冒伪劣产品屡禁不止、食品药品安全犯罪层出不穷等扰乱市场经济秩序问题。

在我国，假冒伪劣产品和食品药品安全问题是一个涉及众多方面的全局性问题。

第一，直接影响到生产力以更高的质量发展；

第二，严重影响到人民群众的切身利益和生活质量的提高，危及人体健康和生命安全；

第三，涉及反腐败问题，假冒伪劣产品、有问题的食品药品之所以能够生产出来，能够上市销售，且屡禁不止，总是与官商勾结、厂商串通、行贿受贿、权钱交易等脱不了干系；

第四，关系到深化行政管理体制改革、政府机构改革和政府职能转变问题；

第五，关系到知识产权保护和科技创新问题，一项科技创新，往往需要付出人、财、物和时间等重大成本，而假冒伪劣产品屡禁不止，严重侵扰了知识产权的保护，损害了创新者的利益，影响到创新者的积极性。

假冒伪劣产品屡禁不止、食品药品安全犯罪层出不穷等市场经济秩序问题严重，最根本的原因是，对其监管、打击和严惩没有制度化、法制化。这反映了我国社会主义市场经济体制初步建立和初步完善，市场经济的成熟程度还很低，具体表现在以下几个方面。

第一，有些问题尚"无法可依"或"有法难依"。"无法可依"是指，有些问题尚未列入法律，属于法律缺失、法律盲点。
"有法难依"是指，有些问题本来可以用既有法律来约束，但
由于规定的不够明确和细化，在实践中缺乏可操作性，仍难以
处理。

第二，违法成本太低，法律没有震慑力。

第三，政府监管不力、执法不严。有几种情况：一是有关
部门的监管职责不清，或多头分管，或无人监管；二是有的玩
忽职守，行政不作为，有法不依，执法不严，违法不究，甚至
包庇纵容；三是"运动式""游击式"的监管，一阵风过后，一
切照旧，反而使不法分子有机可乘；四是行政问责制度不健全，
随意性较大，缺乏问责的法律实体规定和法律程序规定；五是
无力监管，有关部门用于监管的人力、物力、财力远远不足，
往往力不从心。

第四，尚未形成社会组织监督、行业自律监督、媒体舆论
监督和人民大众监督的全方位社会监督体系。

以上情况说明，要有效地解决这些问题，必须将市场经济
秩序纳入法制轨道。扩展开来，就是通过新一轮改革，把国家
各项事业和各项工作都纳入法制轨道，实现国家和社会生活的
制度化、法制化。只有这样，才能使我国社会主义市场经济体
制更加完善，使市场经济向着更高的发育和成熟程度升级，使
生产力以更高的质量发展。

在该文，我引用了恩格斯在其晚年，对市场经济不同成熟
程度的发展所进行的一段非常精彩的描述（《马克思恩格斯文

集》第一卷，人民出版社，2009，第366页）。他把市场经济的发展分为三个阶段：

第一个阶段，以当时波兰犹太人为代表的"欧洲商业发展最低阶段"；

第二个阶段，以当时德国汉堡或柏林为代表的市场经济中级发展阶段；

第三个阶段，以当时英国曼彻斯特为代表的高级"大市场"阶段，英国是当时资本主义工商业最为发达的国家，其市场经济有赖于健全的法律制度。

恩格斯分析道，"波兰犹太人，即欧洲商业发展最低阶段的代表所玩弄的那些猥琐的骗人伎俩，可以使他们在本乡本土获得很多好处，并且可以在那里普遍使用，可是只要他们一来到汉堡或柏林，那些狡猾手段就失灵了"。

而处于中级阶段的德国商人，采用的则是一套"已经稍加改进但到底还很低劣的手腕和花招"。比如，"先给人家送上好的样品，再把蹩脚货送去"。这些手腕和花招在德国"被看作生意场上的智慧顶峰"，但是，一到英国"大市场"，不仅会失灵，而且"已经不合算了"。因为在英国"大市场"，"那里时间就是金钱，那里商业道德必然发展到一定的水平，其所以如此，并不是出于伦理的狂热，而纯粹是为了不白费时间和辛劳"。

恩格斯的这一段描述，结合我国今天的情况来读，仍极具启发性。

2013 年 3 月在全国政协大会上发言

　　《论新一轮改革的突破口》一文，除了刊载于《财贸经济》2013 年第 6 期之外，《经济参考报》于 2013 年 5 月 9 日刊登了其记者对我的专访录，题为《把加强法制作为新一轮改革突破口》。

　　《人民日报》2013 年 6 月 13 日也以《新一轮改革的突破口》为题，刊登了此文（略有删减）。

　　我作为第十二届全国政协委员，在 2014 年 3 月全国政协第十二届二次会议上，提交了《关于选择全面深化改革总突破口的提案》。《人民政协报》于 2014 年 3 月 3 日刊登了我的这个提案。

不可忽视 GDP

从 2010 年第二季度起，我国经济增速开始下滑。进入 2012 年后，经济下行压力加大，经济增速进一步回落，出现了比社会预期更为明显的放缓。

我认为，对于经济增速超预期回落的这一态势，既不能反应过度，也不能掉以轻心。

"反应过度"的主要表现为：一是主张大力度地放松宏观调控政策；二是刚刚沉寂一点的中国经济崩溃论、中国经济危机论、中国经济硬着陆论、中国经济滞胀论等说法又浮出水面。

"不能掉以轻心"就是要：认真分析经济增速明显回落的各种可能原因，有针对性地采取各种措施，避免经济增长的大起大落，保持经济更长时间的平稳较快发展。

我撰写了《不可忽视 GDP——当前中国经济走势分析》一文，载于《经济学动态》2012 年第 7 期。该文在分析经济增速超预期回落的原因时指出：经济增速的进一步回落是由多种原因造成的，从学术界已有的分析看，主要有以下七个方面的原因：

其一，是主动宏观调控的结果；

其二，是主动转变经济发展方式、加快结构调整的结果；

其三，是国际上外需低迷、出口不振，国际金融危机的影响还在发酵；

其四，是国内消费动力不足、投资需求不旺所致；

其五，是资源、环境、劳动力供给等约束强化，导致潜在经济增长率下移；

其六，是各种成本上升，资金紧张，市场需求疲软，利润下降，使企业经营困难；

其七，是经济增速回落过程中固有的惯性。

以上的原因都存在，但我们想强调的是，可能还有第八个方面的原因，即一种倾向掩盖另一种倾向。一些地方在反对GDP崇拜、反对盲目追求和攀比GDP的过程中，出现了忽视GDP、淡化GDP的倾向，不再下大力去做好经济工作。这是值得我们高度重视的。

为什么不可忽视GDP呢？

先解释一下：GDP，即国内生产总值，是一个国家（或地区）在一定时期内，所有常住单位参与生产和服务活动所形成的增加值。物质资料生产，以及相关的生产性和生活性服务活动，是一个社会赖以生存和稳定发展的实体经济基础。

在现实经济运行中，GDP增长速度既不能太高，也不能太低。若太高，将会导致"大起大落"。反对GDP崇拜、反对盲目追求和攀比GDP，是正确的。但在一定时期内，GDP增长速度也不能太低。如果太低，也会带来一系列问题，诸如会给居民收入增长和人民生活带来困难；会使财政收入受到影响，使需要财政支持的经济结构调整、社会事业发展、社会保障实现等都受到影响；会影响企业的宏观经营环境，影响企业的生产和销售，影响就业的扩大。总的来看，经济增速过高，会恶化经济结构；而增速太低，也会恶化经济结构。因此，要保持一定的、适度的经济增速。

经济增长由高速转入中高速

在我国经济由高速增长阶段转向高质量发展阶段的过程中，潜在经济增长率下降是正常的。所谓"潜在经济增长率"，是指在各种资源正常地充分利用时所能达到的经济增长率。它表明一定时期内经济增长的中长期趋势，决定着一定时期内的经济适度增长区间。

但是，对于我国潜在经济增长率下降的幅度问题，学术界的看法却大相径庭。有人认为会大幅下降，有人认为应渐进下降。一时间，讨论之声相当高亢。国际上也有学者预言，2013年后，中国经济增速可能大幅放缓至 5% 或更低。

我在《不可忽视 GDP——当前中国经济走势分析》一文中，以及在随后发表的《当前和未来五年中国宏观经济走势分析》（载于《中国流通经济》2013 年第 1 期）一文中，都反复提出：潜在经济增长率的下降可以是一个渐进过程，先由"高速"降到"中高速"，然后再降到"中速"，再降到"中低速""低速"，分阶段地下降。

我仔细研究了国际经验，指出不同国家因其地域大小不同、人口多少不同、资源禀赋不同、国内外环境条件不同等，潜在经济增长率的下移可表现为三种不同的情况。

第一种情况，有的国家表现为突变过程。如日本，二战后，20 世纪 70 年代中期开始，经济增长率由原来的年均 9% 以上猛降为 4% 左右。

第二种情况，有的国家则表现为相对平稳的渐进过程。如韩国，经济增长率由 20 世纪 60~70 年代的年均 9% 左右，降到 20 世纪 80~90 年代中期的 8% 左右，再降到 20 世纪 90 年代后期的 4% 左右。

第三种情况，有的国家潜在经济增长率下降后，在一定时期随着科技发展等因素的推动，还可能重新上移。如美国，20 世纪 90 年代由信息技术革命推动了潜在经济增长率的上移。

我国是一个地域辽阔、人口众多的国家，国内需求的回旋余地较大，工业化、城镇化的纵深发展有一个逐步推移的过程，人口红利的下降也有一个渐进的过程，应该说，我们有条件使潜在经济增长率的下移平滑化，宏观调控应力求使经济增长率的下移成为一个渐进的过程。

我所提出的我国经济增长应该由"高速"先降到"中高速"而逐步下降的观点，还刊登在许多报刊上。

2012 年 4 月 17 日，《人民政协报》以《中国经济或将驶入中高速增长之路》为题，刊登了其记者崔吕萍对我的访谈。

6 月 18 日和 20 日，《中国经济时报》分上、下两篇，刊登了我的《不可忽视 GDP——当前中国经济走势分析》一文。

7月7日,《光明日报》以《刘树成教授谈当前中国经济走势》为题,刊登了其记者张雁对我的专访。

7月16日,《人民日报》刊登了我的《立足发展阶段,把握经济走势》一文。

9月27日,《经济参考报》以《在保当前和谋长远之间寻找平衡》为题,刊登了其记者金辉对我的专访。

10月29日,《经济日报》刊登了我的《未来五年我国潜在经济增长率分析》一文。

2013年9月11日,在中国大连举行的"第七届夏季达沃斯论坛"上,李克强总理致辞道:"中国经济持续30多年的高速增长,创造了世界发展史上的奇迹。当前中国经济已进入中高速增长阶段。……中国经济总量比过去明显增大,目前已进入转型发展阶段,潜在增长率有所下降,经济增长由高速转为中高速符合发展规律。"(《以改革创新驱动中国经济长期持续健康发展——在第七届夏季达沃斯论坛上的致辞》,《人民日报》2013年9月12日。)

紧接着,我又撰写了《中国经济增长由高速转入中高速》一文,载于《经济学动态》2013年第10期。此文经删减,《人民日报》于2013年10月14日以《我国经济进入中高速增长阶段》为题予以刊登。这两文进一步论证了我国经济增长应由"高速"先降到"中高速"的问题。《光明日报》2013年11月12日,以《中国经济:中高速增长靠什么》为题,刊登了其记者张翼对我的专访。

与其守下限，不如握中线

从 2010 年第二季度起至 2014 年，我国经济增长率持续下滑。经济增长的下行压力不断冲击经济增长合理区间的下限。为使经济运行不滑出下限，宏观调控不断出台一些微刺激措施，我将其称为"下限保卫战"。

潜在经济增长率决定着一定时期内经济增长的适度区间，或合理区间。所谓"区间"，就包括下限、上限和中线。

过去我们经常讨论"适度增长区间"问题，那时主要针对的情况是经济增长经常冲出上限，由此而提出要把握适度增长区间的中线。

然而，现在的问题是，经济增长由过去经常冲出上限，转变为要守住下限的情况。

经济增长冲出上限，不利于转方式、调结构；而经济增长滑出下限，或连续在下限边缘运行，也会带来一系列新问题，也不利于转方式、调结构。守住下限，是被动的。而且，经济下滑具有惯性，一旦国内外经济环境有个"风吹草动"，就很容易滑出下限。同时，经济增速下滑，极不利于稳定市场预期，不利于提振市场信心。为了扭转"守住下限"的被动局面，我在《中国经济增长由高速转入中高速》一文中提出，宏观调控与其守住下限，不如把握中线。现在，是针对经济增长有可能滑出下限而提出要把握适度增长区间的中线。

2013 年 8 月 28 日，《中国经济时报》刊登了我的《与其守住下限不如把握中线》一文。

2014 年 6 月 16 日，《中国经济时报》刊登了我的《再论与其守住下限不如把握中线》一文。

6 月 19 日，《经济参考报》以《宏观调控：守下限不如保中线》为题，刊登了其记者金辉对我的专访。

2014 年第 4 期《经济学动态》刊登了我的《对经济运行下限的第三个冲击波——2014 年中国经济走势分析》。

2014 年第 7 期《财贸经济》刊载了我的《改革宏观调控方式与把握合理区间中线》。

2014 年第 10 期《经济学动态》又刊载了我的《构建中国经济发展新棋局——当前和中长期经济走势分析及政策建议》。

这些文章都进一步阐述了要改变宏观调控思维方式，由守住下限转为把握中线。我提出，要摆脱只守下限的被动局面，把握合理区间中线，已经不是靠短期的"微刺激"措施、不是靠临时的反周期对策、不是靠简单的放松政策、不是靠一个个零碎地推出一些项目就能解决问题的。也就是说，既不是靠"大水漫灌"所能解决的，也不是靠"喷灌""滴灌"所能解决的，而需要宏观调控"大手笔"，就是要构建我国经济中长期发展的新棋局，采用具有中长期持久推动力量的总体应对办法。

防止经济增速一路下行

在我国经济由高速增长阶段转向高质量发展阶段的过程中，从 2010 年第二季度起至 2015 年第一季度，我国经济增长率出现了连续 20 个季度的下滑。在学术界，有人将新常态理解为经济增速一路下行。我撰写了《防止经济增速一路下行——2015~2020 年中国经济走势分析》一文（载《经济学动态》2015 年第 3 期），提出不能把新常态片面理解为经济增速一路下行。因为经济增速一路下行将会给我国经济与社会发展带来一系列严重问题。

其一，经济增速若一路下行，到 2020 年，将使城镇居民人均收入比 2010 年翻一番的目标难以实现。

其二，经济增速若一路下行，国内生产总值季度增长率将会出现一条从 2010 年至 2020 年连续长达 11 年的下行轨迹，将会严重影响社会预期和企业投资，并由此影响企业的技术创新和升级。

其三，经济增速若一路下行，财政收入的增速也会一路下行，将会影响财政收入的增长。这样，需要财政支持的经济结构调整、经济发展方式转变、有关改革措施的出台、各项社会事业的发展、社会保障的扩大、收入差距的调节等都会受到影响。

为防止经济增速一路下行，我提出，首先要厘清认识，新常态并不意味着经济增速一路下行。

如果说"赶超型国家的经济发展在经历了一段高速增长之后，其增长速度会下台阶，这是客观规律"，那么这种说法没错。

但如果说这个"下台阶"一定是"大幅度"下台阶，或一定是长时间的一路下行，那么这种说法并非客观规律。特别是从基本国情出发，我国是一个地域辽阔、人口众多的发展中大国，我国经济具有巨大韧性、潜力和回旋余地，未来发展空间还很大。我们要坚持以提高经济发展质量和效益为中心，坚持把转方式、调结构放到更加重要的位置，但这并不意味着要使经济增速一路下行。

为防止经济增速一路下行，我进一步指出，要遵循经济波动客观规律，使经济增速在合理区间内有升有落，正常波动，健康地推进。经济学原理告诉我们，经济波动在上升期和回落期具有不同的宏观经济运行环境和不同的功能。

回落期是调整期、消化期、淘汰期，这时，社会需求低迷，企业经营困难，市场预期前景不看好，难以扩大投资和实现创新驱动。

而在上升期，企业生产经营状况改善，企业利润增速提高，原材料和机器设备等生产资料价格尚处于低位，信贷条件相对宽松，市场前景看好，市场信心恢复，这就有利于企业扩大投资，有利于企业转方式、调结构、技术创新。上升期是市场活跃期、创新活跃期、投资和消费活跃期，可以有力地推进整个经济实现提质、增效、升级。

作为全国政协委员，我在 2015 年 3 月全国政协第十二届三次会议上，提交了《关于防止经济增速一路下行的提案》。《经济参考报》于 2015 年 3 月 4 日以《防止经济增速一路下行》为题、《人民政协报》于 2015 年 3 月 12 日以《新常态并不意味着经济增速一路下行》为题，刊登了我的这个提案。

民间投资增速：为何严重下滑

2016 年以来，我国民间固定资产投资增速（以下简称"民间投资增速"），出现了近几年来尚未有过的严重下滑局面。这是自国家统计局 2012 年正式发布民间投资统计数据以来，出现的"意想不到"的三个"首次"：

一是"首次"出现民间投资增速断崖式急速下滑；

二是"首次"出现民间投资增速低于全国总体固定资产投资增速（以下简称"全国投资增速"）的情况，而在过去，民间投资增速均高于全国投资增速；

三是"首次"出现民间投资占全国投资的比重大幅度下降。

民间投资增速的严重下滑成了当前与今后我国经济走势分析中大家特别关注的一个焦点问题。那么，首先要弄清楚，民间投资增速严重下滑的原因是什么呢？一般人们会列出四个问题：

一是与民间投资有关的一些法规政策不配套、不协调、落实不到位；

二是民营企业在市场准入、资源配置和政府服务等方面难以享受与国有企业同等待遇；

三是民营企业融资难融资贵、缴费负担重；

四是一些干部不作为、不会为、乱作为，少数地方政府失信等。

以上这些问题都是影响民间投资增速严重下滑的一些重要原因，但我认为，这些还不是最关键的原因。因为以上问题都不是什么新问题，都是多年来一直存在的。而且，实际上，近年来政府已采取许多政策措施来解决这些问题。在存在同样的问题且政策措施不断改善的情况下，为什么前几年民间投资增速还一直高于全国投资增速，而 2016 年以来民间投资增速却出现了如此剧烈的严重下滑呢？

《民间投资增速严重下滑与宏观经济波动》一文（载《中国工业经济》2016 年第 11 期）指出，盈利预期问题是民间投资增速严重下滑的最关键原因。我们知道，民间投资是市场化比较强的一种经济活动。之所以说"市场化比较强"，是因为它有两大特点：一是民营企业自主决策、自负盈亏；二是以获取盈利为目的。如果没有盈利预期、盈利前景，民营企业是不会贸然投资的。2016 年以来民间投资增速如此严重地下滑，最关键的原因就是随着近年来经济增速的回落，企业整体盈利呈现大幅下降或负增长局面，使投资的盈利预期不振、盈利前景迷茫，民间投资只好选择观望以避险。这是符合市场经济条件下企业行为规律的。

在现实经济生活中，"预期"不是凭空形成的。一方面，预期不是一个单纯的心理因素，不能只靠口头上鼓舞信心就能解决问题；另一方面，在实际生活中，人们一般也很难根据充分的信息做出理性预期，而更多的还是从刚刚经历过的、现实的情况出发，做出外推性或适应性预期。所以，要促进民间投资增长、扭转民间投资增速的严重下滑，就需要营造有利于形成企业盈利预期的良好环境条件。而对于我国宏观经济走势，一种流行的看法是，我国经济运行将呈"L"形走势，而且"L"形曲线的后半部可能时间比较长，不是一两年就能过去的。这种信息对于提振企业盈利预期是很不利的。

我分析指出，在市场化情况下，为民间投资增长营造良好的环境条件需要多方面努力，归纳起来，可包括以下四大环境条件。

一是政策与制度环境条件。政府简政放权，放松对企业的微观管制，实行市场公平准入原则，实施税收优惠，降低企业成本负担，等等。

二是资金环境条件。拓宽市场融资渠道，改进金融服务，降低融资成本，着力缓解融资难、融资贵问题，为民间投资提供适度宽松的信贷条件。

三是法律环境条件。加强法制建设，强化市场监管，维护市场秩序，促进公平竞争，保证市场正常运行，保护知识产权等。

四是宏观经济运行环境条件。营造有利于形成企业盈利预期的宏观经济运行环境。

在以上四个环境条件中，前三个是促进民间投资增长、扭转民间投资增速严重下滑的必要条件，但还不是充分条件。因为前三个条件主要是解决市场准入、市场融资、市场秩序等问题，但还不能直接形成企业盈利预期。以上第四个条件，即营造有利于形成企业盈利预期的宏观经济运行环境，则是促进民间投资增长、扭转民间投资增速严重下滑的充分必要条件。

从经济学原理的角度分析，要使市场形成盈利预期，就需要有良好的、向上运行的宏观经济环境。宏观经济运行的波动，在上升期和回落期具有不同的环境条件。上升期是市场活跃期，在国民经济的各部门、各地区、各行业之间，以及在社会再生产的投资、产出、销售、收入、消费等各环节之间，具有向上作用的连锁扩散效应和累积放大效应，社会需求旺盛，经济增速回升，企业生产经营状况改善和良好，企业利润增速恢复和提高，从而有利于形成盈利预期和展现盈利前景。只有在这种宏观经济运行环境下，民间投资才会活跃起来。

而回落期是调整期、消化期、淘汰期，这时，在国民经济的各部门、各地区、各行业之间，以及在社会再生产的投资、产出、销售、收入、消费等各环节之间，则具有向下作用的连锁扩散效应和累积放大效应，社会需求低迷，经济增长疲弱，企业生产经营困难较多，企业利润增速普遍下降，从而市场上弥漫着悲观的盈利预期，盈利前景迷茫。在这种宏观经济运行环境下，民营企业一是没有意愿去投资，二是没有好项目去投资，三是没有钱去投资。

《经济参考报》记者田如柱、金辉来找我做专访时，这些内容我刚有了一个初稿。2016年9月8日，以《为扭转民间投资下滑营造良好环境》为题刊登了这次专访。

2016年10月20日，在全国政协召开的宏观经济形势分析座谈会上，我就民间投资问题作了发言。会后，《人民政协报》于2016年10月25日，以《扭转民间投资疲态应优化四大环境》为题刊登了我的发言。

2017年3月参加全国政协会议

美国《总统经济报告》探源

　　近年来，在我国经济由高速增长阶段转向高质量发展阶段的过程中，在转变经济发展方式、反对盲目崇拜和片面追求GDP的情况下，经常会听到国内外一些人士说："中国应取消GDP增长目标"。持此类意见者，常以美国为例，在美国，政府是不谈GDP的，GDP只是一个经济统计数字而已，除了统计或者经济学教授会对GDP感兴趣之外，很少有人关注GDP。

　　这涉及两个大问题：一是中国是否应该取消GDP增长目标？二是在美国，政府真的不谈GDP吗，GDP真的只是一个经济统计数字而已吗？

　　为了厘清这两个问题，我想首先应该弄清第二个问题。第二个问题很有迷惑性。美国是世界上市场经济最为发达的国家之一，如果美国政府都不谈GDP了，那么未来中国市场经济发展起来了，中国政府也不应该再谈GDP了。因此，要先弄清第二个问题。第二个问题弄清楚了，第一个问题也就会迎刃而解了。

　　弄清第二个问题的最好办法，就是对美国《总统经济报告》进行研究。美国《总统经济报告》，是美国联邦政府关于经济形势和宏观经济目标的分析与展望，阐述其国内外经济政策的权威性报告。对包括GDP在内的一系列宏观经济目标的制定、回顾、分析与展望，以及相应的经济政策与措施，是每年《总统经济报告》的重要内容。

通过对美国《总统经济报告》的研究可以看到，所谓在美国，政府是不谈 GDP 的，GDP 只是一个经济统计数字而已的说法，只是一种误导。实际上，在美国，并没有取消 GDP 增长目标，GDP 也绝不只是一个简单的经济统计数字而已。特别是对美国联邦政府来说，包括 GDP 在内的一系列宏观经济目标的制定并不是一件简单的事情，而是一个有序的法制化过程。这些宏观经济目标的设立、扩展、具体编制、各有关方面的协调、国会审议程序等，都是由法律规定的。

可以说，美国《总统经济报告》是美国联邦政府经济管理法制化的一个重要体现。这涉及两个重要的法律：一个是第二次世界大战刚刚结束后的《1946 年就业法》，依据这个法创立了《总统经济报告》；另一个是《1978 年充分就业和平衡增长法》，这个法进一步扩展了《总统经济报告》。

1947~1952 年，在开头的 6 年中，《总统经济报告》要在每年初和年中向国会提交两次；1953 年至今，每年初向国会提交一次。1947~2018 年的 72 年间，共提交 78 次，形成了长长的一个系列。一般说来，每本《总统经济报告》的前面几页，是一个由总统签署的、简短的致国会的说明函；然后，是该报告的主体，即在总统直接负责下，由总统经济顾问委员会撰写的长篇经济报告（一般谈及《总统经济报告》的内容，主要是指这个长篇报告）。在《总统经济报告》的最后，附有经济统计表格。《总统经济报告》由最初的 100 页左右，逐步扩展到 200

页、300 页、400 页、500 页，甚至近 600 页，如 2018 年 2 月特朗普总统向国会提交了其就任后的第一份《总统经济报告》，长达 568 页。

我第一次接触美国《总统经济报告》是在 1989 年。当时，我在美国科罗拉多州博德尔经济学院进修。学院开设的"当代美国经济"课程，也就是那个"潇洒女教师"的课程，其参阅的教材就是该年的美国《总统经济报告》。从那时起，我每年都收存最新出版的该报告。2000 年和 2008 年我两次赴美考察时，都专门走访了总统经济顾问委员会。

我一直都想抽空仔细地、系统地研读一下该报告。但我的研究工作一直聚焦中国经济波动与宏观调控问题，所以一直没有顾及对美国《总统经济报告》的研究。近年来，我已卸任经济研究所所长职务，有了一点空档时间，就在"中国社会科学院创新工程学部委员创新岗位项目"中立了一个题，名为"美国《总统经济报告》法制化研究"。为了更多地了解美国，2010 年夏，我和我爱人孙笑纳对美国中部（芝加哥市、印第安纳州），东部（首都华盛顿、纽约市、宾夕法尼亚州、马萨诸塞州），以及西部（洛杉矶市、旧金山市）等地，进行了一次较为广泛的旅游。

当我开始这项研究时，发现国内学术界对美国《总统经济报告》的研究并不多。特别是国内已有的某些研究，使用的都是第二手资料。比如《1946 年就业法》和《1978 年充分就业和平衡增长法》这两个重要的法律，当初在美国国会起草和通

2010 年 7 月与夫人孙笑纳访问美国普渡大学

过时，都经过激烈的争论。那么，这两个法律的原始议案是怎样的？为什么引起激烈的争论？这对于研究美国《总统经济报告》的创立和扩展是十分重要的。但国内的一些研究没有拿到这两个法律的原始议案，其所引用的，都只是第二手资料，这就难以真切地把握当时的情况。我努力找到了这两个法律的原始议案，使这项研究得以顺利进行。

于是，我发表了两篇论文《美国〈总统经济报告〉法制化研究》（载《经济学动态》2017 年第 3 期）和《美国〈总统经济报告〉法制化研究之二——兼对"中国应取消 GDP 增长目标"意见的回应》（载《经济学动态》2018 年第 5 期）。

《总统经济报告》的曲折创立

我们先说美国《1946 年就业法》。依据这个法创立了《总统经济报告》，首次规定了美国联邦政府的宏观经济目标。为什么第二次世界大战刚一结束，美国就要通过这一立法呢？

背景情况是：1929~1933 年的经济大危机、大萧条，给美国经济造成巨大的冲击，失业率高达 20% 以上。之后，在第二次世界大战期间，在战时经济的带动下，失业率逐渐下降。1945 年初，二战即将结束。在美国，鉴于战时高额的军费支出即将被削减，加之大量的士兵将要退伍，人们十分担心大萧条和大规模失业将会卷土重来。美国国会和联邦政府急于寻找战后经济发展的对策。

鉴于此，1945 年 1 月由 4 位参议员提出《1945 年充分就业法》议案。经过激烈辩论和反复修改，由众议院和参议院通过，并于 1946 年 2 月 20 日由杜鲁门总统签署生效，成为法律，即《1946 年就业法》。

该法在法律上确立了美国联邦政府的宏观经济总体目标，即"促进最大限度的就业、生产和购买力"。联邦政府义不容辞的职责是：采取一切政策措施，实现这三大宏观经济目标。为了实现这些宏观经济目标，该法创立了一个"载体"和两个"组织保障"。一个"载体"是每年初总统要向国会提交《总统经济报告》。两个"组织保障"是专门成立"总统经济顾问委员会"和"国会有关总统经济报告的联合委员会"。

该法具体规定,《总统经济报告》的主要内容包括四个方面:

① 提出美国现有的就业、生产和购买力水平,以及达到这样水平所需要实行的政策;

② 对于就业、生产和购买力水平,提出近期可预见的趋势;

③ 回顾上一年度联邦政府的经济项目,回顾相关的经济条件及其对就业、生产和购买力的影响;

④ 提出实施项目规划,连同总统认为必要的或适宜的立法建议。

在总统直接负责下,总统经济顾问委员会负责撰写《总统经济报告》。总统经济顾问委员会与其他政府机构不同,它不是主管某种具体业务的职能部门,而是比较超脱的顾问性机构。由此,总统有了一个具有法律地位的,正式、公开、权威的经济智囊机构。

为什么该法的通过经历了激烈的辩论和反复的修改呢?这就需要把最后通过的《1946年就业法》与其前身《1945年充分就业法》议案进行比较分析。结果发现,最后通过的《1946年就业法》几乎是对原议案的重新改写。特别是在原议案中,要求总统每年初向国会提交的,并不是《总统经济报告》,而是《国民生产和就业预算》。

首先,在原议案中,联邦政府的宏观经济目标只集中于一点，即"保证持续的充分就业"。为了实现充分就业，原议案提出了一个凯恩斯主义的计划机制，即要求总统每年初向国会提交《国民生产和就业预算》。在其中，要把充分就业目标定量化，即首先要求估算和确定劳动力规模及相应的"充分就业产量"；然后，估算全社会"未来预期的投资和支出总量"。如果全社会"未来预期的投资和支出总量"不能达到"充分就业产量"的需要，联邦政府就要扩大其投资和支出，以刺激经济增长；反之，联邦政府就要缩减其投资和支出，以防止通货膨胀。

在原议案的辩论中，反对者主要提出，《国民生产和就业预算》带有明显的计划色彩，在美国这样一个自由竞争的市场经济和私人企业制度下，这些做法违背了美国的自由社会基本信条。

而支持者强调，20 世纪 30 年代，在美国，充分就业和实际就业之间存在巨大的、持久的缺口。数据表明，私人企业制度易于导致大规模的周期性破坏。私人企业自行其是，不能提供充分就业。政府应该对就业负有责任。

经过激烈的辩论，鉴于 20 世纪 30 年代大萧条和二战期间战时繁荣的深刻经历，鉴于罗斯福新政和凯恩斯主义的影响，支持者和反对者最终达成了折中的妥协。《1946 年就业法》将原议案中总统每年初要向国会提交的、计划色彩很浓的《国民生产和就业预算》，改为计划色彩较弱的《总统经济报告》。该法取消了原议案对宏观经济目标进行定量化的规定，代之以在《总统经济报告》中提出一般原则性要求，即仅对宏观经济目标所能达到的水平及其趋势进行分析与展望，而不设定必须实现的数量目标。

《总统经济报告》的应时扩展

为什么到 20 世纪 70 年代中期迫切要求对《1946 年就业法》进行修订呢？我进一步研究了《1978 年充分就业和平衡增长法》的产生。

背景情况是：《1946 年就业法》通过后，从 20 世纪 40 年代后半期到 70 年代初的 30 余年间，美国失业率保持在较低且稳定的水平。特别是 1961 年 2 月至 1969 年 12 月，美国经济出现了二战后的第一次长期繁荣，历时达 106 个月。这其中的原因是多方面的，《1946 年就业法》也起到了一定的作用。但到70 年代中期，美国经济出现了新情况，累积了新问题，即陷入了"滞涨"困境，低增长、高失业、高通胀并存。1974~1975年，美国经济呈负增长；失业率上升到 8.5%，这是《1946 年就业法》颁布以来从未出现过的最高失业率；而消费价格上涨率高达 11%，达到了自 1918 年第一次世界大战结束以来，从未有过的最高水平。

为应对日趋严峻的"滞涨"困境，1976 年初，参议员汉弗莱和众议员霍金斯提出《1976 年充分就业和平衡增长法》议案，作为对《1946 年就业法》的修订和扩充。经过两年多的激烈争论，由众议院和参议院通过，并于 1978 年 10 月 27 日由卡特总统签署生效，成为法律，名为《1978 年充分就业和平衡增长法》。

这个 1978 年新法对《1946 年就业法》进行了大幅度的修订和扩充。其中最重要的修订和扩充是：对宏观经济总体目标进行了扩展，并提出在《总统经济报告》中设立明确的年度数量目标，也就是将宏观经济目标定量化。

在《1946 年就业法》中，总体目标是三项，即促进最大限度的就业、生产和购买力。而 1978 年新法扩展为九项：促进充分就业，促进充分生产，增加实际收入，平衡增长，平衡联邦预算，充分的生产率增长，恰当关注国家优先重点，通过增加出口和提高农业、企业、工业的国际竞争力来实现贸易平衡的改善，合理的价格稳定。总体目标的扩展，反映了在新情况下美国联邦政府所承诺的职责更加广泛，所要应对的经济问题更为复杂和多样。

在《1946 年就业法》中，仅要求在《总统经济报告》中对宏观经济目标所能达到的水平及其趋势进行分析与展望，但并不作为联邦政府必须努力实现的数量目标。实际上，"促进最大限度的就业、生产和购买力"只是没有数量约束的定性目标。而 1978 年新法提出，为实现总体目标，在《总统经济报告》中要设立明确的、具体的年度数量目标。新法提出 7 个数量目标：就业、失业、生产、实际收入、生产率、联邦支出占国民生产总值的比重、价格。这样，将宏观经济目标完全定量化了。新法还提出，年度数量目标分为短期（2 年）和中期

（5 年）两种。

　　为什么 1978 年新法的通过又一次经历了激烈争论，历时更长了呢？

　　我把《1978 年充分就业和平衡增长法》与其原议案《1976年充分就业和平衡增长法》进行了比较。结果发现，原议案的一个突出内容是：与《总统经济报告》并行，要求总统同时再制定和提交一个《充分就业和平衡增长计划》。该计划要求从定量与定性的角度，提出若干年内可行的长期国家目标，以及实现这些目标的优先政策和项目，作为一个综合的蓝图，作为适于私人、联邦政府、州和地方政府行动的一个长期指南。

　　反对者认为，1976 年的原议案在很多方面承袭了最早的《1945 年充分就业法》议案的主张，1976 年原议案的核心内容是《1945 年充分就业法》议案的一个复制本。

　　经过辩论，最后通过的《1978 年充分就业和平衡增长法》对原议案进行了重大修改，完全删除了与《充分就业和平衡增长计划》有关的内容，而规定在《总统经济报告》中设立短期和中期两种年度数量目标。

美国政府宏观经济目标制定的法制化

　　我特别对美国《总统经济报告》中，联邦政府宏观经济目标制定的法制化进行了详细的研究。

第一，年度数量目标的设立及其排序的变化。

1978 年新法提出，在《总统经济报告》中要设立明确的年度数量目标。由此，1979 年至今，在每年的《总统经济报告》中都列出了一个年度数量目标表。1979 年《总统经济报告》中首次列出年度数量目标表，表名为"经济目标"，包括 6 个数量目标：就业人数、失业率、消费者价格、实际 GNP、实际可支配收入、生产率。

在 1979 年以后的《总统经济报告》中，年度数量目标表所列出的目标有所增减，如去掉了实际可支配收入、生产率等指标，增加了 91 天国库券利率、10 年期国债利率等指标。

需要说明的是，这些年度数量目标的排序发生了变化。1979~1985 年的最初 7 年里，就业一直排首位。而从 1986 年起，实际 GNP 增长率排首位。1992 年之后，"实际 GNP 增长率"改为"实际 GDP 增长率"，仍排首位。从 1996 年起，又新增加了名义 GDP 增长率，排首位。由此，名义 GDP 增长率和实际 GDP 增长率排前两位，随后是价格，而就业退居于价格之后。

第二，年度数量目标的期限。

1978 年新法提出，年度数量目标分为短期目标和中期目标两种。提交《总统经济报告》的该日历年和下一个日历年的年度数量目标，称为短期目标；随后 3 个日历年的年度数量目标，称为中期目标；合起来称为 5 年数量目标。在 1979 年《总统经济报告》中首次列出的年度数量目标表中，列出了

1979~1983 年共 5 年的目标。在以后的《总统经济报告》中，该表所列出的年数不断扩展，从 5 年到 6 年、7 年、9 年不等，而 2010 年以后，扩展到 13 年，包括短期、中期和长期的年度数量目标。

第三，3 个重要目标的目标值及其实现的时间表。

1978 年新法不仅提出设立短期和中期的年度数量目标，而且对失业率、通货膨胀率、联邦支出占国民生产总值的比重这 3 个重要目标确定了今后一段时期内的具体目标值，以及要求实现的时间表。

关于失业率，到 1983 年，以年龄 20 岁及以上范围计算，降低至不超过 3%；以年龄 16 岁及以上范围计算，降低至不超过 4%。

关于通货膨胀率，到 1983 年，降低至不超过 3%；到 1988 年，降低至 0%。

关于联邦支出占国民生产总值的比重，到 1981 年，降低至 21% 或更少；到 1983 年及其后，降低到 20% 或更少。

该法规定，如果有必要，总统可以对这些年度数量目标及其实现的时间表提出修改建议。从实际情况来看，这些目标值都过于乐观了，均未能如期实现。

第四，年度数量目标的性质及其变化。

1979 年首次列出的年度数量目标表，表名为"经济目标"。随后，该表的名称有几次变化，反映出这些数量目标的性质的变化。该表名称和性质的变化，可分为以下四个阶段。

第一个阶段，1979~1980年，为期两年，该表的名称为"经济目标"。在1979年《总统经济报告》里列出的第一张"经济目标"表中，1979~1983年这5年的目标分为3种不同的性质。

第一种，1983年失业率降至4%和通货膨胀率降至3%的目标，是法定性目标，即在新法中直接规定的具体数值目标。

第二种，1979~1980年头两年的短期目标，是预测性目标，即在未来两年，对于总统在1979财年和1980财年已提出的预算政策，以及1978年10月24日已宣布的反通货膨胀措施，经济将会有何种反应。也就是说，在政府的宏观经济政策已确定的条件下，经济运行将会出现什么反应。

第三种，1981~1983年的中期目标（除1983年失业率和通货膨胀率两个法定目标外），是预计性目标。该年《总统经济报告》特别指出，1981~1983年的中期目标不是预测，而是预计，即在实现新法已确定的1983年失业率和通货膨胀率目标的条件下，对所需要的经济运行进行的预计、设计或规划。总的来看，1979~1980年的"经济目标"表，是以实现法定性目标为主要特征的。

第二个阶段，1981~1983年，为期3年，该表的名称改为"经济预计"。1981年，失业率和通货膨胀率不仅没有下降，反而大幅上升。新法所规定的到1983年失业率降至4%和通货膨胀率降至3%的目标过于急迫，过于雄心勃勃，是不可能实现了。这样，在1981年《总统经济报告》中，将实现失业率和通货膨胀率法定目标的时间表不定期地往后推延了，并强调要以更加渐进的路径去实现这两个目标。在该年所列出的年度数量目标表中，第五年（1986 年）的失业率和通货膨胀率目标已不再是原来的法定目标。1982~1986 年这 5 年内各年的目标均是在以更加渐进的路径实现原法定目标的条件下，对经济运行所做的预计、设计或规划。由此，该表的名称改为"经济预计"。总的来看，1981~1983 年的"经济预计"表，是以预计性目标为特征的。

第三个阶段，1984~1991 年，为期 8 年，该表的名称又改为"政府经济设想"。1984 年，失业率仍处于高位，通货膨胀率也下降得很缓慢，新法所规定的失业率降至 4% 和通货膨胀率降至 3% 的目标仍难以实现。在 1984 年《总统经济报告》中，该年所列出的年度数量目标表中，1985~1989 年 5 年内各年的目标既不是预测（因为这些目标不是在政府早已确定的宏观经济政策条件下，经济运行将会作出的反应），也不是原来的法定目标（因为法定目标的实现已遥遥无期），而被称为"设想"。按照该年《总统经济报告》的解释，这些目标反映的是在一定的财政政策和货币政策的假设下，政府对可能的基本经济趋势的设想。总的来看，这一阶段的年度数量目标表是以设想性目标为特征的。

第四个阶段，1992~2018 年，为期 27 年，该表的名称改为"政府预测"。在 1992 年《总统经济报告》中，将预测分为两种：一种是政策预测，是指在给定政府将采取某种经济政策的情况下，经济运行的预期过程；另一种是常规预测，是指在政府没有采取新的经济政策的情况下，即假定一切相关条件不变的情况下，经济被预期按照原来惯性运行的过程。该年的年度数量目标表中，列出了1992~1997年6年内各年的目标，同时给出了这两种预测值。

在1993年《总统经济报告》中，对于1993~1998年6年内各年的目标，除了给出政府的政策预测之外，还给出了两种供选择的预测方案：一种是高增长方案，其实际GDP增长率和通货膨胀率均高于政府的政策预测值，其失业率则低于政府的政策预测值；另一种是低增长方案，其实际GDP增长率和通货膨胀率均低于政府的政策预测值，其失业率则高于政府的政策预测值。以此表明经济预测的不确定性。

1994年之后，在《总统经济报告》的年度数量目标表中，一般给出的是政府的政策预测。在《总统经济报告》中，阐明相关的政策假定条件、分析可能的风险因素和不确定性。许多年份的《总统经济报告》都曾强调，所有经济预测都隐式或显式地对政府的未来经济政策作出假设。政府预测最重要的目的是，建立一个良好的预测，尽可能地充分利用一切可得到的信息，准确捕获可能的经济趋势。政府预测还有一个重要目的，就是作为联邦政府预算的支撑，用于设计联邦政府的收入、支出和预算赤字。联邦政府预算是贯彻总统的施政纲领和各项政策的资金保障。

由以上四个阶段来看，美国联邦政府宏观经济目标的制定经历了一个演变过程，即由总体定性目标到年度定量目标；由法定性、预计性、设想性到预测性；由就业居第一位到 GDP 升至第一位；由短期和中期目标到短、中、长期目标相结合。而且，随着时间的推移，在《总统经济报告》有关宏观经济目标的分析中，预测、预计、预期、预料、设想、推测等词语的表述也都逐渐通用了。

对"中国应取消 GDP 增长目标"的质疑

通过对美国《总统经济报告》的研究可以看到，所谓在美国，政府是不谈 GDP 的，GDP 只是一个经济统计数字而已的说法，只是一种误导。而"中国应取消 GDP 增长目标"的说法，也是一种误导，这种说法是值得商榷的。

在《美国〈总统经济报告〉法制化研究之二——兼对"中国应取消 GDP 增长目标"意见的回应》一文中，我提出，GDP 增长目标有其特定的意义和作用。

其一，实体性。它反映一个国家在一定时期内（如一年、五年等），实体经济活动将可能达到的总规模，以及人均 GDP 将可能达到的新水平，从而反映一国经济总量和综合经济国力将可能的提高情况，以及表明一国经济发展所处的阶段。

其二，宏观性。它反映一个国家一定时期内总体经济运行状况及其走势的预计变化，成为宏观经济运行的一个重要"风向标"。它为政府实施宏观调控政策提供重要的经济依据，并可检验政府宏观调控政策的效果。它也为企业、市场、地方政府、居民、社会各界等了解和把握宏观经济运行大环境的变化提供重要参考。

其三，核心性。在政府的一系列宏观经济目标中，GDP增长目标是一个具有核心意义的指标。它内含着或直接关系到就业问题、物价问题、财政收支问题、民生问题等。它成为政府确定其他各项宏观经济目标以及统筹财政收支的一个重要的参考出发点。

当然，GDP及其增长目标也有局限性。它不能反映经济增长的质量和结构，不能反映资源消耗和环境污染的代价，不能反映收入分配的公平状况，不能反映经济社会的全面发展。

我们既要知道GDP增长目标的特定意义和作用，也要知道其局限性，要在其特定的功能范围内使用它，而不能片面地理解和使用它。对于我国来说，问题并不在于要取消GDP增长目标，而是要如何更好地制定和正确地使用它。从GDP增长目标的性质来说，在我国，现在已不是过去计划经济条件下那种指令性目标，而是市场经济条件下的预期性目标。随着市场经济的发育和成熟，GDP增长目标也会演化为预测性目标。预期性目标还带有一定的任务性，要努力争取实现；而预测性目标则是参考性的。即使在GDP增长目标成为预测性目标的情况下，GDP增长目标的特定意义和作用仍在，政府履行宏观经济稳定运行的职责仍在。

集体智慧的结晶

我承担过的重点科研项目

我从 1985 年 8 月至 1998 年 10 月，为时 13 年，担任中国社会科学院数量经济与技术经济研究所副所长；从 1998 年 10 月至 2008 年 12 月，为时 10 年，担任经济研究所所长。在这两段时间内，我承担过多个重点科研项目，有国家级重点项目、院级重点项目。

国家级重点项目有：

1990~1998 年，担任国务院特批国家重点研究项目"中国经济形势分析与预测"执行负责人；

1992~1995 年，担任国家社科基金"八五"重点项目"中国经济稳定增长的机制分析与定量研究"负责人；

1996~1999 年，担任国家社科基金"九五"重点项目"宏观调控与经济波动的中外比较研究"负责人；

2004~2006 年，担任国家社科基金 2004 年度重大项目"社会主义市场经济中经济周期基本理论和实践研究"负责人；

2004~2011 年，担任中央马克思主义理论研究和建设工程《马克思主义政治经济学概论》教材编写课题组首席专家，主持教材编写。

中国社会科学院重点项目有：

1992~1995 年，担任院重点课题"90 年代中国经济的稳定增长与定量分析"负责人；

1994~1998 年，担任院重点课题"经济周期研究"执行负责人；

1998~2000 年，担任院重点课题"特大洪水过后中国经济发展的态势与对策"执行负责人；

2000~2003 年，担任院 A 类重大课题"国内外宏观经济理论与政策的前沿跟踪和比较研究"负责人；

2004~2005 年，担任院 A 类重大课题"战略机遇期的经济发展"总课题中的分课题"未来中国宏观经济周期波动研究"负责人；

2007~2008 年，担任院重大课题"中国经济改革开放 30 年历史经验问题研究"总课题中的分课题"经济体制改革 30 年研究"负责人；

2008~2010 年，担任院重大课题"中国经济重大问题跟踪分析"总课题中的分课题"宏观经济调控""经济体制改革"负责人。

另外，承担中国社会科学院创新工程学部委员资助项目有：

2013~2014 年，"中国宏观经济波动跟踪研究与机理分析"；

2015~2016 年，"中国经济走势跟踪分析与宏观调控法制化研究"；

2017~2018 年，"美国《总统经济报告》法制化研究"。

以上这些重点科研项目的成果，已在前面有关之处提及了。特别值得怀念的是，1998 年 10 月我担任经济研究所所长之后，

2006 年 9 月在中国社会科学院经济研究所办公室

花费时日较长和付出较大心血的两项重要的科研组织工作及其相应的集体性成果问世：一项是持续了 6 年时间主编并完成了《现代经济辞典》，另一项是持续了 7 年时间主持并完成了中央马克思主义理论研究和建设工程之中《马克思主义政治经济学概论》教材的撰写。

《现代经济辞典》

2005 年 1 月，人民网记者报道："8 日，一部权威丰富、内

2004 年《现代经济辞典》封面

容新颖、通俗易懂的《现代经济辞典》，在北京人民大会堂举行了首发式。全国政协副主席、中国社会科学院院长陈奎元，国家新闻出版总署副署长邬书林，以及国家有关经济发展和改革部门的负责人，著名经济学家一百余人出席会议。"（参见人民网北京 1 月 11 日讯。）

出席首发式的还有刘鹤（时任中共中央财经领导小组办公室副主任）、谢伏瞻（时任国务院发展研究中心副主任）、郑新立（时任中共中央政策研究室副主任）、江小娟（时任国务院研究室副主任）、韦建桦（时任中央编译局局长）、李连仲（时任中共中央政策研究室局长）、费洪平（时任中共中央办公厅调研室副局长）、张国祚（时任中宣部社科基金办公室主任）等。

出席首发式的著名经济学家有吴树青、卫兴华、张卓元、于祖尧、林兆木、吴易风、乌家培、吕政、刘迎秋、刘伟、林岗、卢中原、萧灼基、文魁等。

出席首发式的中国社会科学院有关领导有王洛林（时任中国社会科学院学术委员会主任）、陈佳贵（时任中国社会科学院副院长）、何秉孟（时任中国社会科学院副秘书长）、黄晓勇（时任中国社会科学院办公厅主任）、王延中（时任中国社会科学院科研局副局长）等。

对于首发式，《人民日报》、《中国新闻出版报》、《光明日报》、新华网、央视国际网、新浪网等媒体发表了上百条报道和评价文章。该辞典于2007年获中国社会科学院第六届优秀科研成果奖一等奖。

这部辞典是组织经济研究所全所力量，与江苏人民出版社通力合作，以一丝不苟的精神，精心打造的一部重头力作，是国家"十五"规划重点图书。该辞典从1998年12月开始启动，由策划、创意、撰写、审改、校核，直到2004年12月印制完成，共历时六年整。据江苏人民出版社副总编芮从东记述，最初，1998年11月，他带领出版社的几位同志，冒着严寒来到北京，首先去刘国光（时任中国社会科学院特邀顾问）家拜访，讲明他们出版社想出一本综合性的大众化的经济辞典的设想。芮从东回忆道，对这一设想，"刘国光大加赞赏，并热情地推荐中国社会科学院经济研究所所长刘树成担任该辞典主编"。随后，芮从东副总编等来到我家，说明了情况，我们立即开始合作。

该辞典的词条总量达 6212 个，总字数为 242 万字，涵盖了 20 个经济类专题。此外，还设置了 4 种实用性很强的资料附录：①中国改革开放以来经济大事记；②中国主要经济法律法规简介；③孙冶方经济科学奖获奖作品及作者；④历届诺贝尔经济学奖获得者简介。

这部辞典的一个突出特点，就是"新"。它整理和收录了大量的新语词，主要是充分收录了反映我国改革开放以来建立社会主义市场经济体制、建设中国特色社会主义方面的新语词，由世界科学技术和经济全球化的迅速发展所带来的新语词，国际经济学界最新前沿研究方面的新语词等。同时，对以往使用的一些老语词，也根据时代的发展，对其内涵进行了新扩充、新归纳和新界定。

这部辞典的问世，使我们在新世纪有了一部为社会各界广大读者服务的新的综合性经济辞典，对推进我国经济学的繁荣、创新和发展，广泛传播新知识，规范新概念，具有重要作用。

这部辞典渗透着全体编写和编辑人员的智慧与汗水。为了保证辞典的编校质量，江苏人民出版社组织了一支精干的编校队伍，对辞典分别进行了 6 次审读与 6 次校对，其中先后 3 次冒着严寒和酷暑集中在招待所内，每次进行历时 20 多天的封闭式编校工作。他们发扬精益求精、兢兢业业、吃苦耐劳的敬业精神，克服了各种困难，牺牲了许多业余时间，全身心地扑在辞典的编辑工作之中，有的人员由于疲劳过度，在阅稿中生病，也不肯休息。

为了慎重起见，并为了使整部辞典的撰写风格统一，我对全部 6000 多个词条逐一进行了修改和润色。中国社会科学院两任院长——李铁映和陈奎元都对该辞典的编撰工作给予了大力支持，并亲自作序。

李铁映院长在序中写道："中国的改革开放，建设中国特色社会主义，是一项前无古人的伟大事业。20 多年来，在实践和理论的双重探索中，我国的经济学也获得了显著的发展。一批新概念、新术语应运而生，而原有的一些概念和术语也扩展了其内涵。同时，世界范围内的新技术革命和经济全球化趋势迅猛发展，有大量的新知识、新词汇需要我们掌握。一本辞典，作为一种知识工具，它应该是一个时代的相关领域的实践总结和理论结晶。因此，摆在我们面前的这本《现代经济辞典》，其最重要的一个特色就是鲜明的时代性。……流水不断，学问无涯。随着实践和理论的发展，我希望这本辞典能不断充实、提高和完善，以发挥更大的作用。"

陈奎元在序中写道："仲夏挥汗，隆冬迎雪。历时几个春秋的研磨，《现代经济辞典》问世了。……随着我国改革开放事业的蓬勃发展和现代化建设的向前推进，随着现代科学技术的日新月异和世界经济的迅速发展，许多新事物、新知识、新理论、新概念进入我们的日常工作和生活之中，与此同时，我国的经济学也在与时俱进地不断繁荣和发展。这些，迫切要求有一部新的综合性、大众化的经济辞典为广大读者服务。《现代经济辞典》正是适应了这一需要。这部辞典的特点，除了鲜明的时代性之外，还具有通俗性。其词条释文深入浅出，清晰易懂，力求化艰深为浅显，以便更多的读者阅读和使用。""我们相信，在21世纪，在我国全面建设小康社会的伟大历史征程中，在完善社会主义市场经济体制的努力奋斗中，我们的经济生活会更加丰富多彩，我国经济学的创新与发展会获得新的强大动力。这将对这部辞典提出新的更高要求。'文章千古事，得失寸心知'。愿这部辞典的出版能对广大读者有所裨益，并愿其不断改进和提高。"

《马克思主义政治经济学概论》

《马克思主义政治经济学概论》是中央马克思主义理论研究和建设工程组织编写的第一批重点教材之一。

2004年4月，中央决定实施马克思主义理论研究和建设工程。该工程是党中央作出的一项重大战略决策，是用马克思主义中国化的最新成果武装全党和教育人民的一项重大理论建设任务，是不断推进中国特色社会主义伟大事业的客观必然要求。按照中央的安排，组建了第一批9个重点教材编写课题组，其中，《马克思主义政治经济学概论》教材编写课题组以中国社会科学院为主管单位，以我院经济研究所为依托单位，我具体组织编写工作。

该课题组首席专家和主要成员由相关高等院校、党政领导部门、科研机构的"老、中、青"专家学者组成。从 2004 年至 2010 年的 7 年时间里，在工程办公室和中国社会科学院的领导协调下，课题组以高度使命感和责任感，团结合作、艰辛努力、精心施工。课题组先后在全国十多所高等院校举行了座谈会和专题研讨会，广泛听取了教学第一线教师和学生的意见。教材提纲在东、中、西部十个省（区、市）广泛征求理论与实际工作者的意见。课题组对教材提纲和书稿在广泛征求意见的基础上进行了 20 多次重要修改，并最后集中组织力量进行了严格认真的统稿。该教材由人民出版社于 2011 年 5 月出版。

该教材编写所遵循的重要原则是，坚持以马克思主义为指导，确保理论研究和教材建设的正确方向；立足我国改革发展的生动实践，努力运用中国话语的政治经济学理论深入总结中国经验、阐释中国实践。

该教材在内容上的主要创新有四点。

第一，框架结构上的创新。我国以往的政治经济学教材，在总体框架结构上，大多为"两分法"，即分为资本主义经济和社会主义经济两大部分。本教材在框架结构上采用了"四分法"，即分为四大部分：一是商品和货币，即市场经济一般理论；二是资本主义经济；三是社会主义经济；四是经济全球化和对外开放，即国际经济关系。

第二，在资本主义经济部分，对当代资本主义经济的新变化作出辩证的深入分析，增强对资本主义经济本质的认识和把握。

第三，在社会主义经济部分，系统阐述了中国特色社会主义经济理论的基本内容。涵盖了中国特色社会主义经济的生产、分配、交换、消费等主要环节，以及社会经济制度、经济体制、所有制结构、经济发展、经济运行和政府职能等主要方面，形成了一个比较完整的逻辑体系，把我们党在成功开辟中国特色社会主义道路上所形成的一整套经济方面的理论、路线、方针、政策和最新经验纳入了教材体系。

2006 年 10 月赴巴西考察

第四，把国际经济关系分析纳入马克思主义政治经济学的研究视野。分析了经济全球化和我国对外开放中所涉及的政治经济学基本理论和实践问题。该教材的编写和出版，表明中国特色政治经济学的理论研究和教材建设迈出了新的基础性的一步。

在教材编写过程中，我有幸参加了中央马克思主义理论研究和建设工程办公室组织的两次出国考察。第一次是2004年9月，赴俄罗斯、印度、朝鲜三国考察，由冷溶同志任团长（时任中央文献研究室主任）。第二次是2006年10月，赴西班牙、法国、巴西、阿根廷四国考察，由雒树刚同志任团长（时任中宣部副部长）。通过这两次考察，在不同类型国家的对比中，我们更加深切地感到，中国的改革开放取得了举世瞩目的、令世界各国信服的成就，由此，也使我们更加坚定、自信地走中国特色社会主义道路。

治学的心得体会

我从 1962 年步入中国人民大学经济系学习开始，到现在，已经近 60 年了。在近 60 年的经济学学习和研究的过程中，要说有什么心得体会的话，我觉得最重要的有两条：一是对经济学的学习和研究要有使命感和责任感，二是对经济学的学习和研究要有辛勤耕耘、锲而不舍的精神。

使命感和责任感

我认为，对于经济学的学习和研究来说，其目的就是把自己的所学、所知奉献给伟大的祖国。在我国，有一首为大家所熟悉的歌曲，名叫《歌唱祖国》。我从小就喜爱这首歌。歌中唱道：

> 五星红旗迎风飘扬，
> 胜利歌声多么响亮，
> 歌唱我们亲爱的祖国，
> 从今走向繁荣富强。

我想，新中国成立以来，我国经济增长与波动的历程就是不断地走向繁荣、稳定、富强的历程。因此，我总想写一本书，取名《繁荣与稳定》。1996 年，当我撰写第二本专著《中国经济周期波动的新阶段》时，一开始，就想用《繁荣与稳定》作为书名。但当时，由于那本专著是上海远东出版社组织出版的一套丛书中的一本，为了使整个丛书下各书的书名具有一致的风格，最后没有使用《繁荣与稳定》这个书名。而到了2000年，当社会科学文献出版社盛邀我出版一部文集性专著时，我便很高兴地用上了这个书名。我特别喜欢这个书名，因为这个书名很生动地表明了研究中国经济波动问题，就是为了助力中国经济走向繁荣、稳定、富强。

我所发表的主要论文，有一个总的特点，那就是锁定中国经济波动与宏观调控这一领域，立足基础理论和应用理论研究，紧密跟踪现实经济运行中的新情况和新问题，为中国特色社会主义伟大事业服务，为党中央和国务院的宏观经济决策服务，为推动中国特色经济学的学科建设服务。这些论文不仅具有很强的时代性、创新性和政策性，而且具有很强的系统性，前后逻辑一贯，内容相互呼应，组成了关于中国经济波动与宏观调控问题的研究系列。我把一系列有代表性的论文先后收录在4本文集性专著中，这4本书均取名为《繁荣与稳定》。

第一本名为《繁荣与稳定——中国经济波动研究》，为庆祝中华人民共和国成立50周年而编纂，收录了我1985年至1999年6月发表的代表性论文35篇，社会科学文献出版社2000年出版。

第二本名为《经济周期与宏观调控——繁荣与稳定Ⅱ》，收录了我1999年7月至2005年5月发表的代表性论文20篇，社会科学文献出版社2005年出版。

第三本名为《中国经济增长与波动60年——繁荣与稳定

2000 年《繁荣与稳定——中国
经济波动研究》封面

Ⅲ》，为庆祝新中国成立 60 周年而编纂，收录了我 2005 年 6
月至 2009 年 2 月发表的代表性论文 15 篇，社会科学文献出版
社 2009 年出版。

第四本名为《中华民族复兴的经济轨迹——繁荣与稳定
Ⅳ》，收录了我 2009 年 3 月至 2013 年 10 月发表的代表性论文
18 篇，社会科学文献出版社 2014 年出版。该书是以章节结构
进行汇编的，分为上下两篇。上篇题为"复兴路上的艰辛探索：
经济增长与波动曲线研究"，主要探讨新中国成立 60 多年来，
特别是近几年来应对国际金融危机中，中国经济增长与波动的

2009 年《中国经济增长与波动
60 年——繁荣与稳定Ⅲ》封面

曲线，说明中华民族伟大复兴征程中的艰辛探索和取得的成就
与经验。下篇题为"伟大复兴的新征程：经济增长速度换挡期
研究"，主要探讨党的十八大后，中国经济的未来发展趋势和
深化改革问题，说明如何为实现中华民族伟大复兴目标，创造
良好的宏观经济环境和奠定完善的体制基础。

在该书的前言中，开头第一段我就这样写道："跨越中华民
族五千多年的悠久文明，走过明清时期的历史鼎盛，结束近代
抵御列强入侵的浴血抗争，历经新中国成立后的艰辛探索，迎
来改革开放的巨大成就，今天，我们站在新的历史起点上，深
切感受到习近平总书记所说：'现在，我们比历史上任何时期都

2014 年《中华民族复兴的经济
轨迹——繁荣与稳定Ⅳ》封面

更接近中华民族伟大复兴的目标，比历史上任何时期都更有信
心、有能力实现这个目标'。"

　　我想，为中华民族的伟大复兴而奋斗，这就更加明确了我
们学习和研究经济学的使命和责任。

辛勤耕耘　锲而不舍

　　1997 年 5 月 20 日，中国社会科学院建院 20 周年庆祝大会。
院里安排了老、中、青三位学者代表在大会上发言。老一代学者的代表是杨向奎（时任历史研究所研究员）、中年学者代表是我（时任数量经济与技术经济研究所副所长）、青年学者代表是卓新平（时任宗教研究所副所长）。

我的发言题目是《把辛劳和汗水献给学术之苑》。我在发言中说："20 年前，当我们刚刚跨入中国社会科学院的时候，我们还是一个个血气方刚、一头黑发的年轻人。20 年后的今天，我们虽然还没有白发苍苍，但是，满头黑发也已是华发鬓然；我们虽然还说不上饱经风霜，但是，几度风雨几度春秋，也给我们脸上留下了永不消失的波纹。如果说，我院的创立和发展是与我国改革开放事业同步的话，那么，我院中年学者的青春和成长，又是与我院的创立和发展相同步的。人生中的最好年华，我们是献给中国社会科学院的。"

我还说："不论是我院的老一代学者、中年学者还是青年学者，他们在各自的研究领域里所付出的都是创造性的劳动，因此，大家都感到累，这是很自然的。累，是一种奉献精神；累，是我院学者的职业特点；累，是社会科学工作者义不容辞的义务和职责。""有人说，中年学者正是'日当午'之时。'日当午'都包含什么意思呢？这不禁使我联想起我国古代的一首歌谣：锄禾日当午，汗滴禾下土。'日当午'也正是出大力、流大汗的时候。……伟大的时代，孕育出伟大的作品；伟大的时代，是群星灿烂、人才辈出的时代，面对世纪之交的机遇与挑战，我们中年学者将继续责无旁贷地付出我们的辛劳和汗水。"

时光又过去了 20 年。今天，当年的我们已然白发苍苍了。

回顾几十年来对经济学的学习和研究历程，要想取得一点成绩的话，必须要有一股精神，那就是辛勤耕耘、持之以恒、不断积累、锲而不舍。在我国关于励志的古典名句中，我最喜欢的就是荀子《劝学》篇中的那段话："不积跬步，无以至千里；不积小流，无以成江海。骐骥一跃，不能十步；驽马十驾，功在不舍。锲而舍之，朽木不折；锲而不舍，金石可镂。"

　　这段脍炙人口的名句，是我在长期的经济学学习和研究中，时常用以激励自己的座右铭。现在，我作为学部委员，承载着一种终身荣誉，这就意味着在学术园地里要终身耕耘不息。实践在发展，理论探索无止境。

芝兰玉树　成于精进

——学部委员刘树成先生印象

（代后记）

　　《刘树成：中国经济周期波动的瞭望者》即将付梓，想起刘树成先生曾嘱我写篇后记，我因忙一直未及动笔。直到今天，才忙里偷闲，不揣浅陋，涂鸦几句。

　　少年时代，我就非常崇拜人文社会科学的大师、大学者。做一个为人为学都一流的大学问家是我"虽不能至，然心向往之"的人生理想。可阴差阳错，理想未能如愿。如今，在中国社会科学院有机会帮助大专家、大学者整理、编辑、出版他们的传记——《大家雅事》，也是我的荣幸和福气。感谢方军、胥锦成、张海鹏等领导的信任和指导。这也给了我向大学者们学习的良机。歌德说："读一本好书，就如同和一个高尚的人交谈。"读书如读人，同样，读人也是读书。如果把学术大家们比作一本本好书，那么，这些散发着知识芳香的好书，有的真诚，有的丰富，有的深刻。捧读这些好书，时而让我景仰，时而让我感动，时而让我温暖——他们如同一把把火炬，点燃我心灵的灯塔，照亮我生命的征程，让我看到浑浊的世界还有绿色，迷惘的人生还有希望，从而引领我不断前行。

　　学部委员刘树成先生无疑是我敬仰的学术大家之一。从童年到青年，他经历了从沪、津、京三大城市到晋西北黄土高坡的风雨历程。1978 年，他成为"文革"结束后中国社会科学院第一批研究生。改革开放后，沐浴科学的春天，他开启了对数量经济学这一新兴学科的探索之旅；踏着时代的鼓点，他第一个系统提出中国经济周期波动理论；醉心学术的殿堂，他始终致力于用中国人自己的理论探寻中国经济走向繁荣与稳定的规律；守望实践的前沿，他把我国第一本蓝皮书——"经济蓝皮书"从经济预测的蓝图变为宏观调控的现实；提纯理论的结晶，他又把《现代经济词典》打造成经济学领域的传世之作。树成先生对国家、对社会、对学术的贡献让他成为《大家雅事》的理想传主。

2018年7月，编辑部向树成先生约稿。从我跟树成先生第一次通话至今四年了。四年来，我和树成先生始终是通过电话、电子邮件、短信联系的，一直是神交，从未谋面。他曾担任过多年研究所所长，可身上却没有半点"官气"。在我心目中，树成先生是典型的传统知识分子的模样：谦谦君子，温润如玉；辛勤耕耘，锲而不舍；精进笃行，成就斐然。我没见过先生本人，观其照片，他面庞清癯俊朗，沉着坚毅。《晋书·谢安传》描摹："譬如芝兰玉树，欲使其生于庭阶耳"；《汉书·叙传上》云："精明而进趋也。"树成先生正可谓——芝兰玉树，成于精进。

约稿那天，我小心翼翼地拨通了先生的电话。电话那端的他，温文尔雅，和蔼可亲，娓娓道来："这套《大家雅事》丛书挺有意义的，挺好的，比以前的学术自传更加立体化。"他感谢编辑部向他约稿，并表示"趁现在身体还可以赶紧写起来"。

这给了我莫大的鼓舞。我提出书稿要增强故事性、可读性、趣味性，要大众化、通俗化（当然并不排除学术性，因为学者的故事离不开学术），我打了个比方："如果把我们的书比作一串珍珠项链，那么您人生不同阶段的一件件有价值、有意义的事（即雅事）犹如一颗颗珍珠，我们按照一定的主题，用一根红线将这些散落的珍珠串起来。"从本书的框架到主题的确立，从内容的取舍到事件的选择，从写作的角度到语言的风格，从大事年表的详与略到作品目录的粗与细，我们逐一达成共识。

几个月后，树成先生发来了初稿和二十幅照片。我拜读了先生的稿子，感觉是，语言严谨、规范、平实，特别是描写求学阶段的文笔很细腻，这无疑跟先生青年时期爱好历史和哲学是分不开的。美中不足的是，稿子学术语言多，经济学术语多，还应该做一些调整、润色、删减和补充。

又几个月后，我们就初稿进行了一次近一个半小时的电话长谈。先生不厌其烦地跟我交流，解答我提出的每一个问题，或侃侃而谈，或慢声细语，或谈笑风生……先生求真务实的治学精神和诲人不倦的长者风范令我感动。我给先生提出选题、选材和表述风格诸方面建议。当我提议增加一些他与官员、师友、学生、媒体记者等交往的故事时，先生给我讲了一些趣事，我建议他将这些趣事及其细节补充上，以增加书稿的趣味性和可读性，先生同意再做一些补充和调整。但是，仍有一些故事，他出于多方面考虑，还是不能写进去。我明白，作为经济学家，先生一贯的严谨审慎的职业精神和职业习惯，使他不得不忍痛割爱。庆幸的是，我"近水楼台"，先听为快了。

先生又很快发回修改稿。稿件中，凡修改处，他均用红字标出。嗣后，我完成了一个编辑应做的工作。

首先，稿件中的一些经济学术语，前后多次提到，但是表述不尽一致。通过跟先生请教并征得同意，我将稿件中的同一术语的不同表述进行了统一规范处理，使之兼顾学术化和大众化。其次，对稿件中的各种专名表述逐一进行了信息源的多方互证，发现并纠正了稿件中的一些文字讹误，并跟先生进行了核实确认。第三，对稿件进行文字加工，将一些专业化表述尽量"软化"，使之深入浅出，明白晓畅。第四，对稿件中的引文注释进行了统一规范。尔后，又请我的老同学马也原做了进一步润色。最后再请先生一一取舍、定夺。可以说，本书数易其稿。

在交往过程中，树成先生给我留下深刻的印象：

他将孜孜不倦、严谨细致的学术精神和雍容大度、谦虚有礼的传统美德，完美融入到他的为学和为人中。

树成先生一丝不苟，精益求精，于细微处展现大师风范。我们主要通过邮件互传稿件。他的每封信，无论长短，都是全面周到，清晰明了。2019 年 12 月 30 日，他发来最新修改稿和一篇稿件修改说明。该修改说明从总的原则，到新做的删减和增补，再到一些冗长段落的处理；从目录、章节标题到有关标点符号的说明，再到几个小地方的修改，他都用不同颜色文字标注，可谓细针密缕，条分缕析，让人看后清清楚楚，一目了然。给我这个自认为已经很细心的职业编辑上了生动而深刻的一课：学部委员、学术大师不是一日练成的！

树成先生虚怀若谷，宽博易良，于平实处彰显中国传统知识分子温良谦恭的美德。我们前前后后打了数通电话，发了近百条短信，写了数十封电子邮件。每次联系，先生都少不了"谢谢""太感谢了""辛苦你了"这些礼貌语言，彬彬有礼，泰而不骄，体现了老一辈周全的礼数。先生发来最新书稿时，在首页亲笔署上"刘玉杰、马也原／整理"，这让我感到很不安。此前他也曾说到署上我的名字，我说："都是我应该做的工作，我不用署名，因为在我看来，功成不必在我，功成必定有我。再说，天地有大美而不言，水善利万物而有静。"可是他说："你编辑加工了好几遍，付出很多，非常感谢。"盛情难却，我不好辜负先生的美意，只好恭敬不如从命了。这里我也替老同学一并感谢先生对后学的奖掖与鼓励。

先生是宽容大度的。几年间，疫情反复，使书稿数度搁浅。更主要的是，处内人手少，各种工作让我应接不暇，我又都不敢懈怠，而且凡事追求完美，经常是心有余力不足，捉襟见肘。今年4月，我还为全院学科年鉴编辑业务培训班讲课，备课又花去我很多精力。在机关单位兼顾业务和管理，对平庸的我来说是极显笨拙的。因分身无术，挤不出时间加快书稿进度，使《大家雅事》的工作基本成为业余的活儿，进程数度中断，为此我深感汗颜，实在"无颜见先生"，只好恳请树成先生海涵。而当我一旦挤时间加紧书稿进度时，他又热情鼓励。

在为本书起书名上，也体现了先生的不矜不伐，含蓄内敛。

树成先生获悉我喜欢起书名，此前，我起的《周弘：在"茶"与"咖啡"之间》（社科文献出版社 2021 年 9 月出版）、《金岳霖：逻辑学大师的"非逻辑"人生》（社科文献出版社待出版）、《"作嫁衣者"说——中国社科院学术期刊编辑心声》（社科文献出版社 2022 年 1 月出版）等几本书的名字，他颇为欣赏。他也委托我为这本书起名，希望书名不宜太长。

我试着起了三个书名：《刘树成：为中国经济波动把脉》《刘树成：中国经济波动的瞭望者》《刘树成：与中国经济波动共舞》。他回复说："相比之下，我更喜欢第二个书名，即《刘树成：中国经济波动的瞭望者》。这个书名更有特色……"三个书名，他选择了"瞭望者"，足见他的谦逊低调。后来，出版社建议将书名里增加"周期"二字，即将"中国经济波动的瞭望者"变为"中国经济周期波动的瞭望者"。这里感谢出版社同人的辛勤付出！

本书通过树成先生心路历程、学术道路的生动讲述，从一个侧面展现了我国经济学自主知识体系建构的历史进程，反映了我国经济社会发展的时代风貌，体现了我国改革开放的伟大探索与非凡成就。

每一次捧读书稿，都如同跟随先生共享精神盛宴和学术大餐。品读他独特的治学经历，领略他独有的人生风景，徜徉在、沉浸在他丰厚的精神世界里，我感到偏得，感到幸运！

树成先生在书的结尾处写了这样一段话："回顾几十年来对

经济学的学习和研究历程，要想取得一点成绩的话，必须要有一股精神，那就是辛勤耕耘、持之以恒、不断积累、锲而不舍。在我国关于励志的古典名句中，我最喜欢的就是荀子《劝学》篇中的那段话：'不积跬步，无以至千里；不积小流，无以成江海。骐骥一跃，不能十步；驽马十驾，功在不舍。锲而舍之，朽木不折；锲而不舍，金石可镂。'"

是的，每个人的成功都不是偶然的。勤勉刻苦，不断积累，才能厚积薄发。树成先生不断精进，才取得卓然成就。恰如"芝兰玉树"，立于殿堂之前，为国家服务。

编一本书，我从先生那里学到很多，既学到了严谨治学的精神，更学到了待人处事的品行，可谓受益良多。我从心里敬重他，感谢他！

刘玉杰

2022 年 11 月 22 日

附录一　主要学术活动及大事年表

1945 年 10 月 20 日

出生于上海。

1950 年 9 月

就读于天津市和平区包头道小学。

1956 年 9 月

就读于天津市南开中学。

1962 年 8 月

就读于中国人民大学经济系政治经济学本科。

1967 年 8 月

毕业于中国人民大学，"文革"期间在校待分配。

1968 年 8 月

分配到中国人民解放军 4595 部队石家庄农场锻炼。

1970 年 1 月

分配到中共山西省偏关县委工作。

1975 年 7 月

调入中共山西省委政策研究室工作。

1978 年 10 月

就读中国社会科学院研究生院经济系。

1979 年 10 月

加入中国共产党。

1981 年 8 月

毕业于中国社会科学院研究生院，获硕士学位；入中国社会科学院经济研究所工作。

1982 年 5 月

转入中国社会科学院数量经济与技术经济研究所工作。

1982 年 11 月

被评为助理研究员。

1983 年 5 月

任《数量经济技术经济研究》编辑部主任。

1985 年 8 月

任中国社会科学院数量经济与技术经济研究所副所长、《数量经济技术经济研究》常务副主编。

1987 年 7 月

被评为副研究员。

1989 年 5~12 月

在美国科罗拉多州博德尔经济学院作访问学者。

1990 年 1~3 月

在美国加利福尼亚州斯坦福大学作访问学者。

1992 年 8 月

被评为研究员。

1992 年 10 月

被评为国务院政府特殊津贴专家。

1993 年 12 月

专著《中国经济的周期波动》获得中国社会科学院第一届优秀科研成果奖。

1993 年 12 月

调研报告《经济蓝皮书：中国经济形势分析与预测（1991、1992）》（主编刘国光，副主编李京文、刘树成）获得中国社会科学院第一届优秀科研成果奖。

1996 年 9 月

译著《宏观经济学（高级教程）》（与沈利生等合作）获得中国社会科学院第二届优秀科研成果奖。

1996 年 12 月

国家重点研究项目"中国经济形势分析与预测"（负责人刘国光，执行负责人李京文、刘树成）获得国家科技进步二等奖。

1998 年 10 月

任中国社会科学院经济研究所所长、《经济研究》主编。

1999 年 3 月

被评为国家级中青年有突出贡献专家。

1999 年 7 月

论文《论中国的菲利普斯曲线》获得第八届（1998 年度）孙冶方经济科学奖。

2005 年 5 月

对策研究《改革开放以来五次紧缩型宏观调控的比较分析》获得中国社会科学院 2004 年优秀决策信息对策研究类一等奖。

2006 年 8 月

被评为中国社会科学院首批学部委员，被选为经济学部副主任。

2007 年 4 月

《现代经济辞典》（主编）获得中国社会科学院第六届优秀科研成果奖一等奖。

2007 年 7 月

论文《实现经济周期波动在适度高位的平滑化》（与张晓晶、张平合作）获得第 12 届（2006 年度）孙冶方经济科学奖。

2008 年 3 月

被选为第十一届全国政协委员。

2008 年 12 月

卸任中国社会科学院经济研究所所长。

2013 年 3 月

被选为第十二届全国政协委员。

2019 年 12 月

从中国社会科学院学部委员岗位上退休。

附录二　主要成果目录

（各类内以发表时间为序；除注明合作者外，均为刘树成本人独著。）

（一）专著类

1. 《中国经济的周期波动》，中国经济出版社，1989。

2. 《中国经济周期波动的新阶段》，上海远东出版社，1996。

3. 《繁荣与稳定——中国经济波动研究》，社会科学文献出版社，2000。

4. 《经济周期与宏观调控——繁荣与稳定Ⅱ》，社会科学文献出版社，2005。

5. 《中国经济增长与波动60年——繁荣与稳定Ⅲ》，社会科学文献出版社，2009。

6. 《运行与调控：中国宏观经济研究》（中国社会科学院学部委员专题文集），中国社会科学出版社，2013。

7. 《中华民族复兴的经济轨迹——繁荣与稳定Ⅳ》，社会科学文献出版社，2014。

（二）论文类

1. 《"商品—货币"平衡表及其数学模型》，《晋阳学刊》1981年第6期。

2. 《投入产出扩展模型在社会再生产中的应用》，载"经济研究丛刊"《社会主义再生产、所有制、商品价值问题》，山东人民出版社，1982。

3. 《影子价格的实质》(与张守一合作),《经济研究》1982年
   第9期。

4. 《投入产出扩展模型及其意义》,《经济研究参考资料》1983
   年第185期。

5. 《宏观经济计量模型应用研究——若干重要参数的分析及调
   整》,《数量经济技术经济研究》1984年第4期。

6. 《投入产出法在地区的推广应用》,载《投入产出法在中国
   的应用》,山西人民出版社,1984。

7. 《我国宏观经济模型特点探讨》(与乌家培合作),《数量经
   济技术经济研究》1985年第1期。

8. 《经济数量关系研究三十年》(与乌家培合作),《经济研究》
   1985年第6期。

9. 《"商品—货币"平衡原理及其应用》,载《中国社会科学院
   研究生院硕士论文选》,中国社会科学出版社,1985。

10. 《我国固定资产投资周期性初探》,《经济研究》1986年第
    2期。

11. 《对我国固定资产投资周期性的再探讨——周期内各阶段
    的分析》,《经济研究》1986年第6期。

12. 《经济体制改革与经济预测》,载《经济预测论丛》,辽宁
    人民出版社,1986。

13. 《对我国固定资产投资周期性的探讨之三——各周期的历
    史分析》,《数量经济技术经济研究》1986年第9期。

14. 《匈牙利的经济改革及经济数学方法的研究与应用等有关

情况》,《数量经济技术经济研究》1986年第10期。

15. 《中国工、农业生产函数应用研究》,载《经济模型在国民经济管理中的作用》,经济科学出版社,1987。

16. 《投资周期波动对经济周期波动的影响——对我国固定资产投资周期性的探讨之四》,《数量经济技术经济研究》1987年第10期。

17. 《匈牙利对投资周期波动模型的研究》(与林颖合作),《数量经济技术经济研究》1988年第2期。

18. 《日本的经济计划、产业结构与高速增长——访日考察报告》,中国社会科学院数量经济与技术经济研究所考察团,《数量经济技术经济研究》1988年第7期。

19. 《东欧国家的金字塔式投资体制与民主德国的投资周期模型》(与林颖合作),《数量经济技术经济研究》1988年第8期。

20. 《中国经济周期波动研讨述评》,载《中国经济科学年鉴·1989》,经济管理出版社,1990。

21. 《当前国内经济形势的特点》,《瞭望周刊·海外版》1991年第7~8合期。

22. 《中国工业短期波动的地区不平衡格局分析》(与龚益、樊明太、李强合作),《经济研究》1991年第12期。

23. 《积极驾驭经济波动》(与樊明太合作),《经济研究》1992年第5期。

24. 《90年代我国经济增长速度的测算与分析》,载"经济蓝皮书"《1993年中国:经济形势分析与预测》,中国社会科学出版社，1992。

25. 《经济的周期波动》（与樊明太合作），载《中国宏观经济分析导论》，中国计划出版社，1993。

26. 《地区间收入差距的比较分析》（与龚益合作），载《中国区域协调发展战略》，中国经济出版社，1994。

27. 《中国经济发展：1993年特点、1994年走势及有关对策》，中国社会科学院数量经济与技术经济研究所经济形势分析与预测课题组（刘树成执笔），《经济研究》1994年第2期。

28. 《经济周期·预测实践·企业对策》，载"经济蓝皮书"《1995年中国：经济形势分析与预测》，中国社会科学出版社，1994。

29. 《西方企业在经济衰退期的对策》，《世界经济》1995年第1期。

30. 《积极驾驭和主动利用经济周期波动——学习邓小平关于经济发展隔几年上一个新台阶的思想》（与李京文合作），《毛泽东邓小平理论研究》1995年第1期。

31. 《中国经济发展的目标与基本特征》（与赵京兴合作），载《走向21世纪的中国经济》，经济管理出版社，1995。

32. 《1996年经济走势预测：三岔路口及其政策选择》，《经济改革与发展》1995年第10期。

33. 《德国的经济波动、预测与宏观调控——赴德学术考察报告》（与姚愉芳、陈黎合作），《数量经济技术经济研究》

1995 年第 12 期。

34. 《1996 年中国宏观经济预测与企业生产经营对策》,《学习与实践》1996 年第 2 期。

35. 《析年环比价格指数中的翘尾因素》(与周方、赵京兴合作),《经济研究》1996 年第 4 期。

36. 《物价上涨率中翘尾因素的计算与分析》(与周方、赵京兴合作),《数量经济技术经济研究》1996 年第 6 期。

37. 《论中国经济周期波动的新阶段》,《经济研究》1996 年第 11 期。

38. 《论"软着陆"》(与刘国光合作),《人民日报》1997 年 1 月 7 日。

39. 《印度的经济增长、波动与改革——访印学术考察报告》(与姚愉芳、李平合作),《数量经济技术经济研究》1997 年第 5 期。

40. 《论中国工业的月度波动及其地区不平衡格局的新变化》(与龚益合作),《经济研究》1997 年第 9 期。

41. 《论中国的菲利普斯曲线》,《管理世界》1997 年第 6 期。

42. 《论适度从紧与结构调整下的经济周期波动》,载"经济蓝皮书"《1998 年中国:经济形势分析与预测》,社会科学文献出版社,1997。

43. 《国际经济变化中的东亚经济》,《开放导报》1998 年第 5 期。

44. 《论"东亚模式"的兴衰与中国经济跨世纪的增长》,《管理世界》1998 年第 5 期。

45. 《论中国经济增长的速度格局》,《经济研究》1998年第
    10期。

46. 《关于当前宏观调控的两个问题》(与刘国光合作),《经济
    日报》1998年10月19日。

47. 《进一步启动经济应着眼于提高最终消费率》(与王洛林、
    刘溶沧合作),《经济参考报》1999年3月10日。

48. 《直接启动消费 促进经济发展》,《经济日报》1999年6
    月10日。

49. 《通货紧缩:既不能估计不足 亦不可估计过重》,《经济研
    究》1999年第10期。

50. 《"软着陆"后经济运行的新特点及政策启示》,《光明日
    报》1999年10月22日。

51. 《我国2000年宏观经济调控主旋律:在发展中加快结构调
    整》,《经济日报》1999年11月27日。

52. 《2000年中国经济走势分析——学习中央经济工作会议精
    神的体会》,《国家行政学院学报》2000年第1期。

53. 《论中国经济增长与波动的新态势》,《中国社会科学》
    2000年第1期。

54. 《略论通货紧缩趋势问题》(与刘国光合作),《人民日报》
    2000年2月22日。

55. 《中国经济波动分析》(与樊明太合作),《中国工业经济》
    2000年第5期。

56. 《对美国"新经济"的考察与研究》(与李实合作),《经济

研究》2000 年第 8 期。

57.《"九五"重大变化与"十五"发展思路》,载"经济蓝皮书"《2001 年中国:经济形势分析与预测》,社会科学文献出版社,2001。

58.《美国经济三次超长增长的比较分析》(与陈勇合作),载《"新经济"透视》,社会科学文献出版社,2001。

59.《中国经济走势分析(1998-2002)——兼论以住宅金融创新为突破口实现城乡就业联动》(与汪利娜、常欣合作),《经济研究》2002 年第 4 期。

60.《俄罗斯经济发展的现状与前景——访俄观感》,《经济学动态》2002 年第 8 期。

61.《中国经济波动的新轨迹》,《经济研究》2003 年第 3 期。

62.《坚持正确把握宏观调控的方向和力度》,载《十届全国人大一次会议〈政府工作报告〉辅导读本》,人民出版社,2003。

63.《中国经济增长的新轨迹及其未来趋势》,载"经济蓝皮书春季号"《中国经济前景分析——2003 年春季报告》,社会科学文献出版社,2003。

64.《努力延长经济周期的上升阶段》,《人民日报》2003 年 12 月 18 日。

65.《新一轮经济周期的背景特点》,《经济研究》2004 年第 3 期。

66.《加强和改善宏观调控》,载《十届全国人大二次会议〈政府工作报告〉辅导读本》，人民出版社，2004。

67. 《我国五次宏观调控比较分析》，《经济学动态》2004年第
    9期。

68. 《人民币完全可兑换：顺序与影响》（与赵志君等合作），
    载《金融开放与宏观稳定》，社会科学文献出版社，2004。

69. 《牢记中外历史上大起大落的经验教训》，《天津师范大学
    学报》2004年第4期。

70. 《中国经济的周期波动与宏观调控》，载"经济蓝皮书"
    《2005年：中国经济形势分析与预测》，社会科学文献出
    版社，2004。

71. 《坚持加强和改善宏观调控》，载《十届全国人大三次会
    议〈政府工作报告〉辅导读本》，人民出版社，2005。

72. 《论中国宏观经济调控》，《经济与管理研究》2005年第
    4期。

73. 《把握宏观调控的来龙去脉》，载"经济蓝皮书春季号"
    《中国经济前景分析——2005年春季报告》，社会科学文
    献出版社，2005。

74. 《实现经济周期波动在适度高位的平滑化》（与张晓晶、张
    平合作），《经济研究》2005年第11期。

75. 《未来中国经济周期波动分析》（与张晓晶、张平合作），载
    《中国战略机遇期的经济发展研究报告（2005~2020）》，社
    会科学文献出版社，2005。

76. 《2006年中国经济发展的背景条件分析》，载"经济蓝皮

书春季号"《中国经济前景分析——2006 年春季报告》，
社会科学文献出版社，2006。

77.《继续保持经济平稳较快发展》，载《十届全国人大四次会
议〈政府工作报告〉辅导读本》，人民出版社，2006。

78.《中国经济的增长与波动——站在新的历史起点上》，《理
论与现代化》2006 年第 4 期。

79.《多次性微调：使经济增长率不"冒顶"》，《经济学动态》
2006 年第 10 期。

80.《把握本轮周期中宏观调控的多阶段性特点》，载"经济蓝
皮书"《2007 年：中国经济形势分析与预测》，社会科学
文献出版社，2006。

81.《实现国民经济又好又快发展》，载《十届全国人大五次
会议〈政府工作报告〉辅导读本》，人民出版社，2007。

82.《论又好又快发展》，《经济研究》2007 年第 6 期。

83.《继续延长本轮经济周期的适度高位运行——析中国经济
周期波动的良性大变形》，《经济学动态》2007 年第 8 期。

84.《中国经济持续高增长的特点和地区间经济差异的缩小》
（与张晓晶合作），《经济研究》2007 年第 10 期。

85.《宏观调控取得明显成效》，载《十一届全国人大一次会议
〈政府工作报告〉辅导读本》，人民出版社，2008。

86.《五年来宏观调控的历程和经验》，《人民日报》2008 年 4
月 2 日。

87.《2007~2008 年国内外经济走势分析》，载"经济蓝皮书

春季号"《中国经济前景分析——2008 年春季报告》，社
会科学文献出版社，2008。

88. 《本轮宏观调控的新特点及其面临的新挑战》（与张晓晶合
作），《光明日报》2008 年 6 月 17 日。

89. 《论中国特色经济体制改革道路（上）》，中国社会科学院
经济体制改革 30 年研究课题组（与常欣合作执笔），《经
济研究》2008 年第 9 期。

90. 《论中国特色经济体制改革道路（下）》，中国社会科学院
经济体制改革 30 年研究课题组（与常欣合作执笔），《经
济研究》2008 年第 10 期。

91. 《2009 年政府工作的基本思路、目标和原则》，载《十一
届全国人大二次会议〈政府工作报告〉辅导读本》，人民
出版社、中国言实出版社，2009。

92. 《2008~2009 年国内外经济走势分析》，载"经济蓝皮书春
季号"《中国经济前景分析——2009 年春季报告》，社会
科学文献出版社，2009。

93. 《新中国经济增长 60 年曲线的回顾与展望—— 兼论新一
轮经济周期》，《经济学动态》2009 年第 10 期。

94. 《宏观调控目标的"十一五"分析与"十二五"展望》，中
国社会科学院经济研究所宏观经济调控课题组（与张晓
晶、汤铎铎合作执笔），《经济研究》2010 年第 2 期。

95. 《新一轮经济周期分析》，载"经济蓝皮书春季号"《中国
经济前景分析——2010 年春季报告》，社会科学文献出版

社，2010。

96.《2010年我国经济发展的国内外环境分析》，《经济学动态》2010年第3期。

97.《2010年中国经济走势特点与"十二五"时期经济增速分析》，载"经济蓝皮书"《2011年中国经济形势分析与预测》，社会科学文献出版社，2010。

98.《深刻把握经济运行和宏观调控新变化》，《人民日报》2011年1月10日。

99.《2011年和"十二五"时期中国经济增长与波动分析》，《经济学动态》2011年第7期。

100.《不可忽视GDP——当前中国经济走势分析》，《经济学动态》2012年第7期。

101.《未来五年我国潜在经济增长率分析》，《经济日报》2012年10月29日。

102.《中国特色政治经济学的基础建设——〈马克思主义政治经济学概论〉编写原则和特点》，《经济研究》2012年第10期。

103.《当前和未来五年中国宏观经济走势分析》，《中国流通经济》2013年第1期。

104.《不可低估居民人均收入翻番的难度》，《经济研究》2013年第2期。

105.《巩固和发展经济适度回升的良好态势——2013~2017年中国经济走势分析》，《经济学动态》2013年第3期。

106. 《实现居民人均收入翻番的难度与对策分析》,《宏观经济研究》2013 年第 3 期。

107. 《论新一轮改革的突破口》,《财贸经济》2013 年第 6 期。

108. 《中国经济进入中高速增长阶段》,《人民日报》2013 年 10 月 14 日。

109. 《中国经济增长由高速转入中高速》,《经济学动态》2013 年第 10 期。

110. 《对经济运行下限的第三个冲击波——2014 年中国经济走势分析》,《经济学动态》2014 年第 4 期。

111. 《2014 年：中国经济增长预期目标不变》,载"经济蓝皮书春季号"《2014 年中国经济前景分析》,社会科学文献出版社,2014 年。

112. 《再论与其守住"下限"不如把握"中线"》,《中国经济时报》2014 年 6 月 16 日。

113. 《改革宏观调控方式与把握合理区间中线》,《财贸经济》2014 年第 7 期。

114. 《构建中国经济发展新棋局——当前和中长期经济走势分析及政策建议》,《经济学动态》2014 年第 10 期。

115. 《防止经济增速一路下行——2015-2020 年中国经济走势分析》,《经济学动态》2015 年第 3 期。

116. 《"十三五"时期我国宏观经济波动态势分析》,《宏观经济研究》2015 年第 8 期。

117. 《民间投资增速严重下滑与宏观经济波动》,《中国工业经济》2016年第11期。

118. 《美国〈总统经济报告〉法制化研究》,《经济学动态》
　　　2017年第3期。

119. 《美国〈总统经济报告〉法制化研究之二——兼对"中
　　　国应取消GDP增长目标"意见的回应》,《经济学动态》
　　　2018年第5期。

图书在版编目（CIP）数据

刘树成：中国经济周期波动的瞭望者 / 刘树成自述；
刘玉杰, 马也原整理. -- 北京：社会科学文献出版社，
2023.4

（大家雅事）

ISBN 978-7-5228-0107-0

Ⅰ.①刘… Ⅱ.①刘… ②刘… ③马… Ⅲ.①刘树成
－自传 Ⅳ.①K825.31

中国版本图书馆CIP数据核字（2022）第078546号

·大家雅事·

刘树成
中国经济周期波动的瞭望者

自　　述 / 刘树成
整　　理 / 刘玉杰　马也原

出 版 人 / 王利民
组稿编辑 / 梁艳玲
责任编辑 / 奚亚男
文稿编辑 / 吴　敏
责任印制 / 王京美

出　　版 / 社会科学文献出版社·（010）59366560
　　　　　　地址：北京市北三环中路甲29号院华龙大厦　邮编：100029
　　　　　　网址：www.ssap.com.cn
发　　行 / 社会科学文献出版社（010）59367028
印　　装 / 三河市东方印刷有限公司

规　　格 / 开　本：880mm×1230mm 1/32
　　　　　　印　张：11.375　字　数：228千字
版　　次 / 2023年4月第1版　2023年4月第1次印刷
书　　号 / ISBN 978-7-5228-0107-0
定　　价 / 98.00元

读者服务电话：4008918866